古典文獻研究輯刊

十九編

潘美月・杜潔祥 主編

第4冊

群書校補（續）
——傳世文獻校補（第四冊）

蕭 旭 著

國家圖書館出版品預行編目資料

群書校補（續）——傳世文獻校補（第四冊）／蕭旭 著 -- 初
版 -- 新北市：花木蘭文化出版社，2014〔民103〕
目 4+250 面；19×26 公分
（古典文獻研究輯刊 十九編；第 4 冊）
ISBN 978-986-322-864-6（精裝）
1.古籍 2.校勘
011.08   103013709

ISBN-978-986-322-864-6

古典文獻研究輯刊
十九編　第四冊   ISBN：978-986-322-864-6

群書校補（續）——**傳世文獻校補**（第四冊）

作　　者　蕭旭
主　　編　潘美月　杜潔祥
總 編 輯　杜潔祥
副總編輯　楊嘉樂
編　　輯　許郁翎
企劃出版　北京大學文化資源研究中心
出　　版　花木蘭文化出版社
社　　長　高小娟
聯絡地址　235 新北市中和區中安街七二號十三樓
　　　　　電話：02-2923-1455／傳眞：02-2923-1452
網　　址　http://www.huamulan.tw 信箱 hml810518@gmail.com
印　　刷　普羅文化出版廣告事業
初　　版　2014 年 9 月
定　　價　十九編 18 冊（精裝）新台幣 32,000 元

群書校補(續)
——傳世文獻校補(第四冊)

蕭　旭　著

目 次

第九冊

《列女傳》校補

　　《列女傳》，漢劉向編撰。《漢書・藝文志》：「劉向所序六十七篇。」班氏自注：「《新序》、《說苑》、《世說》、《列女傳頌圖》也。」又《楚元王傳》：「（劉向）採取《詩》《書》所載賢妃貞婦，興國顯家可法則，及孽嬖亂亡者，序次爲《列女傳》，凡八篇，以戒天子。」

　　馬融、曹大家（班昭）、虞貞節、趙母曾作注〔註1〕，今皆已佚失；清人王照圓、梁端、蕭道管作校注，皆有可觀。有清以降，顧廣圻、段玉裁、郝懿行、盧文弨、王紹蘭、王念孫、王引之、王筠、黃丕烈、臧庸、梁玉繩、梁履繩、孫志祖、馬瑞辰、胡承珙、陳奐、洪頤煊、车房、周中孚、孫詒讓、曹元忠、陳衍、陳漢章、歐縝芳皆作過校補〔註2〕，亦足補三家所未盡，訂三

〔註1〕　《後漢書・馬融傳》載馬融注《列女傳》。《隋書・經籍志二》：「《列女傳》十五卷，劉向撰，曹大家注。《列女傳》七卷，趙母注。」《文選・爲范始興作求立太宰碑表》、《文選・後漢書皇后紀論》李善注共二引《列女傳》注語。《世說新語・賢媛》劉孝標注：「《列女傳》曰：『趙姬者，桐鄉令東郡虞韙妻，潁川趙氏女也，才敏多覽。韙既沒，文皇帝敬其文才，詔入宮省，上欲自征公孫淵，姬上疏以諫，作《列女傳解》，號趙母注。」蕭道管謂虞貞節即趙母，毛奇齡謂是二人。毛奇齡《西河集》卷17《答馬山公論戴烈婦書》，收入景印文淵閣《四庫全書》第1320冊，臺灣商務印書館1986年初版，第131頁。

〔註2〕　王照圓《列女傳補注》，清光緒8年（1882）刻本，收入《續修四庫全書》第515冊，上海古籍出版社2002年版。梁端《列女傳校注》，臺灣廣文書局1987年版；又收入《四部備要》第46冊，中華書局1936年版。蕭道管《列女傳集注》、《列女傳集注補遺》，《石遺室叢書》本，清光緒30年刻本。顧廣圻《列女傳考證》，嘉慶元年蘭陵孫氏小讀書堆重刊宋本《列女傳》後附。王紹蘭《列女傳補注正譌》，收入《叢書集成續編》第257冊，新文豐出版公司1988年版；又收入《叢書集成續編》第38冊，上海書店1994年版。臧庸《列女傳補注校正》，王照圓《列女傳補注》後附。梁玉繩《列女傳補勘》，《瞥記》卷

家之誤。

雖然如此，此書校注猶有可補者。茲以《四部叢刊》影印的長沙葉氏觀古堂所藏明刊本作底本，此書前七卷爲《列女傳》，第八卷爲《續列女傳》，一併作校補焉。校以《文選樓叢書》本影摹重刊南宋余氏本、萬曆汪道昆刻本、王照圓本、梁端本、蕭道管本，分別簡稱爲摹宋本、萬曆本、王本、梁本、蕭本，統稱則爲各本。

所見尚有二種譯注本及幾篇學位論文，皆採捃眾說而成之，無所發明，於其錯誤，偶有駁正，不暇一一指摘也。

卷一《母儀傳》校補

（1）瞽叟與象謀殺舜，使塗廩，舜歸告二女曰：「父母使我涂廩，我其往？」二女曰：「往哉！」

按：梁端舉《類說》、《楚詞·天問》洪興祖補注所引《列女傳》，謂「今本已失劉氏之舊」，是也。今本有脫文，疑「往哉」下脫「時惟其戕汝，時其焚汝，鵲汝衣裳，鳥工往」十六字。《楚詞·天問》洪興祖補注引《列女傳》：「二女曰：『時唯其戕汝，時唯其焚汝，鵲如汝裳衣，鳥工往。』」《五百家注昌黎文集》卷 31 程氏注引《列女傳》：「二女曰：『往哉！時惟其藏（戕）汝，時其焚汝，鵲汝衣裳，鳥工往。』」此引證較詳者。《海錄碎事》卷 7 引《列女傳》：「二女曰：『鵲汝衣裳，鳥工往。』」有注：「鵲，錯也。」《類說》卷 1 引《列女傳》：「二女曰：『往哉，鵲汝裳衣，鳥工往。』」有注：「習鳥飛之巧以往。鵲，錯也。」此皆節引。《史記·五帝本紀》《索隱》：「《列女傳》云『二女教舜鳥工上廩』是也。」

5，收入《叢書集成續編》第 22 冊，新文豐出版公司 1988 年版，第 748～757 頁；又收入《續修四庫全書》第 1157 冊，第 55～63 頁。孫詒讓《列女傳札迻》，收入《札迻》，中華書局 1989 年版。王筠《列女傳補注校錄》（牟祥農輯錄），《山東省立圖書館季刊》第 1 集第 10 期，1931 年出版。陳漢章《列女傳斠注》，象山陳氏鉛印本，1935 年出版。歐纈芳《列女傳校證》，臺灣《文史哲學報》第 18 期，1969 年出版，第 121～213 頁。段玉裁說見顧廣圻《考證》（顧氏稱「段君曰」），郝懿行說見王照圓《補注》（王氏稱「夫子曰」），梁履繩、孫志祖說見梁玉繩《補勘》（梁氏分別稱作「仲云」、「孫云」），馬瑞辰說見馬氏《列女傳補注序》，王念孫、王引之、牟房、胡承珙說皆見臧氏《校正》所引，盧文弨、周中孚、黃丕烈、陳奐、洪頤煊、曹元忠、陳衍說皆見蕭氏《集注》所引。

又《正義》引梁武帝《通史》：「女曰：『時其焚汝，鵲汝衣裳，鳥工往。』」
〔註3〕《路史》卷36：「自孟軻氏唱井廩之事，而《列女傳》首著鳥工龍工之說。」此以意引。是宋以前人所見《列女傳》，皆有「鳥工」之說也。王照圓據《索隱》引補於「時既不能殺舜」上，非其舊也。《金樓子·后妃》：「二女曰：『衣鳥工往。』」《宋書·符瑞志上》：「舜服鳥工衣服飛去。」

（2）**象復與父母謀，使舜浚井，舜乃告二女，二女曰：「俞！往哉！」**

按：今本有脫文，疑「往哉」下脫「時亦唯其戕汝，時其掩汝，汝去裳衣，龍工往」十七字。《楚詞·天問》洪興祖補注引《列女傳》：「二女曰：『時亦唯其戕汝，時其掩汝，汝去裳衣，龍工往。』」《五百家注昌黎文集》卷31程氏注引《列女傳》：「二女曰：『往哉！時亦惟其藏（戕）汝，時其掩汝之往，汝去汝衣裳，龍工往。』」《海錄碎事》卷7、《類說》卷1引《列女傳》：「二女曰：『去汝衣裳，龍工往。』」《類說》有注：「龍知水泉脉理也。」《史記·五帝本紀》《索隱》：「《列女傳》所謂『龍工入井』是也。」又《正義》引梁武帝《通史》：「二女曰：『去汝裳衣，龍工往。』」是宋以前人所見《列女傳》，皆有「龍工」之說也。《金樓子·后妃》：「二女曰：『衣龍工往。』」《宋書·符瑞志上》：「舜服龍工衣自傍而出。」

（3）**瞽瞍又速舜飲酒，醉將殺之。舜告二女，二女乃與舜藥，浴汪，遂往，舜終日飲酒不醉**

顧廣圻曰：杜預《左桓十五年傳》注云：「汪，池也。」

梁玉繩曰：《唐文粹》卷47陸龜蒙《雜說》作「二女教以藥浴注（一云汦）豕而後免矣」，不可解。

按：王照圓、梁端、蕭道管說皆同顧氏，《古今列女傳》卷1明·解縉注亦云：「汪，池也。」《路史》卷36引作「二女與藥浴汪豕往」，《廣博物志》卷10引作「二女乃與舜藥浴注，遂往」。《唐文粹》卷47陸龜蒙《雜說》：「二女教之以鳥工、龍工、藥浴注豕，而後免矣。」有注：「注，一云汦。」「汦」字無義，蓋即「汪」形誤。疑「汪」為「注」脫誤，「豕」

〔註3〕陳漢章已引及《通史》此條以補梁說，下同。

爲「遂」脫誤，「遂往」爲句。《周禮・天官・瘍醫》：「掌腫瘍、潰瘍、金瘍、折瘍之祝藥。」鄭注：「祝讀如注病之注，聲之誤也。注謂附著藥。」與舜藥浴注者，言與舜藥洗浴、塗抹也。

（4）舜之女弟繋憐之

段玉裁曰：《漢書・古今人表》：「敤手，舜妹。」師古曰：「今流俗書本作擊字者，誤。」此作「繋」字者，又「擊」字之誤也。《說文》作「敤首」。

顧廣圻曰：《史記》《正義》又作「顆手」，字通。

王照圓曰：舜女弟名敤手，俗書傳寫誤合爲「擊」字，又誤爲「繋」字。

梁玉繩曰：「繋」疑「敤手」二字之譌，說見余《人表考三》。

蕭道管曰：案《說文》作「敤首」，「首」又「手」音之誤也。

按：梁端說同段氏。段玉裁又曰：「《古今人表》：『敤手，舜妹。』顏云『流俗本作擊者』，合敤手二字譌爲一字也。』按《列女傳》云：『舜之女弟繋。』則又擊之譌矣。首、手古同音通用。」〔註4〕王筠、朱起鳳說同〔註5〕。《史記・五帝本紀》《正義》：「親戚謂父瞽叟、後母弟象、妹顆手等也。顆音古果反。」字亦作「媒首」，《路史》卷21羅苹注：「世傳瞽叟與象每欲殺舜，其妹媒首，每爲之解。許《說文》云：『或作畫。』媒一音畫也。」字又形誤作「敤首」，唐・徐嶠《金仙長公主神道碑銘》：「敤首虞妹，娥皇帝子。」考《廣雅》：「敤，椎也。」又「敤，擊也。」〔註6〕《集韻》：「敤，《說文》：『研治也。舜女弟名敤首。』一曰擊也。」是「敤」有椎擊義，故舜妹又名擊，以同義字易之也。閻若璩曰：「案《列女傳》作『舜妹繋』，當是誤合敤手二字爲一字，當以《古今人表》爲是。」〔註7〕段玉裁、王照圓、梁玉繩、王筠、朱起鳳之說，皆本於閻百詩也。六氏以「合字」說之，蓋亦失

〔註4〕段玉裁《說文解字注》，上海古籍出版社1981年版，第126頁。
〔註5〕王筠《說文解字句讀》，中華書局1988年版，第109頁。朱起鳳《辭通》，上海古籍出版社1982年版，第1569頁。
〔註6〕「敤」原誤作「敗」，據王念孫說訂正。王念孫《廣雅疏證》，收入徐復主編《廣雅詁林》，江蘇古籍出版社1992年版，第229頁。
〔註7〕閻若璩《潛邱箚記》卷1，收入景印文淵閣《四庫全書》第859冊，臺灣商務印書館1986年初版，第411頁。

考矣。

（5）選于林木，入于大麓

王照圓曰：入，《尚書》作「內」，古字通也。「內」又同「納」。《廣雅》云：「選、納，入也。」是「入於大麓」即「選于林木」，句義重複矣。

梁端曰：《廣雅》：「選，入也。」

馬瑞辰曰：《路史》引作「遜於林木」，此異字也。

按：選，《金樓子·后妃》同，《路史》卷 36 引作「遜」。《路史》又云：「按攷大麓，則大陸也……漢之鉅鹿廣阿縣，隋為大陸，即今邢之鉅鹿。」梁氏選訓入，有文獻依據。《史記·五帝本紀》：「堯使舜入山林川澤，暴風雷雨，舜行不迷。」《論衡·亂龍》：「舜以聖德入大麓之野，虎狼不犯，蟲蛇不害；禹鑄金鼎，象百物，以入山林，亦辟凶殃。」王念孫《廣雅疏證》亦引此文為證，且云：「『選于林木』即『內於大麓』也，今本《列女傳》又有『入於大麓』四字，蓋後人不通古訓而妄加之也。」〔註 8〕羅氏易作「遜」，則讀選為愻，《說文》：「愻，順也。」多借用遜為之。字亦作巽，《廣雅》：「巽，順也。」《論語·子罕》皇侃疏：「巽，恭遜也。」馬氏謂異字，未得通借之誼也。

（6）堯試之百方，每事常謀於二女

按：《御覽》卷 135 引作「堯舉舜為相，攝行王政，每事常謀於二女」，《說郛》卷 58 引皇甫謐《列女傳》同。疑今本「百方」下脫「舉舜為相，攝行王政」八字。

（7）舜既嗣位，升為天子

梁端曰：《書·堯典》《正義》引無「嗣位」二字。

按：《金樓子·后妃》有「嗣位」二字，《御覽》卷 135 引作「受禪」，《說郛》卷 58 引皇甫謐《列女傳》亦作「受禪」。

（8）封象于有庳

按：有庳，《漢書·武五子傳》作「有鼻」，顏師古曰：「有鼻在零陵，今鼻

〔註 8〕 王念孫《廣雅疏證》，收入徐復主編《廣雅詁林》，江蘇古籍出版社 1992 年版，第 273 頁。

亭是也。」又《鄒陽傳》：「昔者舜之弟象日以殺舜爲事，及舜立爲天子，封之於有卑。」服虔曰：「卑，音畀予之畀也。」顏師古曰：「卑，地名也，音鼻，今鼻亭是也，在零陵。」皆同音通用。

（9）事瞽叟猶若初焉

梁端曰：「初」字舊脫，從《御覽·皇親部》引增。

按：《說郛》卷 58 引皇甫謐《列女傳》亦有「初」字。猶若，猶言猶如、如同。王照圓曰：「若，順也。」非是。

（10）卜筮禋祀，以求無子

王照圓曰：《毛詩》作「以弗無子」，此蓋魯詩說也。

按：《詩·生民》：「克禋克祀，以弗無子。」毛傳：「弗，去也。」鄭箋：「弗之言祓也，以祓除其無子之疾而得其福也。」《御覽》卷 524 引作「拂」，又卷 529 引《五經異義》引《鄭記》作「祓」。弗、拂，並當讀爲祓，祓除也。此作「求」，故梁端曰「與《毛詩》異」也。

（11）飛鳥傴翼之

段玉裁曰：「傴」當是「嫗」，鄭注《禮記》云：「以體曰嫗。」

王照圓曰：傴，曲背也。言飛鳥曲身以翼蔽其上下也。

牟房曰：「傴」當作「嫗」，同聲假借字也。《詩·生民》作「鳥覆翼之」，「覆」、「嫗」古字通用。本書《齊威虞姬傳》「柳下覆寒女」，《詩·巷伯》毛傳作「嫗不逮門之女」，其明證也。《樂記》「煦嫗覆育」、「萬物嫗覆」，皆以體親之之意。

梁端曰：《禮記·樂記》注云：「以體曰嫗。」傴與嫗古通用。《莊子·人間世篇》：「傴拊人之民。」《釋文》引崔譔云：「傴拊，猶嘔呴，謂養也。」

按：王說非是。段、牟、梁三氏讀傴爲嫗，是也，而猶未盡。傴、嫗，並當讀爲煦，《說文》：「煦，一曰暖潤也。」指以體溫暖之。但牟氏謂「覆、嫗古字通用」亦非，二字只是義近，而非聲轉。

（12）及棄長，而教之種樹桑麻

按：種樹，《路史》卷 18 羅苹注引作「時藝」。時，讀爲蒔。

（13）競往取之

按：《玉燭寶典》卷 2、《御覽》卷 360 引作「相與競取之」，《類聚》卷 92
引《列仙傳》作「相與競取」，「列仙傳」當即「列女傳」誤記。今本「競」
上脫「相與」二字。

（14）持禹之功而不殞

按：《類聚》卷 15 引作「能繼禹之道」。

（15）後宮有序

梁端曰：《御覽・皇親部一》、《書鈔・后妃部二》引「訓正後宮，嬪御有
序」，疑今本有脫文。

按：梁說是也。《後漢書・崔琦傳》李賢注、《類聚》卷 15 引亦作「訓正後
宮，嬪御有序」，《說郛》卷 58 引皇甫謐《列女傳》同。

（16）大任之性，端一誠莊，惟德之行

顧廣圻曰：一，《後漢書》注引作「懿」，《史記》《正義》引作「壹」。

按：一，《書鈔》卷 24、《類聚》卷 15、《貞觀政要》卷 4、《戒子通錄》卷
1 引同，《御覽》卷 135 引亦作「懿」。「懿」即「壹」之誤。《古今合
璧事類備要》前集卷 21 引又誤作「愨」。端，讀爲專。《御覽》卷 360
引正作「專一」。本書卷 1「棄母姜嫄」條云：「姜嫄之性，清靜專一，
好種稼穡。」亦其例。王照圓曰：「此作『一』非。」歐纘芳曰：「《說
文》：『懿，專久而美也。』意較長。『懿』省爲『壹』，又易爲『一』
耳。」並失之。

（17）口不出敖言

按：敖，《家範》卷 3 同，《史記・周本紀》《正義》、《類聚》卷 15、《貞觀
政要》卷 4 引作「傲」，《御覽》卷 135 引作「放」，《大戴禮記・保傅篇》
盧辨注、《御覽》卷 360、《類說》卷 1 引作「惡」。「放」即「敖」形誤。
作「惡」者，據《荀子・樂論》改之也。

（18）卒爲周宗

梁端曰：四字舊脫，從《御覽》校補。《家範》：「文王生而明聖，卒爲周

宗。」本此。

按：梁端說本梁履繩、孫志祖，其說是也。《御覽》見卷 135。《類聚》卷
15、《貞觀政要》卷 4、《戒子通錄》卷 1 引亦有此四字。

（19）古者婦人姙子，寢不側，坐不邊，立不蹕

顧廣圻曰：《賈子·雜事》作「坐而不蹉」、「立而不跛」。段君曰：「蹕當
爲踔，即跛字也。」

王照圓曰：邊，垂也。蹕，跛也。

按：王說皆未得。邊，《大戴禮記·保傅》、《賈子·胎教》作「差」（《賈子》
一本作「讒」），未知顧氏據何本。《廣雅》：「差，衰也。」《賈子·容經》：
「坐以經立之容，肘不差而足不跌。」亦其例。邊，讀爲偏。《說文》：
「偏，頗也。」《廣雅》：「偏，衰也。」字亦作蹁，《玉篇》：「蹁，行不
正。」字亦作蹁，《說文》：「蹁，足不正也。」《廣韻》：「蹁，行不正兒。」
字亦作蹁、儳，《玉篇》：「蹁，行不正。」《廣韻》：「儳，身不正也。」
蹕，《大戴》作「跂」，《賈子》作「跛」。「跂」爲「跛」形誤，《書鈔》
卷 24 引《大戴》正作「跛」。《禮記·曲禮上》：「立毋跛，坐毋箕，寢
毋伏。」鄭注：「跛，偏任也。」〔註9〕《說文》：「跛，行不正也。」「蹕」
當作「踔」，讀爲跛。字亦作踔，《玉篇》：「踔，行不正也。」

（20）及入，大姒思媚大姜、大任，旦夕勤勞，以進婦道

王照圓曰：進，猶盡也。

梁玉繩曰：《後漢書·崔琦傳》注引「進」作「盡」。

歐縝芳曰：《史記》《正義》引「進」作「盡」，古通。

按：進，讀爲盡。上文「思盡婦道」，正用本字。《類聚》卷 15 引作「盡」。
今中華書局本《後漢書·崔琦傳》李賢注引仍「進」，與梁氏所見本不
同。歐氏所據《史記·管蔡世家》《正義》爲乾隆四年刊本，光緒二十
九年五洲同文局石印殿本、《四庫》本引亦作「盡」，黃善夫本、萬曆
24 年南京國子監刊本、日本慶長古活字本八行無界本、元至元二十五
年彭寅翁刻本引仍作「進」。水澤利忠《史記會注考證校補》失校。

〔註9〕 以上參見王念孫說，轉引自王引之《經義述聞》卷 11，江蘇古籍出版社 1985
年版，第 277 頁。

（21）大姒教誨十子，自少及長，未嘗見邪僻之事

按：《類聚》卷15引作「自少及長，常以正道押持之」，《史記・管蔡世家》
《正義》引作「教誨自少及長，未嘗見邪僻之事，言常以正道持之也」。
是今本「之事」下脫「常以正道持之也」。《類聚》引作「押持」，當即
「俾持」之誤。「俾持」猶言挾持，漢代人語詞。《說文》：「挾，俾持也。」
梁端引《類聚》「押」作「捵」，且云：「捵，譌字。」失檢。

（22）操行衰惰

按：惰，讀爲墮。

（23）女則廢其所食，男則墮於脩德

按：墮，讀爲惰。《古今列女傳》卷3作「惰」。下文「今者妾竊墮在室」，
《御覽》卷517引作「惰」。

（24）孟子懼，旦夕勤學不息

按：息，《御覽》卷826、《戒子通錄》卷8引同，疑「怠」之誤。《後漢書・
承宮傳》：「勤學不倦。」

（25）而夫子見妾，勃然不悅

按：勃，《御覽》卷517引作「悖」。勃、悖，並讀爲艴，亦省作孛。《說
文》：「艴，色艴如也。《論語》曰：『色艴如也。』」又「孛，𡠹也。《論
語》曰：『色孛如也。』」今本《論語・鄉黨》作「勃」。俗字亦作艷，
見《玉篇》。字亦作怫，《戰國策・楚策二》：「王怫然作色曰。」又作
沸，《呂氏春秋・重言》：「艴然充盈。」《意林》卷2引作「沸」。尹
灣漢簡《神烏傳》：「亡鳥沸然而大怒。」虞萬里曰：「沸然，猶怫然、
艴然。」〔註10〕

（26）諸侯不聽，則不達其上；聽而不用，則不踐其朝

按：上，當從《四庫》本作「土」。《大戴禮記・曾子制言下》：「諸侯不聽，
則不干其土；聽而不賢，則不踐其朝。」達，至也。或讀達爲㞷，《說
文》：「㞷，蹈也，从反止，讀若撻。」不達其土，謂不踐其土也。王

〔註10〕虞萬里《尹灣漢簡〈神烏傳〉箋釋》，收入《訓詁論叢》第3輯，文史哲出版
社1997年版，第842頁。

聘珍曰：「土，謂疆土。」〔註11〕阮元曰：「干，犯也。犯土謂入其境。」
〔註12〕

（27）敬姜側目而盻之

按：盻，摹宋本、萬曆本同，《古今列女傳》卷 2 亦同，《四庫》本、王本、
梁本、蕭本作「盼」。「盻」、「盼」皆是「眄」之譌，《戒子通錄》卷 8
正作「眄」。《說文》：「眄，一曰衺視也。」

（28）俯而自申之

按：申，讀爲伸。《說文》：「伸，理也。」《集韻》：「伸，理也，治也。」

（29）所與遊處者，皆黃耇倪齒也

顧廣圻曰：倪，《毛詩》、《爾雅》作「兒」，《說文》作「齯」。

王照圓曰：黃髮兒齒，見《詩》。

蕭道管曰：案《爾雅》作「齯」，注：「齒墮更生細者。」倪亦通也。

按：倪，讀爲齯。《爾雅》：「齯齒，壽也。」《釋文》本作「兒」。《說文》：
「齯，老人齒。」字亦借作鯢，亦作兒，「兒」是其語源。《釋名》：「九
十日鮐背……或曰齯齯（齒），大齒落盡，更生細者，如小兒齒也。」
《類聚》卷 18 引作「鯢齒」，《御覽》卷 383 引作「鬼齒」。「鬼」爲
「兒」形誤。《詩·閟宮》：「黃髮兒齒。」鄭箋：「兒齒，壽徵。」

（30）物者所以治蕪與莫也，故物可以爲都大夫

王照圓曰：蕪，如絲纇之屬也。「莫」與「膜」同，《內則》注云：「皮肉
之上魄莫也。」

洪頤煊曰：「物」當是「惣」字之譌。「惣」古「總」字，《詩》：「素絲五
總。」都亦有總義，故惣可以爲都大夫。

陳漢章曰：《御覽》引此傳舊注云：「物爲一丈墨也。」是「物」爲所識
之墨。「莫」與「幙」通，「幙」即「模」，謂幅廣。「蕪」與「幠」通，
覆也，謂匹長，今人織布帛，猶以墨識計布帛之匹長與幅廣。改「惣」

〔註11〕王聘珍《大戴禮記解詁》，中華書局 1983 年版，第 95 頁。
〔註12〕阮元《曾子注釋》，收入阮元《清經解》卷 805，上海書店 1988 年版，第 5
　　　　冊，第 275 頁。

爲「總」，失其制矣。

歐緟芳曰：《御覽》卷 826 引「莫」作「莫莫」，又引注：「物謂一丈墨也，不知丈尺多少，使意世與蕪而莫莫也。」知今本脫一「莫」字。《楚辭·九思》：「塵莫莫兮未晞。」王逸注：「莫莫，合也。」「合」有「密」義，與「蕪」義近，謂茂密雜亂也。言物者所以治絲之亂，故可以爲都大夫。王注蓋誤矣。

按：梁端、蕭道管皆從王說，非也。《御覽》卷 826 引舊注作「物，謂一文墨也」，陳氏、歐氏引「文」誤作「丈」。蕪，雜也。莫，讀爲縸。《集韻》、《類篇》：「縸，惡絮也，齊人語。」本書正用齊魯方言。

（31）服重任行遠道，正直而固者，軸也，軸可以爲相

梁端曰：注云：「相當大任，堅固不遷，死而後已，有若軸。」

按：《御覽》卷 826 引舊注，作「堅固不倦」，梁氏失檢，蕭道管承其誤。

（32）敬姜歎曰：「魯其亡乎，使吾子備官而未之聞耶？」

歐緟芳曰：《國語·魯語下》「吾子」作「僮子」。

按：《愼子外篇》亦作「僮子」。此爲母責子語，「吾子」必非敬詞。「吾」古音讀「牙」。「吾子」猶今言伢兒〔註13〕，與「僮子」義同。上文「鄒孟軻母」條：「孟母曰：『眞可以居吾子矣。』遂居之。」此例「吾子」亦是僮子義，《文選·景福殿賦》、《閑居賦》李善注二引，並無「吾」字，未達其義而妄刪也。

（33）組織施德

王照圓曰：此蓋作「祖識」，因字形相涉，遂誤作「組織」。

梁端曰：組織，《國語》作「祖識」。虞翻云：「祖，習也。識，知也。」組、織，字之假借。

歐緟芳曰：《國語·魯語下》作「祖識地德」，「組織施」當作「祖識地」。

按：祖、識義相因，猶今言效法、熟識。《中論·譴交》引《春秋外傳》作「祖識」。

〔註13〕參見蕭旭《「嬰兒」語源考》。

（34）與太史、司載糾虔天刑

按：《國語·魯語下》同。韋注：「糾，恭也。虔，敬也。刑，法也。」「恭」
為「察」字形誤〔註14〕。

（35）夜而討過

　　王照圓曰：討，《國語》作「計」。然作「討」者是也，《左傳》「日討國人」、
「日討軍實」，是其義。

按：汪遠孫說同〔註15〕，蓋即本王氏。作「計」是，《廣雅》：「計，校也。」
計過，謂檢校過失。張以仁曰：「計謂慮也、思慮也。《吳語》：『以能
遂疑計惡。』韋注：『計，慮也。』夜而計過，謂夜而思慮過失也，
亦即自省之意。《列女傳》之『討』，蓋『計』之誤。」〔註16〕本書卷
3：「若有罪焉，必能討過。」彼文「討過」，是討伐有過者，即上文
「討無禮」之義，與此不同〔註17〕。

（36）毋揮涕

按：揮，《家語·子夏問》同，《國語·魯語下》作「洵」，韋注：「無聲涕出
為洵涕也。」《舊音》引賈逵曰：「洵，彈也。」洵讀為拘、揈，音呼宏
切，《集韻》：「揈，揮也，或作拘。」又「洵，揮涕也。」

（37）康子嘗至敬姜，闔門而與之言

　　梁端曰：韋昭云：「闔，關也。」

按：闔，斜開門，字亦作闋、闔，俗作「歪」字〔註18〕。

（38）士卒并分菽粒而食之

　　孫志祖曰：「并」疑「半」之譌，《渚宮舊事》作「升」，亦非。《類聚》、《御
覽》無「并」字，下同。

〔註14〕 參見蕭旭《國語校補》，收入《群書校補》，廣陵書社 2011 年版，第 111 頁。
〔註15〕 汪遠孫《〈國語〉明道本考異》，《國學叢書·〈國語〉附錄》，商務印書館 1958
　　　　年版，第 292 頁。
〔註16〕 張以仁《國語斠證》，臺灣商務印書館 1969 年版，第 164 頁。
〔註17〕 我舊說二文「討過」義同，非也，亟當訂正。《國語校補》，收入《群書校補》，
　　　　廣陵書社 2011 年版，第 112 頁。
〔註18〕 參見蕭旭《國語補箋》。

蕭道管曰：案《漢書·項羽傳》：「今歲飢民貧，卒食半菽。」

陳漢章曰：《說文》：「料，量物分半也。」「分半」即「半分」。「升」爲「斗」之誤。「斗分」正「料」字之「分半」，與「半分」義亦同。

按：并，《戒子通錄》卷 8、《蒙求集註》卷下引作「升」，《記纂淵海》卷 81 引無此字。

（39）其母閉門而不內

歐繽芳曰：《書鈔》卷 147 引「閉」作「闌」，義近。

按：歐氏所據《書鈔》乃孔本，陳本仍作「閉」。《類聚》卷 59、《御覽》卷 281、《戒子通錄》卷 8、《蒙求集註》卷下引作「閉」，《渚宮舊事》卷 3 亦同。《孟子·滕文公下》：「泄柳閉門而不內。」

（40）味不及加美

王照圓曰：「及」字衍也。《類聚》引「美」作「喙」，此誤。

梁端曰：《渚宮舊事》「及」作「足」，《類聚》、《御覽》作「味不加喙」四字。

歐繽芳曰：《記纂淵海》卷 81 引亦作「味不加喙」。

按：《戒子通錄》卷 8、《蒙求集註》卷下引同今本，《記纂淵海》卷 80 引亦作「味不加喙」。王說是也，「味不加喙」與下文「甘不踰嗌」對文成義。

（41）而自康樂於其上

王照圓曰：《文選》注引無「自」、「其」二字。

按：《渚宮舊事》卷 3 作「而安樂其上」。康，安樂。

（42）臘日休作者

曹元忠曰：《事類賦·冬篇》注引作「家作」，《玉燭寶典》引「魯之母師臘日休家」，注云：「臘，一歲之大祀。」是唐宋本「休」下皆有「家」字。

歐繽芳曰：《事類賦注》卷 5、《御覽》卷 33 引「休作者」作「休家作」，《類聚》卷 5 則引作「休家作者」。疑「休」下脫「家」字，「作」下衍「者」字。

按：《玉燭寶典》卷 12 引作「魯之母師臘日烋家」，又引注：「臘，一歲之大祀。」「烋」同「休」。《書鈔》卷 155 引作「臘日休息」。

（43）與諸婦孺子期，夕而反

按：婦，《書鈔》卷 155、《御覽》卷 430 引同，《御覽》卷 33、《事類賦注》卷 5 引作「奴」。

（44）慈母憂戚悲哀，帶圍減尺

按：《御覽》卷 432 引「戚」誤作「感」，「圍」誤作「因」，「尺」作「赤」。

（45）自此五子親附慈母，雍雍若一

按：附，《御覽》卷 432 引作「侍」。

（46）母曰：「子為相三年矣，祿未嘗多若此也，豈脩士大夫之費哉？安所得此？」

梁端曰：「脩」字疑誤。

陳漢章曰：脩，通作收，聚也，取也。

按：陳說是也，「脩」即「收」音誤。下文「誠受之於下」，「受」字是其誼。考《說文》：「脩，朕也。𠬝，脩或从丩。敕鳩切。」此攸、丩同部聲近之證。

（47）竭情盡實，不行詐偽

按：情，《戒子通錄》卷 8 引作「誠」，義同。

（48）非義之事，不計于心；非理之利，不入于家

按：理，《戒子通錄》卷 8 引作「禮」。

（49）言行若一，情貌相副

按：副，《戒子通錄》卷 8 引誤作「逼」。此下《通錄》有「故交友親而相結固，夫以匹士相與猶然，況於受祿之臣乎」23 字，今本脫之。

（50）言行則可以報君

按：《戒子通錄》卷 8 引「言行」下有「備」字，今本脫之。

（51）故遂而無患

王照圓曰：遂，猶通達也。

按：《戒子通錄》卷 8 引「故」下有「志」字，今本脫之。

卷二《賢明傳》校補

（1）以見君王樂色而忘德也

按：忘，《御覽》卷 135 引誤作「志」。

（2）顯然喜樂容貌淫樂者，鐘鼓酒食之色；寂然清靜意氣沉抑者，喪禍之色；忿然充滿手足矜動者，攻伐之色

按：《呂氏春秋・重言》：「顯然善樂者，鐘鼓之色也；湫然清淨者，衰絰之色也；艴然充盈手足矜者，兵革之色也。」《意林》卷 2 引「顯」作「懽」，「善」作「喜」，「湫」作「愀」，「艴」作「沸」。《管子・小問》：「夫欣然喜樂者，鍾鼓之色也；夫淵然清靜者，繚絰之色也；漻然豐滿而手足拇動者，兵甲之色也。」《韓詩外傳》卷 4：「歡忻愛說，鐘鼓之色也；愁悴哀憂，衰絰之色也；猛厲充實，兵革之色也。」《說苑・權謀》：「優然喜樂者，鍾鼓之色；愀然清靜者，繚絰之色；勃然充滿者，此兵革之色也。」《論衡・知實》：「驩然喜樂者，鍾鼓之色；愁然清淨者，衰絰之色；怫然充滿手足者，兵革之色。」諸文可互勘。顯，讀爲欣、忻，與「歡（懽）」同義。「善」當作「喜」，「愀（愁）」當作「湫」，《外傳》言「愁悴」，非也。沸、怫、勃，並讀爲艴。

（3）管仲趨進曰：「君之蒞朝也，恭而氣下，言則徐。」

按：《呂氏春秋・精諭》：「君之揖朝也，恭而〔氣下〕，言也徐。」彼文脫「氣下」二字，諸家皆未及，又誤點作「君之揖朝也恭，而言也徐」。

（4）君子謂齊姜潔而不瀆，能育君子於善

按：瀆，讀爲黷。《說文》：「黷，握持垢也。《易》曰：『再三黷。』」今《易・蒙》作「瀆」。

（5）婢子娣姒不能相教

歐繽芳曰：《史記・秦本紀》「教」作「救」，《會注考證》引楓山本、三條本並作「教」，與此文合，並云「作『教』義長」。「救」蓋「教」之形誤。

按：「教」當作「救」，下文《頌》曰：「夫人流涕，痛不能救。」亦作「救」字。

（6）莊王即位，好狩獵

　　　王照圓曰：《選》注「獵」下有「畢弋」二字。

　　　梁端曰：《選》注「即位」上有「初」字。

　按：《樂府詩集》卷 29、《大學衍義》卷 37 引亦有「畢弋」二字。

（7）妾聞堂上兼女，所以觀人能也

　　　王照圓曰：「兼」字疑誤。

　　　蕭道管曰：案即「兼味」、「兼人」之兼。

　按：蕭說非也。兼，讀爲謙。下文《頌》曰：「樊姬謙讓，靡有嫉妬。」「謙」
　　　字承此。

（8）何罷晏也，得無飢倦乎

　　　洪頤煊曰：「飢倦」當作「劜倦」，《漢書·司馬相如傳》：「窮極倦劜。」郭
　　　璞曰：「疲憊也。」又曰：「劜，疲極。」此與下文俱作「飢倦」者，淺人
　　　所改。

　　　王筠曰：「劜」當作「欿」，《說文》作「㑊」，又作「㑊」。

　　　蕭道管曰：案《列子·湯問》：「飢倦則飲神瀵。」

　按：蕭說是，洪、王之說非也。飢倦，猶言又餓又累。《韓詩外傳》卷 2 載
　　　此事作「饑倦」，作借字「饑」，又怎得爲「劜」之誤？

（9）夫鳳皇不罹于蔚羅，麒麟不入于陷穽，蛟龍不及于枯澤

　　　王照圓曰：離亦罹也，蔚亦罻也，俱古字通。

　　　梁端曰：「蔚」當作「罻」。

　按：罹，摹宋本同，萬曆本、王本、梁本、蕭本作「離」，故王氏有此校語。
　　　《三國志·劉廙傳》裴松之注引《新序》：「黃龍不反於涸澤，鳳皇不離
　　　其罻羅。」「及」當作「反」，字之誤也。枯，讀爲涸。

（10）因往來者請問其夫

　按：《蒙求集註》卷下引「其夫」下有「不輟」二字，今本脫之。

（11）執麻枲，治絲繭，織紝組紃，以供衣服，以事夫室；澈漠酒醴，
　　　　羞饋食，以事舅姑

洪頤煊曰：下文兩言「夫室」，此當以「以事夫室」爲句。「澈」當作「澂」，與「澄」字同。澄漠酒醴，言其清也。《禮運》曰：「澄酒在下。」

王照圓曰：此讀當「以事夫」爲句，「室澈」爲句。澈，潔清也。室內當須勤洒掃。「漠」與「冪」同。孟子母云「冪酒漿」也。

梁玉繩曰：孫云：「《說文繫傳》『澈』作『澂』。」嚴九能云：「《爾雅》：『漠，清也。』」

孫詒讓曰：此當從洪、梁讀。「澈」當從徐引作「澂」。《風俗通義・愆禮篇》云：「澄灑酒醴（此字今本挩），以養舅姑。」即本此文。

按：梁端說即襲取其祖父梁玉繩所引孫志祖、嚴九能二說。洪頤煊以「以事夫室」爲句，得之。然「澈」字不誤，不當改作「澂」。《玉篇》：「澈，水澄也。」《慧琳音義》卷 15 引《考聲》：「澈，水清澈也。」《淮南子・要略》：「澄澈神明之精。」許愼注：「澄，清也。澈，澄，別清濁也。」澄、澈同義連文。本字爲徹，水之明徹，是爲澈也。《風俗通義》、《說文繫傳》引作「澂（澄）」者，以同義字易之也。是澂清義，而不如王氏解爲「潔清洒掃」也。王照圓引孟母語「冪酒漿」，見本書卷 1，王氏注云：「冪，用巾覆之。」「澈漠」即「澈冪」，亦即「澄冪」。唐・李華《崔公墓誌銘》：「杜陵原夫人鞘，佩紛燧以寧顏色，澄冪酒以奉蒸嘗。」〔註 19〕唐・張說《崔訥妻劉氏墓誌銘》：「豈惟禮備澄冪，工深機杼？」〔註 20〕是其旁證。「冪」謂以巾覆之濾酒，以澄清之也。《說文》：「漠，一曰清也。」《莊子・知北遊》：「澹而靜乎，漠而清乎。」是漠亦清也。「澈漠酒醴」者，言過濾酒醴也。《越絕書・荊平王內傳》：「即發〔其〕簞飯，清其壺漿而食之。」〔註 21〕「清其壺漿」是其誼。《說文繫傳》引「漠」誤作「漢」。

（12）宋公聞之，表其閭

按：聞之，《家範》卷 9、《蒙求集註》卷下引作「聞而美之」，今本脫二字。下文《頌》曰：「宋公賢之，表其閭里。」「賢之」即「美之」也。

〔註 19〕此據《李遐叔文集》卷 3，四庫本《文苑英華》卷 940 誤作「澄幕」，中華書局 1966 年影明刊本不誤。
〔註 20〕此據《文苑英華》卷 964，明刊本《張燕公集》卷 22 誤作「澄幕」。
〔註 21〕「其」字據《御覽》卷 826 引補。

（13）從車百乘歸休，宗人擊牛而賀之

按：擊牛，《家範》卷 9 同，《御覽》卷 472 引作「牽牛酒」。《後漢書・臧宮傳》、《耿弇傳》、《馬援傳》並有「擊牛釃酒」語，李賢注：「釃，猶濾也。」疑此脫「釃酒」二字，《御覽》「擊」誤作「牽」，脫「釃」字，而尚存「酒」字也。張濤曰：「擊牛，敲擊牛角。」張敬曰：「『擊』乃『繫』之誤。」〔註 22〕皆非也。

（14）夫子能薄而官大，是謂嬰害

　　王照圓曰：嬰，猶觸也。

按：嬰，《御覽》卷 472 引作「縈」，借字；《記纂淵海》卷 81、《古今合璧事類備要》前集卷 28 引作「蒙」，亦通。《氏族大全》卷 7、《萬姓統譜》卷 3 引作「家」，又「蒙」字形誤。

（15）乃與少子歸養姑，終卒天年

　　梁端曰：「終卒」二字疑誤倒，《御覽》作「乃與少子歸養，終姑天年」。

按：《御覽》卷 472 引作「終始天年」，梁氏失檢。

（16）答子治陶三年

　　歐纈芳曰：《事類賦注》卷 3、《古今事文類聚》前集卷 3 引「治」作「化」，承唐人避高宗諱改。

按：治，《文選・之宣城詩》李善注、《御覽》卷 472、《記纂淵海》卷 81、《古今合璧事類備要》前集卷 28 引同，《御覽》卷 15、《記纂淵海》卷 2 引作「仕」，《初學記》卷 2、《古今合璧事類備要》前集卷 4 引作「化」。「化」即「仕」形誤。

（17）妾聞南山有玄豹，霧雨七日而不下食者，何也？欲以澤其毛而成文章也

　　梁端曰：《文選・謝玄暉・之宣城詩》注、《初學記・天部下》、《御覽・天部十五》、《獸部四》「毛」上有「衣」字，《人事部》作「毛衣」。

　　曹元忠曰：《事類賦・霧篇》注引「成」下有「其」字。

〔註 22〕張濤《列女傳譯注》，山東大學出版社 1990 年版，第 73 頁。張敬《列女傳今注今譯》，臺灣商務印書館 1994 年版，第 70 頁。

按：「毛」上或下當補「衣」字，《白氏六帖事類集》卷 1、《錦繡萬花谷》後集卷 2 引作「毛羽」〔註 23〕，「羽」、「衣」亦聲之轉〔註 24〕。「成」下當補「其」字，《初學記》卷 2、《白氏六帖事類集》卷 1、《御覽》卷 15、472、892、《記纂淵海》卷 2、50、54、98 引亦作「成其」。然諸家校猶有未盡。霧雨七日，《文選・苦熱行》李善注、《資暇集》卷中、《初學記》卷 2、《白氏六帖事類集》卷 1、《御覽》卷 15、472、892、《事類賦注》卷 3、《記纂淵海》卷 2、50、54、98 引同。「霧」上當脫「隱」字。《文選・之宣城詩》：「雖無玄豹姿，終隱南山霧。」李善注引《列女傳》作「隱霧雨七日不食」，《白氏六帖事類集》卷 29「隱霧」條引作「隱霧雨而十日不下食」〔註 25〕，《萬松老人評唱天童覺和尚頌古從容庵錄》卷 3 引作「隱霧而七日不食」。皆其證。《白帖》作「隱霧雨而十日」者，「十」爲「七」形誤。《毛詩名物解》卷 10 引《傳》：「文豹隱霧，七日不食。」《埤雅》卷 3 引《傳》：「文豹隱霧，十（七）日不食。」《白氏六帖事類集》卷 7 有「玄豹隱霧」之文〔註 26〕，所據當即本書，亦其證也。《說郛》卷 14 引《資暇錄》作「隱霧雨」，不誤。下文「故藏而遠害」，《初學記》卷 2 有注：「按：藏，隱也，故謝朓詩云：『雖無玄豹姿，終隱南山霧。』」「藏」即承此文「隱」而言。

（18）雖遇三黜，紵（終）不蔽兮

王照圓曰：蔽，掩也。言德彌光大，雖屢被黜，終不能掩蔽之。

梁玉繩曰：《後漢書・逸民傳序》注引「蔽」作「敝」。

按：梁端說即襲取其祖父梁玉繩說，而「敝」誤抄作「弊」。《文選・逸民傳論》李善注、《類聚》卷 37、《韻補》卷 4「竭」字條引作「弊」。敝、蔽、弊，並讀爲避。《說文》：「避，回也。」《玉篇》：「避，去也。」謂遠離之也。上文「三黜而不去」，是其誼矣。王氏解爲「掩蔽」，非是。

〔註 23〕 四庫本《白帖》在卷 3。
〔註 24〕 參見王繼如《王梵志詩語詞札記》，《南京師大學報》1993 年第 3 期，第 106 頁。
〔註 25〕 四庫本《白帖》在卷 97。
〔註 26〕 四庫本《白帖》在卷 22。

（19）先生死，曾子與門人往弔之

　　梁端曰：《御覽‧禮儀部》下有「隱門而入，立於堂下」八字。

按：「弔之」下，元‧郝經《續後漢書》卷69引作「至其閭，閭無人；至其門，門無人。隱門而入，立其堂下。」是今本所脫，尚不止八字。

（20）先生以不斜之故，能至于此

　　陳漢章曰：「能」與「而」通，不與「故」字連讀。

按：《御覽》卷485引作「且先生以衰故，至於此」，脫「不」字。

（21）不戚戚于貧賤，不忻忻于富貴

　　梁端曰：忻忻，《御覽‧禮儀部四十一》作「急急」。

　　蕭道管曰：案《陶淵明集》作「汲汲」。

　　歐繽芳曰：《御覽》卷562引「忻忻」作「汲汲」。作「忻忻」義亦通。

按：忻忻，《御覽》引作「汲汲」，《說郛》卷58引皇甫謐《列女傳》作「急急」，梁氏失檢。《禮記‧儒行》：「儒有不隕穫於貧賤，不充詘於富貴。」鄭玄注：「隕穫，困迫失志之貌也。充詘，歡喜失節之貌。」《家語‧儒行解》同。此文作「忻忻」，與「充詘」義合。《漢書‧揚雄傳》：「不汲汲於富貴，不戚戚於貧賤。」《文選‧陶徵士誄》李善注引皇甫謐《高士傳》：「不戚戚於貧賤，不遑遑於富貴。」〔註27〕皇甫謐本作「急急」，與「汲汲」、「遑遑」義合。

（22）先生在時，食不充口，衣不蓋形

　　顧廣圻曰：《選》曹子建、張景陽《雜詩》注引皆作「充虛」。

　　梁玉繩曰：孫云：「《選》注曹子建、張景陽《雜詩》兩引，『口』皆作『虛』。而《陶徵士誄》注作『口不充膚』，疑『虛』為『膚』之譌。」余謂「虛」字勝，《抱朴子‧自敘篇》：「食不充虛。」蓋用此。

　　梁端曰：虛，舊誤「口」，從《文選》曹子建、張景陽《雜詩》注引改，《陶徵士誄》注引《高士傳》同。《墨子‧辭過篇》：「食足以增氣充虛。」《楚辭‧惜誓》：「吸沆瀣以充虛。」《抱朴子‧自敘篇》：「食不充虛。」正用

此文。

按：《文選》李善注三引皆作「虛」，除梁氏已經指出的外，《辯命論》注
引亦作「虛」字。《文選‧陶徵士誄》李善注引皇甫謐《高士傳》作
「食不充膚」，《唐才子傳》卷 8 同，孫志祖失檢，梁端因亦襲其誤耳。
膚，讀爲臚，字亦作臚。《玄應音義》卷 22 引《釋名》：「腹前曰臚。」
《初學記》卷 12 引劉熙曰：「腹前曰臚。」今本《釋名》無其文，考
《類聚》卷 49、《御覽》卷 232 引韋昭《辯釋名》：「腹前肥者曰臚。」
是《玄應音義》、《初學記》皆誤以韋昭之語作劉熙《釋名》也〔註 28〕。
《廣韻》：「臚，皮臚，腹前曰臚。」《集韻》：「臚、膚、臚，一曰腹
前曰臚，籀省，或從皮。」是「膚（臚、臚）」乃前腹肥滿之義，引
申爲飽義。《類說》卷 2、《猗覺寮雜記》卷上引《高士傳》作「食不
充飽」。《劉子‧辯施》：「食不滿腹，豈得輟口而惠人？衣不蔽形，何
得露體而施物？」「膚（臚、臚）」即滿腹之義也。然本書各本皆作「口」
字，亦通，不當遽改。《抱朴子外篇‧詰鮑》：「食不充口，衣不周身。」
《經律異相》卷 50：「衣不蔽形，食不充口。」《增壹阿含經》卷 7、
51、《法苑珠林》卷 71、91 並有「衣不蓋形，食不充口」之語。皆其
證也。《韓詩外傳》卷 10：「今百姓之於外，短褐不蔽形，糟糠不充
口虛，而賦斂無已。」「口虛」當衍其一，蓋後人記其異文，因並存
也。別本於「虛」下補「耗」字，周廷寀、屈守元疑「虛」字下有脫
文〔註 29〕，皆未得。

（23）王願請先生治淮南

梁端曰：《韓詩外傳》卷 2 作「河南」，下同。

陳漢章曰：《外傳》作「治河南」，趙氏懷玉、周氏廷寀並謂當從此傳「淮
南」。檢《後漢書‧崔駰傳》注引《莊子》又作「理江南」，今本《莊子》
佚此文。

〔註 28〕吳‧韋昭作《辯釋名》一卷，糾劉熙之誤。《三國志‧韋曜傳》：「（韋曜）又
見劉熙所作《釋名》信多佳者，然物類眾多，難得詳究，故時有得失；而爵
位之事，又有非是……又作《官職訓》及《辯釋名》各一卷。」《隋書‧經籍
志一》：「《辯釋名》一卷，韋昭撰。」
〔註 29〕參見屈守元《韓詩外傳箋疏》，巴蜀書社 1996 年版，第 877 頁。

按：晉‧皇甫謐《高士傳》卷上作「江南」，《御覽》卷 509 引嵇康《高士傳》、《渚宮舊事》卷 2 同。「河」字非，楚不得治河南。

（24）先生以而為義，豈將老而遺之哉

王照圓曰：「以」當作「少」，字形之誤，見《韓詩外傳》。

按：梁端說同。《四庫》本作「少」，皇甫謐《高士傳》卷上、《渚宮舊事》卷 2 亦作「少」。遺，《韓詩外傳》卷 2、《渚宮舊事》同，《高士傳》作「違」。

（25）門外車跡何其深也

梁端曰：《外傳》「跡」作「軼」，與「轍」同。「車軼」見《莊子‧人閒世》。

按：皇甫謐《高士傳》卷上、《渚宮舊事》卷 2 亦作「車跡」，《御覽》卷 509 引嵇康《高士傳》作「車馬迹」。軼亦車跡之義。

（26）妻曰：「君使不從，非忠也；從之又違，非義也。」

王照圓曰：《韓詩外傳》作「從之，是遺義也」，此或誤衍。

按：下「非」字衍，「又違義也」為句。《渚宮舊事》卷 2 作「從之，是遺義也」，《類說》卷 2 引皇甫謐《高士傳》作「從之違義」（今本脫）。

（27）葭牆蓬室，木牀菁席，衣縕食菽

王照圓曰：《史記》《正義》引《列仙傳》作「枝木為牀，菁艾為席」。

按：《史記‧老子傳》《正義》引《列仙傳》：「莞葭為牆，蓬蒿為室，杖木為牀，菁艾為席，菹芰為食。」皇甫謐《高士傳》卷上作「莞葭為牆，蓬蒿為室，枝木為牀，菁艾為席，飲水食菽」，《御覽》卷 42 引《高士傳》末句作「衣縕飲水」。疑此文「食菽」上脫「飲水」二字。「杖」為「枝」形誤，《御覽》卷 706 引《高士傳》作「支」，同「枝」；四庫本《類聚》卷 69、《初學記》卷 18、25 引誤作「杞」〔註30〕，《御覽》卷 42、《太平寰宇記》卷 23 引誤作「岐」，《御覽》卷 474 引誤作「板」。「列仙傳」為「列女傳」之誤。

〔註30〕南宋紹興刻本《類聚》引作「枝」不誤。

（28）王復曰：「守國之孤，願變先生之志。」

> 按：「孤」字屬下爲句，「守國之」下脫「政」字。上文「不足守政」，下文
> 「使吾守國之政」，是其證也。皇甫謐《高士傳》卷上作「守國之政，
> 孤願煩先生」。《文選・遊仙詩》李善注引已脫「政」字。

（29）王去，其妻戴畚萊挾薪樵而來

> 王照圓曰：既言挾薪樵，則「畚」下「萊」字衍也。《文選》注引下文「投
> 其畚」，亦無「萊」字，知此衍。

> 梁端曰：《御覽・地部七》引《高士傳》，此及下文「畚」下皆有「萊」字，
> 不知何字之誤。《文選・遊仙詩》、《劉先生夫人墓誌》注引下文「投其畚
> 而去」，無「萊」字，或涉下「來」字而衍，後又加⁺⁺字。

> 陳漢章曰：戴者首，挾者手，其首所戴，非萊，亦非畚。「畚萊」二字皆
> 涉上文「老萊方織畚」而譌也。此傳「畚萊」蓋「臺笠」之誤……字誤而
> 義不可通矣。

> 按：陳說非也。《御覽》卷 42 引《高士傳》作「其妻戴畚茱挾薪而至」，
> 梁氏誤認「茱」作「萊」。此文「萊」即「茱」字之誤，《四庫》本作
> 「茱」。「戴畚茱」與「挾薪樵」對舉。下文「投其畚萊而去」，《四庫》
> 本亦作「茱」，《文選・遊仙詩》、《劉先生夫人墓誌》李善注引作「投
> 其畚而去」，皇甫謐《高士傳》卷上同，《御覽》卷 42 引《高士傳》
> 作「乃畚茱而去」。《韓詩外傳》卷 1：「鮑焦衣弊膚見，挈畚持蔬。」
> 《御覽》卷 765 引同，又卷 426 引作「挈畚採蔬」，《新序・節士》作
> 「潔畚將蔬」。俞樾曰：「《新序》作『將』，此作『持』，皆『捋』字
> 之誤。《御覽》作『採』，則後人以意改之。」屈守元曰：「俞校是也。
> 《冊府元龜》正作『捋』。然作『採』亦通。」石光瑛說同屈氏〔註31〕。
> 是古人外出採蔬（捋蔬），盛之於畚，本書謂之畚茱也。其妻以畚茱
> 戴之於頭，故云戴畚茱也。《太平寰宇記》卷 23 引《高士傳》作「戴
> 畚挾薪」，省文也。下文「投其畚茱而去」，《文選》注、《高士傳》作
> 「投其畚」，「茱」字可省；《御覽》卷 42 引作「畚茱而去」，脫「投」
> 字。梁玉繩校下文「投其畚萊而去」曰：「孫云：『《選》注引無萊字，

〔註31〕屈守元《韓詩外傳箋疏》，巴蜀書社 1996 年版，第 95 頁。石光瑛《新序校釋》，
中華書局 2001 年版，第 975 頁。

疑衍。』余謂上文有『戴畬萊』句，似非衍字。」二氏皆未得也。

（30）可授以官祿者，可隨以鈇鉞

按：授，陳本《書鈔》卷 129 引作「擬」；皇甫謐《高士傳》卷上作「擬」，
《御覽》卷 506、《說郛》卷 57 引同，《太平寰宇記》卷 23 引作「授」，
《御覽》卷 42、《記纂淵海》卷 81 引作「受」。擬，傳也。

（31）至江南而止

按：江南，皇甫謐《高士傳》卷上、《史記・老子傳》《正義》引《列仙傳》
同，《御覽》卷 506 引《高士傳》誤作「河南」。

（32）鳥獸之解毛，可績而衣之；据其遺粒，足以食也

顧廣圻曰：此（引者按：指「据」字）「据」字之誤，拾也。《說文》作「攫」。

王照圓曰：《列仙傳》「毛」上無「解」字，「衣」下無「之」字。《御覽》
引與此同，惟下「之」字作「也」。《列仙傳》無「据」、「以」二字，此「据」
疑「据」字形誤。据，拾也。

王筠曰：「解」讀如「鹿角解」之解，謂自解脫之毛，非捕鳥獸而拔其毛也。

按：顧廣圻亦謂「据疑据字誤」。王氏所引《列仙傳》，見《史記・老子傳》
《正義》引。皇甫謐《高士傳》卷上作「鳥獸之毛，可績而衣；其遺
粒，足食也」，與《正義》所引正同，《高士傳》乃據本書改作，可證
「列仙傳」確爲「列女傳」之誤也。顧、王校「据」爲「据」，甚確。
然「据」當在「足」字下，《正義》引脫。「足据以食」與「可績而衣」
正相對舉。梁・蕭統《陶淵明集序》：「或貨海東之藥草，或紡江南之
落毛。」周・庾信《和裴儀同秋日》：「蒙吏觀秋水，萊妻紡落毛。」
《隋書・隱逸傳》：「拾遺粒而織落毛，飲石泉而蔭松柏。」「落毛」
的典故皆出於本書。《高士傳》「毛」上脫「解」字，「足」下脫「据
以」二字。「解毛」即「落毛」，亦與「遺粒」相對舉。「其」字的用
法相當於「鳥獸之」。

（33）今日為相，明日結駟連騎

按：連，皇甫謐《高士傳》卷中同，《韓詩外傳》卷 9、《渚宮舊事》卷 1 作
「列」。列，讀爲連，一聲之轉也。《說苑・談叢》：「猖獗而活，先人餘

烈。」馬王堆帛書《稱》作「先人之連」，整理者曰：「烈、連一音之轉。」
〔註32〕《老子》第39章：「天無以清，將恐裂。」馬王堆帛書乙本「裂」
作「蓮」。《左傳・昭公二十九年》：「有烈山氏之子曰柱爲稷。」《史記・
五帝本紀》《正義》引《帝王世紀》：「神農氏……又曰連山氏，又曰列
山氏。」《周易》卷首《正義》：「案《世譜》等群書，神農一曰連山氏，
亦曰列山氏。」《路史》卷 12：「故種民以爲始，所謂《連山易》也，
故亦曰連山氏。」羅苹注：「字音轉注列山者，亦連山之轉邪？」「結駟
連騎」是漢人成語。

（34）妻曰：「夫子織屨以為食，非與物無治也？」

王照圓曰：《韓詩外傳》無「非」字

梁端曰：《外傳》無「非」字，《渚宮舊事》同。

按：也，讀爲邪。此爲問句「非……邪」的句式，即表示肯定的意思。《外
傳》卷9作「夫子以織屨爲食，食粥毚屨，無怵惕之憂者，何哉？與物
無治也。」《渚宮舊事》卷1作「夫子食粥毚屨，無怵惕之憂，何哉？
與物無治也。」是自爲問答句，句型不同。毚，讀爲攙、鑱、劖，猶言
貫刺、修補〔註33〕。

（35）今以容膝之安，一肉之味，而懷楚國之憂，其可樂乎

梁端曰：《外傳》「懷」作「殉」。

按：懷，皇甫謐《高士傳》卷中同，《渚宮舊事》卷1作「狥」，同「徇」、
「殉」，均「徇」俗字。各本皆無「樂」字。此對應上文「樂亦在其
中矣」，有「樂」字義長。

（36）《詩》云：「愔愔良人，秩秩德音。」

顧廣圻曰：今詩作「厭厭」。《湛露》：「厭厭夜飲。」《韓詩》作「愔愔」，
見《釋文》。

王照圓曰：此亦《魯詩》，《毛詩》作「厭厭」。

按：梁氏說同顧氏。《說文》引作「懕懕」。《詩・小戎》：「厭厭良人，秩秩

〔註32〕《馬王堆漢墓帛書〔壹〕》，文物出版社1980年版，第84頁。

〔註33〕參見蕭旭《韓詩外傳補箋》，收入《群書校補》，廣陵書社2011年版，第465
頁。

德音。」又《湛露》：「厭厭夜飲，不醉無歸。」《釋文》、《文選‧魏都賦》李善注引《韓詩》並作「愔愔」，古通用〔註34〕。

卷三 《仁智傳》校補

（1）王田不取群，公行下眾，王御不參一族

王照圓曰：《史記正義》引曹大家曰：「公，諸侯也。公之所與眾人共議也。」

梁端曰：《說苑‧敬慎篇》云：「升輿而遇三人則下。」

按：《國語‧周語上》同，《史記‧周本紀》「下眾」前有「不」字，衍文。韋昭注：「公，諸侯也。下眾，不敢誣眾也。禮，國君下卿位，遇眾則式禮之也。」誣，讀爲侮，言輕之也。《太平寰宇記》卷32引《史記》已衍「不」字。

（2）王遂行，卒於樠木之下

梁端曰：《左傳》《釋文》：「樠，郎蕩反，又莫昆反，武元反。」案前一音字作橌（橌），後二音字作樠。樠木字當從㒼（㒼），不從兩。《集韻》「柄（橌）」下不引《左傳》，丁度所見《釋文》，蓋無郎蕩一音也。

蕭道管曰：《說文》：「樠，松心木。」

按：孔疏：「此字之音或爲曼，或爲朗。若以㒼爲聲，當作曼；以兩爲聲，當作朗。字體難定，或兩爲之音。杜直云木名，不知木何所似。木有似榆者，俗呼爲朗榆，蓋爲朗也。」孔氏認爲此字當作「橌（橌）」，即「朗榆」。「朗榆」亦作「梆榆」、「郎榆」〔註35〕，恐非楚武王死所。本書作「樠」，徐氏《說文繫傳》「樠」字條、《御覽》卷376引《左傳》同，《御覽》有注：「樠，音門。」則字從「㒼」得聲，固無疑矣，足證孔說非也。周‧庾信《周柱國大將軍紇干弘神道碑》：「功存柳林，身在樠木。」即用楚武王典，亦皆作「樠」字。《御覽》卷167引《郡國志》：「長壽縣武陵山，春秋謂楚平（武）王卒於樠木之下，即此山也。」《太平寰宇記》卷144引同，又謂武陵山亦名樠木山。「樠」爲

〔註34〕 參見蕭旭《「搶」、「嗦」二字音義考》，《中國文字研究》第16輯，2012年版，第95～97頁。

〔註35〕 《御覽》卷956引《廣志》：「有姑榆，有郎榆。郎榆無莢，材任車用。」《本草綱目》卷35引藏器曰：「梆榆生山中，狀如榆，莢如大榆。」

松木名，得名於松脂蒲蒲然流出也。《莊子・人間世》：「以爲門戶則液橢。」《釋文》：「司馬云：『液，津液也。橢謂脂出橢橢然也。』崔云：『黑液出也。』」蒲之言漫也。

（3）聞其駢脅，近其舍，伺其將浴，設帷薄而觀之

按：帷，各本作「微」，《國語・晉語四》同。《國語》「近」作「止」，「伺」作「諜」。「近」爲「止」形誤。

（4）士民之扶老携弱而赴其閭者，門外成市

按：《韓子・十過》作「曹人聞之，率其親戚而保贅負羈之閭者七百餘家」。「保」當作「報」，音之誤也。報，讀爲赴。《禮記・喪服小記》：「報葬者報虞。」又《少儀》：「毋拔來，毋報往。」鄭玄注並曰：「報，讀爲赴疾之赴。」陳奇猷誤以「保」爲「保護」義，因改「曹人」爲「鄭人」，「贅負羈」爲「叔瞻」〔註 36〕，大誤。邵增樺曰：「保，被保護，被保全。」〔註 37〕亦未達通借之指，而曲爲說也。

（5）盜憎主人，民愛其上

王照圓曰：「愛」當作「惡」，見《左傳》，此誤。

梁端曰：「愛」涉下文而誤也，周太廟《金人銘》曰：「盜怨主人，民害其貴。」見《說苑・敬慎篇》。

蕭道管曰：案此《傳》不必同《左傳》作「惡」。據《國語》注「上，賢也」，可見此處本言盜則憎主人，民本愛其上。但有愛之者，必有憎之者，枉者則憎之。下二句愛憎字即承上二句來。若「愛」改作「惡」，則「愛好人」句何所指乎？

按：蕭說非也。此引成語以戒之，下文「愛」、「憎」自爲對文。然「愛」亦有可能是「怨」字之誤，《家語・觀周》引《金人銘》：「盜憎主人，民怨其上。」

（6）譖而殺之

按：譖，《國語・晉語五》作「謀」，誤。

〔註 36〕陳奇猷《韓非子新校注》，上海古籍出版社 2000 年版，第 237 頁。
〔註 37〕邵增樺《韓非子今注今譯》，臺灣商務印書館 1983 年版，第 842 頁。

（7）畢羊乃送州犂于荊

按：乃，《國語·晉語五》作「實」。實，猶乃也、於是也〔註38〕。劉淇謂「實猶果」〔註39〕，非也。

（8）《頌》曰：「數諫伯宗，厚許畢羊。」

按：「許」當作「託」，正文「子何不預結賢大夫以託州犂焉」，此與之對應。摹宋本已誤。

（9）夫忠臣與孝子，不為昭昭變節，不為冥冥惰行

梁端曰：「信」舊誤「變」，「墮」舊誤「惰」，從《御覽》校改。信，古「申」字。《方言》：「隋，易也。」「墮」與「隋」同。

按：《御覽》卷402引「惰」作「墮」，梁氏失檢。變，宋·朱熹《儀禮經傳通解》卷12、宋·真德秀《西山讀書記》卷12、宋·羅大經《鶴林玉露》卷1、元·胡炳文《純正蒙求》卷中引亦皆作「信」。惰，《通解》、《讀書記》引同，《玉露》、《蒙求》引作「墮」。然二字皆不當改作。《鄧子·無厚篇》：「是以規矩一〔定〕而不易，不為秦、楚緩（變）節，不為胡、越改容。」〔註40〕《淮南子·主術篇》：「今夫權衡規矩，一定而不易，不為秦、楚變節，不為胡、越改容。」《漢書·律曆志》：「銅，為物之至精，不為燥溼寒暑變其節，不為風雨暴露改其形。」《治要》卷47引桓範《政要論》：「故不為難易變節，安危革行也。」文例並同。「變」謂改易，「惰」謂懈怠，「墮」同「惰」，「隋」則為借字。考《方言》卷13：「隋、毨，易也。」郭璞注：「謂解毨也。」「隋、毨」訓「易」者，謂鳥換毛，是毛髮脫落義。非此文之誼。梁氏失考。

（10）魯與齊通壁，壁鄰之國也

王照圓曰：通壁，言屋廬相接，壁鄰，言近。

按：《類說》卷1引作「魯與齊通壁鄰國也」，今本衍「壁」、「之」二字。通壁，猶今言隔壁。

〔註38〕 參見蕭旭《古書虛詞旁釋》，廣陵書社2007年版，第363頁。

〔註39〕 劉淇《助字辨略》，中華書局1954年版，第245頁。

〔註40〕 伍非百曰：「『緩』當作『變』。」伍非百《鄧析子辯偽》，收入《中國古名家言》，中國社會科學出版社1983年版，第850頁。

（11）於是召而語之曰

按：召，《玉燭寶典》卷4引誤作「名」。

（12）食我以同魚，同者其文錯

孫志祖曰：《御覽》卷763作「銅魚有文錯」。

按：《玉燭寶典》卷4引作「鮦魚者其父錯」。「父」為「文」形誤。今本下「同」字下脫「魚」字，《御覽》「魚」下脫「者」字。

（13）叔向名肸，叔魚名鮒

按：叔向，《史記·晉世家》、《鄭世家》作「叔嚮」。亦作「叔鄉」，銀雀山漢墓竹簡《晏子》第587號簡有「叔鄉」，原簡圖版「鄉」僅存右半「郎」，當是「鄉」字，今本《晏子春秋》作「叔向」。「向」、「鄉」、「嚮」皆讀上聲，與「響」同。《玉篇殘卷》：「肸：野王案：肸亦聲響也。《春秋》羊肸字叔響。《說文》為肸字，在十部。」是顧野王正以「響」為正字也。宋·毛居正《六經正誤》卷4《禮記正誤·檀弓上》：「《左傳·宣公十五年》《釋文》：『叔向，香丈反。』此是上聲，與響同。據其名肸字向，名字相配合，從上聲，既有二音，亦宜通用。」王筠曰：「羊舌肸何以字叔向？向者，蛈之省形存聲字。蛈者，蠁之或字。《晉語》作『叔嚮』，則聲借字也。」〔註41〕「肸響」為秦漢人成語，彌滿布散之義。《說文》：「肸，〔肸〕響，布也。」揚雄《甘泉賦》：「肸響豐融。」字或作「肸蠁」，左思《蜀都賦》：「景福肸蠁而興作。」《文選》司馬相如《上林賦》：「肸響布寫。」《漢書》作「肸蠁」。《廣韻》：「肸，肸蠁，俗作肹。」字或作「翕響」。嵇康《琴賦》：「紛綸翕響。」段玉裁曰：「春秋晉羊舌肸，字叔向。向，《釋文》『許兩切』，即『蠁』字，知『肸蠁』之語甚古。」〔註42〕王引之曰：「向讀為蠁。肸蠁者，布寫之貌也。」〔註43〕「叔嚮」又誤作「叔譽」，《禮記·檀弓下》：「趙文子與叔譽觀乎九原。」鄭玄注：「叔譽，叔向也，晉羊舌大夫之孫，名肸。」孔疏：「知

〔註41〕 王筠《說文解字句讀》，中華書局1988年版，第79頁。

〔註42〕 「肸」字據段玉裁說補。段玉裁《說文解字注》，上海古籍出版社1981年版，第89頁。此錢大昕所謂注文連篆文之例，《玉篇》、《篆隸萬象名義》皆脫。

〔註43〕 王引之《春秋名字解詁》，收入《經義述聞》卷22，江蘇古籍出版社1985年版，第541頁。

叔譽是叔向者，案《韓詩外傳》云：『趙文子與叔向觀於九原。』故知叔譽是叔向也。」《逸周書·太子晉解》、《潛夫論·志氏姓》亦作「叔譽」。《欽定禮記義疏》卷 14：「案：胖嚮，蟲相應聲。《左傳》嚮省爲向，而此又嚮譌爲譽也。」其說是也。惠棟曰：「春秋時大夫有兩字者。」〔註44〕張澍曰：「羊舌胖字叔向，一字叔譽。嚮即蠁字，言芬香之氣發越也，神享祀則有譽，吉，故又字譽。」〔註45〕二說皆失之。

（14）昔有仍氏生女，髮而甚美

按：髮，《左傳·昭公二十八年》作「鬒」，杜注：「美髮爲鬒。」《釋文》：「鬒，《說文》作㐱，又作䰐，云：『稠髮也。』」

（15）是虎目而豕啄

梁玉繩曰：「啄」乃「喙」之譌。

梁端曰：啄，《國語》作「喙」，是也。

按：《御覽》卷 363 引已誤作「啄」。

（16）谿壑可盈，是不可饜也

按：《國語·晉語八》同，《御覽》卷 363 引「盈」作「滿」，「饜」作「猒」。猒、饜，正、俗字。《長短經》卷 1、《冊府元龜》卷 835「饜」作「厭」，借字。

（17）雍子入其女於叔魚以求直

按：入，《左傳·昭公十四年》、《國語·晉語九》作「納」。納，讀爲內，《說文》：「內，入也。」

（18）趙簡子乘馬園中，園中多株

孫志祖曰：《說文繫傳》引「智伯之園多株，不便於馬，范氏之子謂伐之也」，與此異。

按：梁端說襲取孫氏。宋·趙汝楳《周易輯聞》卷 5 引作「智伯之園多株，

〔註44〕 惠棟《九經古義》卷 11《禮記古義》，收入阮元《清經解》，鳳凰出版社 2005 年版，第 2852 頁。

〔註45〕 張澍《春秋時人名字釋》，《養素堂文集》卷 32，《續修四庫全書》第 1507 冊，上海古籍出版社 2002 年版，第 102 頁。

不便於馬」，是宋人所見本有「不便於馬」等文，今本脫之。

(19)《頌》曰：「知其必滅，鮮能有仁。」

按：「有」當作「布」，字之誤也。正文「夫伐功施勞，鮮能布仁」，正作「布」字。

(20) 子皮止姒曰：「安之，吾今嫁姊矣。」

按：今，猶將也〔註46〕。

(21) 譬猶揜目而別黑白也

按：《韓詩外傳》卷 10：「扁鵲曰：『事故有昧投而中蝨頭，掩目而別白黑者。』」〔註 47〕《淮南子・主術篇》：「是猶塞耳而聽清濁，掩目而視青黃也。」

(22) 當穆公時，君老，太子幼，女倚柱而嘯

孫志祖曰：《後漢書・劉陶傳》注引「嘯」作「啼」，下「何嘯之悲」作「哭」，《御覽》卷 979 引作「歎」，據《頌》「倚柱而嘯」，與「妙」字爲韻，則應作「嘯」也。

梁端曰：嘯，《後漢書・劉陶傳》注引作「啼」，《御覽・人事部》作「歎」，《皇親部十三》仍作「嘯」。疑後人改之也。

蕭道管曰：案《琴操》作「倚柱悲吟而嘯」。

按：《御覽》四引，卷 147、392、488（《皇親部十三》、《人事部三十三》、《人事部一百二十九》，梁氏所引《人事部》爲後者）引作「嘯」，又卷 979（《菜茹部四》）引作「歎」，梁氏失檢，且又誤記。《類聚》卷 19、82、《白帖》卷 20、《記纂淵海》卷 81、《古今事文類聚》後集卷 21、別集卷 22、《蒙求集註》卷上引作「嘯」，《白帖》卷 62 引作「悲嘯」，《太平寰宇記》卷 23 引作「歎」。「嘯」是其舊文，《論衡・實知》：「魯侯老，太子弱，漆室之女倚柱而嘯。」《說郛》卷 58 引皇甫謐《列

〔註 46〕參見裴學海《古書虛字集釋》，中華書局 1954 年版，第 346～347 頁。

〔註 47〕《說苑・辨物》「昧投而中蝨頭」作「昧掃而中蛟頭」。盧文弨校「蛟」作「蚊」，同「蝨」；又校「掃」爲「摘」，同「擿」，皆是也。盧文弨《群書拾補》，收入《續修四庫全書》第 1149 冊，上海古籍出版社 2002 年版，第 427 頁。

女傳》作「嘯」。

（23）旁人聞之，莫不為之慘者

顧廣圻曰：《後漢書・劉陶傳》注引云「心莫不慘慘者」。

梁端曰：《御覽》作「心莫不爲之慘慘者」。

按：《御覽》見卷 488 引，《類聚》卷 19 引作「心莫不爲之慘者」。此文脫「心」字。

（24）謂曰：「何嘯之悲也？」

梁端曰：嘯，《後漢書》注作「哭」。

按：「嘯」是其舊文，《類聚》卷 19、《白帖》卷 62、《御覽》卷 147、392、488、《記纂淵海》卷 81 引並同今本，《御覽》卷 979 引省作「何悲也」。

（25）吾豈為不嫁不樂而悲哉

按：《後漢書・劉陶傳》李賢注、《御覽》卷 488 引作「豈爲嫁之故，不樂而悲哉」，「嫁」上脫「不」字；《類聚》卷 19、《白帖》卷 62 引作「吾豈爲不嫁之故而悲哉」，省「不樂」二字，然皆可證今本「不嫁」下脫「之故」二字。《記纂淵海》卷 81 引省作「吾豈爲不嫁而悲哉」。

（26）馬佚馳走，踐吾葵

王照圓曰：「佚」與「逸」同，言走失也。

蕭道管曰：案《琴操》作「逸」。

按：佚，《白帖》卷 20 引作「逸」。《後漢書・盧植傳》李賢注引《琴操》作「馬逸，蹈吾園葵」。《韓詩外傳》卷 2 作「其馬佚而驤吾園，而食吾園之葵」。《玉篇》：「驤，馬轉臥土中也。」《廣韻》：「驤，馬土浴。」

（27）鄰人女奔，隨人亡，其家倩吾兄行追之

王照圓曰：倩，借也。

馬瑞辰曰：倩，《琴操》作「請」，「請」、「倩」形相似，「倩」即「請」之譌耳。

梁端曰：馬說非也。《御覽・皇親部》、《榮部》作「借」，「倩」、「借」聲

−818−

近。

按：倩，《白帖》卷 20 引作「使」。《方言》卷 12：「倩，借也。」《字彙》：
「倩，使人。」

（28）逢霖水出

蕭道管曰：《琴操》作「霧濁水出」。

按：《御覽》卷 979 引作「霧出以求」。「霖」蓋「霧」之誤。

（29）今魯君老悖，太子少愚，愚偽日起

梁端曰：《御覽·皇親部》引「今魯君老，老必將悖；太子少，少必愚。
愚悖之閒，姦偽互起」，文義較完足。

按：《太平寰宇記》卷 23 引作「君老必愚，太子幼必悖，愚悖之間，其亂必
生」。

（30）今大王為太子求妃，而自納之於後宮

按：《御覽》卷 455 引「妃」下有「匹」字。

卷四《貞順傳》校補

（1）召南申女者，申人之女也

按：召，《書鈔》卷 84 引同，《類聚》卷 40、《初學記》卷 14、《御覽》卷
441、541 引作「邵」。

（2）既許嫁於酆

按：酆，《類聚》卷 40、《御覽》卷 441 引作「豐」，同；《御覽》卷 541 引
誤作「農」。

（3）女與其人言

梁端曰：《御覽·人事部八十二》、《禮儀部二十》引注云：「其人，媒氏，
往求命之者。」

按：《御覽·人事部八十二》即卷 441 未引注，《禮儀部二十》即卷 541 引之，
梁氏失檢。

（4）夫家輕禮違制，不可以行

　　王照圓曰：《書鈔》引作「夫家輕我」。

　按：輕禮，《御覽》卷441引同，《初學記》卷14、《御覽》卷541引亦作「輕
　　　我」。

（5）守節持義，必死不往

　按：持義，各書引同，《書鈔》卷84引作「大義」。《項氏家說》卷4：「按
　　　《列女傳》，《行露》，申人之女作也，女稼於酆，夫禮不備，持義不往
　　　也。」是宋人所見尚作「持」字，《書鈔》臆改也。

（6）魯使大夫季文子於宋，致命於伯姬

　　梁端曰：上「於」一本作「如」。

　按：《集韻》：「於，往也。」「於」皆當作「于」。《詩‧桃夭》毛傳：「于，往
　　　也。」《春秋‧成公九年》：「季孫行父如宋致女。」如亦往也。

（7）恭公卒，伯姬寡

　　蕭道管曰：《通解》引下有「三十五年」四字。案「五」當作「四」。

　按：《漢書‧原涉傳》顏師古注本此文，「寡」下有「居」字。《家範》卷8
　　　「寡」下有「居三十五年」五字，今本脫。

（8）保傅不俱，夜不下堂

　按：俱，摹宋本作「來」。「俱」字義長，言須保母、傅母俱至也。《儀禮經
　　　傳通解》卷4引作「俱」，《水經注》卷24、《漢書‧原涉傳》顏師古注、
　　　《家範》卷8作「具」，同。下《頌》曰：「宮夜失火，保傅不備。」備
　　　亦俱也。

（9）越義而生，不如守義而死

　按：上「而」字，各本作「求」。皆通。《華陽國志》卷8：「背主求生，何
　　　如守義而死。」《說郛》卷70引鄭氏《女孝經‧廣守信章》：「無信而生，
　　　不如守義而死。」又考下文「楚昭貞姜」條：「然棄約越義而求生，不
　　　若留而死耳。」疑此文本作「越義而求生」，各本各脫一字。

（10）女不聽，遂入，持三年之喪

按：持，《御覽》卷 441 引作「行」。

（11）且夫采采芣苢之草，雖其臭惡，猶始於捋采之，終於懷襭之

梁端曰：《御覽》不重「采」字，「其」作「甚」。

按：襭，《爾雅翼》卷 3 引同，各本作「擷」，字同，見《說文》。《御覽》
卷 441 引誤，又誤「捋」作「將」，省「擷」作「頡」，梁氏失校。《記
纂淵海》卷 191 引無「采采」二字，「其」誤作「甚」，「捋」誤作「將」
〔註 48〕。

（12）夫婦之道，有義則合，無義則去

按：《漢書·孔光傳》：「夫婦之道，有義則合，無義則離。」漢人亦以之言
君臣、朋友之道，其揆一也。《禮記·曲禮下》鄭注：「君臣有義則合，
無義則離。」《後漢書》卷 73 引漢·蔡邕《正交論》：「蓋朋友之道，有
義則合，無義則離。」

（13）則鳴玉環佩

梁端曰：《後漢書·齊武王縯傳》注引無「環」字。

按：環佩，《後漢書·皇后紀》李賢注、《文選·後漢書皇后紀論》李善注引
作「佩環」，《齊武王縯傳》注引脫「環」字。

（14）《頌》曰：「避嫌遠別，終不冶容。」

顧廣圻曰：讀冶為野，與鄭氏《易》同，詳見惠先生《周易述疏》。

梁端曰：「治（冶）」當作「野」，《易·繫辭》：「野容誨淫。」鄭注：「飾
其容而見於外曰野。」

陳漢章曰：《崔篆傳》《慰志賦》：「揚蛾眉於復關兮，犯孔戒之冶容。」章
懷注：「鄭玄云：『飾其容而見於外曰野。』」蓋崔賦本作「野容」，與此傳
同誤。《周易》《釋文》：「鄭、虞、陸、姚、王肅並作野。」

按：韓康伯本《周易》作「冶容」，《釋文》：「冶，音也，鄭、陸、虞、姚、

〔註 48〕《記纂淵海》據《北京圖書館古籍珍本叢刊》影宋本，書目文獻出版社 1998
年版，第 71 冊，第 815 頁。《四庫》本在卷 81，「捋」字不誤，「擷」作「襭」。

王肅作野。言妖野容儀，教誨淫泆也。」孔疏：「女子妖冶其容，身不精愨，是教誨淫者使來淫己也。」「野」爲「冶」借字，顧說、梁說憒矣。《後漢書‧崔篆傳》李賢注引《易》作「冶」，又引鄭玄曰：「謂飾其容而見於外曰冶。」（陳氏誤作「曰野」）《文選‧日出東南隅行》、《女史箴》李善注引《易》同，《治要》卷 1、《類聚》卷 35、《白帖》卷 21、93、《御覽》卷 380、499 引皆同。

（15）杞梁妻曰：「今殖有罪，君何辱焉？若令殖免於罪，則賤妾有先人之弊廬在，下妾不得與郊弔。」

　　顧廣圻曰：不得，《水經注》引作「不敢」。

　　梁端曰：「今」疑「令」之誤，《水經注》引作「如」。

按：今，猶如也，若也〔註49〕，《太平寰宇記》卷 24 引亦作「如」。《左傳‧襄公二十三年》亦作「得」，得猶敢也〔註50〕。下《頌》曰：「齊莊道弔，避不敢當。」《水經注》卷 26、《太平寰宇記》卷 24 引「若令」亦作「如」，疑「令」字衍文。《御覽》卷 578 引《大周正樂》作「今殖有罪，君何辱命焉？若殖免於罪，賤妾有先人之弊廬，妾不敢受郊（郊）弔也」，可證「今」字不誤，「令」字衍文。弊，《左傳‧襄公二十三年》作「敝」，借字。

（16）於是莊公乃還車詣其室，成禮然後去

按：還，讀爲旋，《水經注》卷 26 引正作「旋」。

（17）枕其夫之尸於城下而哭

　　王照圓曰：《文選‧洞簫賦》及《求通親親表》注俱引「枕」作「就」，此字形之誤耳。《選》注引「哭」下有「之」字，此脫。

　　梁端曰：「就」舊誤「枕」，從《後漢書‧劉瑜傳》注、《文選‧洞簫賦》注、《求通親親表》注、《御覽‧居處部二十》、二十一、《人事部一百二十八》、《禮儀部二十八》校改。

按：枕，《樂府詩集》卷 73 引亦作「就」，《說郛》卷 58 引皇甫謐《列女傳》

〔註49〕參見王引之《經傳釋詞》引王念孫說，嶽麓書社 1984 年版，第 98 頁。
〔註50〕參見蕭旭《古書虛詞旁釋》，廣陵書社 2007 年版，第 197～198 頁。

同。《類聚》卷 63 引已誤作「枕」字。

（18）遂赴淄水而死

曹元忠曰：《類聚》卷 18 引左貴嬪《齊杞梁妻贊》云：「遂赴淄川，託軀清津。」

歐纘芳曰：《御覽》卷 193、487、549 并引「赴」作「投」，義近。

按：赴，《樂府詩集》卷 73 引同；《類聚》卷 63 引作「投」，《文選·雜詩》、《洞簫賦》李善註引《琴操》亦作「投」，《古今注》卷中亦同。

（19）伯嬴者，秦穆公之女，楚平王之夫人，昭王之母也

顧廣圻曰：《史通》謂：「校以年代，殊爲乖刺。」「穆」蓋誤字耳。

王照圓曰：吳入郢之歲，當秦哀公之世，上去穆公之時遠矣，不知何字之誤。

梁端曰：「穆」字誤。伯莒之戰在魯定公四年，穆公卒於文公六年，相去一百十六年。《史通》云：「校以年代，殊爲乖刺。」是唐時本已誤。

陳漢章曰：「穆公」本作「哀公」。

按：《御覽》卷 491 引《吳越春秋》作「秦康公之女」。伯嬴當即楚平王爲太子建所納秦女而自娶者，是其年齡甚小於楚平王也。云秦康公之女，或是。

（20）是以明王之制，使男女不親授，坐不同席，食不共器，殊椸枷，異巾櫛，所以遠之也

王照圓曰：施，讀爲移，施易也，所以變易其邪心。

梁端曰：一本「授」下有「受」字，後人增入也，《渚宮舊事》無「受」字。施，一本作「遠」，《渚宮舊事》作「絕」。

歐纘芳曰：各本「遠」皆作「施」。作「遠」，於義較長。

按：《資治通鑑前編》卷 16 引無「受」字，「施」作「絕」。施，教也。

（21）今君王棄儀表之行，縱亂亡之欲，犯誅絕之事

梁端曰：誅，《渚宮舊事》作「放」，「事」作「禁」。

按：《資治通鑑前編》卷 16 引同，《御覽》卷 491 引《吳越春秋》「棄」作「去」，「縱」作「從」。

（22）壹舉而兩辱

梁端曰：壹舉，《渚宮舊事》作「一朝」。

按：「舉」字是，《御覽》卷 491 引《吳越春秋》作「一舉而兩儀辱」。辱，失也，言壹舉而兩失也。《韓詩外傳》卷 1：「喜名者必多怨，好與者必多辱。」「多辱」與「好與」對舉，正多失之義。《淮南子·詮言》、《文子·符言》作「多奪」，奪亦失也。

（23）且凡所欲妾者，為樂也。近妾而死，何樂之有

按：上「妾」上當據《御覽》卷 491 引《吳越春秋》補「近」字。下文「近妾」即承此而言。《渚宮舊事》卷 2 亦脫「近」字。

（24）於是吳王慚，遂退舍

按：《渚宮舊事》卷 2 同，《御覽》卷 491 引《吳越春秋》「舍」上有「還」字，義長。

（25）王聞江水大至，使使者迎夫人，忌持其符

梁端曰：「符」上舊衍「其」字，從《類聚·人部二》、《御覽》校刪。

按：忌，各本作「忘」，是。梁氏所據爲《類聚》卷 18、《御覽》卷 598。《類聚》卷 8、《御覽》卷 60、441、《古文苑》卷 19 章樵註、《記纂淵海》卷 81、《古今合璧事類備要》前集卷 30 引皆無「其」字，《事類賦注》卷 6 引《列仙傳》亦無。「列仙傳」即「列女傳」之誤。

（26）於是使者〔反〕取符，〔還〕則水大至，臺崩，夫人流而死

梁端曰：「反」字、「還」字舊脫，從《御覽》校增。《御覽·地部二十五》作「沈水而死」。

歐縄芳曰：《御覽》卷 66、598 並引「取」上有「反」字，「符」下有「未還」二字。今本脫。

按：梁氏所據爲《御覽》卷 598、60。《類聚》卷 8 引作「使者還取符，未及（反），臺已壞，流水而死」，《御覽》卷 60、《記纂淵海》卷 81、《事

類賦注》卷6、《古今合璧事類備要》前集卷30引作「於是使者返取符，
未還，臺已壞，沉水而死」，《御覽》卷598引作「使者而行，反取符，
未還到，大水至，臺弛壞，夫人流而死」。是「取符」上脫「反（返）」
或「還」字，「則水大至」上脫「未反（返）」或「未還」二字，梁校猶
未盡善，失補「未」字。

（27）守義死節，不為苟生；處約持信，以成其貞

王照圓曰：「處」即「處」字。尋其文義，當作「據」。缺壞作「處」，又
作「處」耳。據猶持也。

按：王說非也。《御覽》卷598引作「處」，又脫「節」、「生」二字。「處」、
「據」古通用，而非字誤。《禮記‧投壺》《釋文》：「梁丘據：本又作
處，同，音据。」是其例也。「約」即上文「王與宮人約」、「貞女之義
不犯約」之「約」。張濤曰：「約，窮困。」〔註51〕非也。

（28）妾既不仁，不能從死

梁端曰：《御覽》引注云：「仁猶人也。」

按：仁，《御覽》卷441引作「位」，注作：「位，猶仁也。」梁氏失檢。「位」
當是「佞（佞）」脫誤。「佞」從仁得聲，故舊注以聲爲訓也。

（29）秦滅衛君，乃封靈王世家，使奉其祀

梁端曰：角，舊誤「乃」，從《御覽》校改。

按：梁氏改「乃」爲「角」，「角」是衛君之名，屬上句，歐縉芳說同。《家
範》卷10亦作「乃」，是梁校未必確。

（30）子奉祀而妾事我，我不聊也

王照圓曰：聊，賴也。賴之爲言利也。言以妾禮事我，我不敢當此，於我
不利也。

梁端曰：「祭」字舊脫，從《御覽》校增。《毛詩》傳云：「聊，願也。」

蕭道管曰：案《詩‧泉水》箋：「聊，且略之詞也。」《方言》：「俚，聊也。」
《戰國策》：「民無所聊。」聊者，姑且之意。不聊者，不能姑且安之也。

按：《家範》卷 10「祀」上無「祭」字，與今本同，不必據《御覽》補。聊，《家範》作「願」，梁解得之。《楚辭·九思》舊注：「聊，樂也。」字亦作憭，《廣雅》：「憭，快也。」字亦作憀，《集韻》：「憀，願也，通作聊。」

（31）陶嬰者，魯陶門之女也，少寡，養幼孤

按：門，《樂府詩集》卷 45 引作「明」，一聲之轉也。幼孤，《御覽》卷 441、《儀禮經傳通解》卷 2 引同，《類聚》卷 90 引作「姑」，《御覽》卷 916 引《列仙傳》亦作「姑」。「列仙傳」即「列女傳」之誤。據下《頌》曰：「陶嬰少寡，紡績養子。」則作「幼孤」是其舊。

（32）作歌，明己之不更二也

梁端曰：《御覽·人事部八十二》「作歌」上有「乃」字，「不」下無「更」字。

按：《樂府詩集》卷 45 引有「乃」字，「不更二」下有「庭」字。

（33）鴟頸獨宿兮，不與眾同

王照圓曰：「鴟」當與「宛」同，宛轉也。

梁端曰：「宛」舊誤「鴟」，從《書鈔》、《御覽》改。獨宿，《御覽》作「戢翼」。

曹元忠：《事類賦》注、《通解》引亦作「宛頸」。

歐繢芳曰：《事類賦注》卷 11、《類聚》卷 90、《白帖》卷 17、《御覽》卷 441、572、916、《記纂淵海》卷 81 并引「鴟」作「宛」。《記纂淵海》卷 81「獨宿」亦作「戢翼」。

按：鴟頸，《書鈔》卷 106 引作「死頸」，梁氏失檢。梁氏所引《御覽》見卷 441，曹氏所引《事類賦注》見卷 11，《通解》見卷 2。《海錄碎事》卷 7、《錦繡萬花谷》前集卷 16、《古今合璧事類備要》前集卷 28、《氏族大全》卷 7 引亦作「宛頸」，《御覽》卷 572 引作「宛勁」，《記纂淵海》卷 81 引作「宛頭」。「死」為「宛」形誤，「頭」為「頸」形誤，「勁」為「頸」音誤。宛，屈也。字亦作「冤頸」，《漢書·息夫躬傳》《絕命辭》：「冤頸折翼，庸得往兮？」獨宿，各書引同，作「戢翼」

乃臆改。《類聚》卷 91 魏・王粲《鸚鵡賦》:「就隅角而歛翼,倦獨宿
而宛頸。」

（34）〔見〕貴而忘賤,是不貞也

　　梁端曰:「見」字舊脫,從《御覽》校增。

　　曹元忠曰:《通解》引作「貪貴」。

按:《西山讀書記》卷 13 亦作「貪貴」。據下《頌》曰:「不貪行貴,務在一
　　信。」是正文確有「貪」字。本書卷 5:「貪貴樂利。」「見」疑「貪」
　　脫誤。《家範》卷 8 作「慕貴」,義亦相會。

（35）妾夫不幸早死,先狗馬填溝壑

按:「先狗馬填溝壑」是漢代人成語。《韓詩外傳》卷 10:「先生弗治,則先
　　犬馬填〔溝〕壑矣。」《說苑・辨物》:「先生不有之,則先犬馬填溝壑
　　矣。」《史記・平津侯傳》:「素有負薪之疾,恐先狗馬填溝壑。」《漢書・
　　東方朔傳》:「一日卒有不勝灑掃之職,先狗馬填溝壑。」揚雄《劇秦美
　　新》:「臣常有顛眴病,恐一旦先犬馬填溝壑。」

（36）屬孝婦曰:「我生死未可知,幸有老母,無他兄弟,備吾不還,
　　　汝肯養吾母乎?」

　　王紹蘭曰:「備」字疑當作「倘」,形之誤也。

　　梁端曰:孫校曰:「備疑儻字之誤。」案《漢書・游俠傳》注引作「吾若
　　不來」。

　　曹元忠曰:《通解・昏義篇》引作「儻」。

按:「備」、「儻（倘）」形聲俱遠,無由致誤。「備」乃「借」字形誤,假設
　　之辭,摹宋本正作「借吾不還」。《西山讀書記》卷 13 作「倘不還」。「倘
　　（儻）」、「若」亦假設之辭。《西漢年紀》卷 8、《家範》卷 8 引作「備
　　養」,《古今列女傳》卷 3 同,皆誤以「備」字屬上句,又補「養」字以
　　求通。

（37）妾聞寧載於義而死,不載於地而生

　　梁端曰:「地」字疑誤。

按：「地」字不誤，《西漢年紀》卷 8 引作「地」。載於地，猶言立於地也。
張敬曰：「『地』字疑誤，應作『利』，與上句『義』對。」〔註 52〕尤為
妄說。

卷五《節義傳》校補

（1）義保遂以逃

按：《御覽》卷 422 引「遂」下有「抱稱」二字，言抱公子稱而逃也。今本
脫之。《家範》卷 10「遂」下有「抱」字，脫公子名「稱」字。

（2）謂嬴氏曰：「吾去國數年，子父之接忘，而秦晉之友，不加親也。」

王照圓曰：「友」當為「交」，字形之誤。

按：王說是，交亦接也。「忘」字非其誼，疑「怠」字形誤。

（3）昭王讌遊，蔡姬在左，越姬參右，王親乘駟以馳逐

梁端曰：《御覽‧人事部》、《類聚‧人部》「右」作「乘」。

按：《類聚》卷 28 引「右」作「乘」。《御覽》卷 468 引作「蔡姬在左，越
姬驂乘駟以馳逐」，《渚宮舊事》卷 2 作「蔡姬在左，越姒參右，王親
乘駟馳逐」。《類聚》誤引，《御覽》有脫誤。參，三人並乘也。

（4）遂登附社之臺，以望雲夢之囿

王照圓曰：附社，臺名。

梁端曰：《類聚》、《御覽》「社」作「莊」。

按：《渚宮舊事》卷 2 仍作「附社」，《明一統志》卷 62、《七國攷》卷 4
引《湖廣志》同。「社」、「莊」形近，必有一誤，然無可考也。

（5）蔡姬曰：「昔弊邑寡君，固以其黎民之役事君王之馬足，故以婢
子之身，為苞苴玩好。」

按：《渚宮舊事》卷 2「馬足」下有「猶以為未足」五字，今本脫之，則文
義不屬。

〔註 52〕張敬《列女傳今注今譯》，臺灣商務印書館 1994 年版，第 163 頁。

（6）今乃比於妃嬪

按：《渚宮舊事》卷2「嬪」下有「列於後宮」四字。

（7）婦人遂行不顧

按：遂，《家範》卷7作「疾」。

（8）見軍之至，力不能兩護

按：護，《御覽》卷513、《古今事文類聚》後集卷11、《古今合璧事類備要》前集卷26引作「全」。

（9）山澤之婦人耳，猶知持節行義，不以私害公，而況於朝臣士大夫乎

按：猶知持節行義，《御覽》卷513、《古今事文類聚》後集卷11、《古今合璧事類備要》前集卷26引作「猶持節行」。

（10）簡子既葬，襄子未除服，馳登夏屋

王照圓曰：「地」字誤，《史記・世家》作「北」。

歐繩芳曰：「地」蓋「馳」之形譌也。

按：馳，王本作「地」，故有此校語。摹宋本、《古今列女傳》卷2作「北」。「北」誤爲「地」，又誤爲「馳」，所失愈遠。歐說非是。

（11）吏訊之，被一創

王照圓曰：訊，問也。創，傷也。

孫志祖曰：訊，《御覽》卷416引作「診」。

按：二句，《類聚》卷21引作「被一創」，《御覽》卷416引作「吏訴之」，各脫三字；《御覽》卷422引作「吏視之，被一瘡」。「訴」同「診」，見《玉篇》。

（12）王曰：「今皆赦之，是縱有罪也；皆殺之，是誅無辜也。」

按：今，《御覽》卷416引作「若」，下句「皆殺之」上復有「若」字。今，猶若也、如也〔註53〕。

〔註53〕參見王引之《經傳釋詞》，嶽麓書社1984年版，第98頁。裴學海《古書虛字

（13）寡人度其母能知子善惡，試問其母

按：能，《御覽》卷416、422引作「必」。能，猶必也。

（14）君子謂義母信而好義，絜而有讓

王照圓曰：絜，猶挈也。言執持然諾，堅固不移也。

蕭道管曰：案絜即絜矩之義，謂稱量得宜。

按：「絜」同「潔」。《廣韻》：「潔，清也，經典用絜。」言其德行高潔。

（15）既納之五日，去而官于陳

顧廣圻曰：《文選・秋胡詩》注、《藝文》卷18引皆作「宦」。作「官」者誤也。

梁端曰：「宦」舊誤「官」，從《文選》注、《類聚》、《御覽・人事部八十二》、《宗親部十》校改。

曹元忠曰：《事類賦・桑篇注》引作「納妻五日，而宦於陳」。

按：《御覽》凡三引，皆作「官」字。除梁氏所舉的二處卷441（《人事部八十二》）、卷520（《宗親部十》）外，另一處見卷955。梁氏失檢。《類聚》卷83、《御覽》卷441、520、955、《古今事文類聚》後集卷23、《古今合璧事類備要》別集卷51、《古文苑》卷9《奉和南海王殿下詠秋胡妻》章樵註引亦作「官」，《事類賦注》卷25、《樂府詩集》36、《全芳備祖》後集卷22引作「宦」。《文選・秋胡詩》李善注本作「官」，六臣注本作「宦」。「宦」、「官」同義，不當改作。

（16）未至家，見路旁婦人採桑

王照圓曰：《類聚》及《選》注引作「有美婦人方採桑」，此脫「有」、「美」、「方」三字。

按：王說是也。婦人採桑，《文選・秋胡詩》李善注、《御覽》卷955、《樂府詩集》36、《古文苑》卷9《奉和南海王殿下詠秋胡妻》章樵註、《古今事文類聚》後集卷23引作「有美婦人方採桑」，《類聚》卷18、83、《御覽》卷441引作「有一美婦人方採桑」，《御覽》卷520引作「有

美婦人方採桑葉」，《古今合璧事類備要》別集卷 51、《全芳備祖》後集卷 22 引作「有美婦方採桑」。

（17）秋胡子悅之，下車謂曰：「若曝採桑，吾行道遠。」

　　王照圓曰：《類聚》作「暑日若曝獨採桑」。

按：若曝採桑，《類聚》卷 18 引作「暑日苦曝獨採桑」，《御覽》卷 441 引作「苦暴採桑」，又卷 520 引作「苦曝獨採桑」。王氏引《類聚》，誤「苦」作「若」，蕭道管從之，並失檢也。「苦」爲「若」形誤，與「吾」對舉成文。

（18）秋胡子謂曰：「力田不如逢豐年，力桑不如見國卿。」

　　陳漢章曰：《史記·佞幸傳》引諺曰：「力田不如逢年。」

按：逢，各本作「逢」，正字。《史記·佞幸傳》引諺曰：「力田不如逢年，善仕不如遇合。」《樂府詩集》36 引同今本，《類聚》卷 18、《古文苑》卷 9《奉和南海王殿下詠秋胡妻》章樵註引作「力田不如逢少年，力桑不如見公卿」，《御覽》卷 441、520、955、《古今事文類聚》後集卷 23、《古今合璧事類備要》別集卷 51、《全芳備祖》後集卷 22 引作「力田不如逢年，力桑不如見郎」，《事類賦注》卷 25 引作「力田不如逢年，採桑不如逢郎」，《通志》卷 49 引作「力田不如逢豐年，力耕不如見公卿」。敦煌寫卷 S.133《秋胡變文》：「採桑不如見少年，力田不如豐年。」此文當據《御覽》等引作「力田不如逢年，力桑不如見郎」。「年」指收成，「郎」形誤爲「卿」，句中「田」、「年」爲韻，「桑」、「郎」爲韻，作「卿」則失其韻矣。後人加「國」或「公」字於「卿」上，復於「年」上加「豐」或「少」字，以求對文，所失愈遠。言力桑不如見郎，正秋胡調戲之語也。《齊民要術》卷 3：「魯秋胡曰：『力田不如逢年。』」《白帖》卷 81：「力田不如逢時，躬稼徒欲望歲。」「逢時」即「逢年」也。

（19）吾有金，願以與夫人

　　王照圓曰：《類聚》及《選》注引「吾」上俱有「今」字，此脫。

按：王說是也。《類聚》卷 18、《御覽》卷 441、520、955、《事類賦注》卷

25、《樂府詩集》36、《古今事文類聚》後集卷 23、《古今合璧事類備要》別集卷 51、《全芳備祖》後集卷 22 引「吾」上皆有「今」字，今本脫之；《類聚》卷 83、《通志》卷 49、《古文苑》卷 9《奉和南海王殿下詠秋胡妻》章樵註引亦脫。

（20）夫採桑力作，紡績織紝，以供衣食

按：織紝，《御覽》卷 520 引同，《樂府詩集》36 引作「織紝」，《類聚》卷 18、83 引作「經織」，《御覽》卷 441 引脫「紝」字。

（21）媵知將死，終不言

歐纈芳曰：《類聚》卷 35、《白帖》卷 20、《御覽》卷 500、《事文類聚》後集卷 16 并引作「婢就杖將死，而不言」。

按：《初學記》卷 19、《古今合璧事類備要》前集卷 54 引亦作「婢就杖將死，而不言」。

（22）主父弟聞其事，具以告主父

按：具，《御覽》卷 500 引同，《初學記》卷 19、《古今事文類聚》後集卷 16、《古今合璧事類備要》前集卷 54 引作「直」，《類聚》卷 35 引作「復」。

（23）夫名無細而不聞，行無隱而不彰

按：《大戴禮記·勸學》：「夫聲無細而不聞，行無隱而不形。」《荀子·勸學》：「故聲無小而不聞，行無隱而不形。」《韓詩外傳》卷 6：「夫聲無細而不聞，行無隱而不形。」《新語·道基》：「故仁無隱而不著，無幽而不彰。」《說苑·說叢》：「聲無細而不聞，行無隱而不明。」《董子·保位權》：「於聲，無細而不取；於形，無小而不舉。」

（24）乳母倘言之，則可以得千金

按：倘，摹宋本作「儻」。《韓詩外傳》卷 9 作「乳母當知公子處而言之」，脫下句。當，讀爲儻（倘）。

（25）豈可利賞畏誅之故，廢正義而行逆節哉

按：「利」上當據《家範》卷 10、《廣博物志》卷 23 補「以」字，與「之故」

相呼應。《韓詩外傳》卷 9 作「豈可見利畏誅之故，廢義而行詐哉」，亦脫「以」字。

（26）秦軍追見，爭射之，乳母以身為公子蔽，矢著身者數十，與公子俱死

按：《家範》卷 10「蔽」下復有「矢」字。

（27）夫慈，故能愛。乳狗搏人，伏雞搏狸，恩出于中心也

王照圓曰：乳者，乳哺之也。伏之言抱也。搏，擊也。皆恐傷其子。

蕭道管曰：《荀子》：「乳彘觸虎，乳狗不遠遊。」《淮南子》：「乳狗之噬虎也，伏雞之搏狸也，恩之所加，不量其力。」

按：人，各本作「虎」，是也。《淮南子》見《說林篇》。《荀子·榮辱》「不遠遊」下有「不忘其親也」五字。此文及《淮南子》之「乳狗」指乳哺之母狗，《荀子》之「乳狗」指小狗，所指不同，蕭氏失辨，歐縝芳誤同。伏，讀爲孚，音轉作抱，吳語音步。言乳狗搏虎，步雞搏狸，皆愛護其子，而不計自身之禍福也〔註54〕。

（28）守節執事，不為利違。遂死不顧，名號顯遺

王照圓曰：「遺」字蓋誤。

蕭道管曰：「遺」有留義、餘義，可通。

按：「遺」疑「著」之誤。

（29）女亦曰：「夫人哀初之孤，欲強活初身，夫人實不知也。」

王照圓曰：《御覽》引「身」作「耳」，此蓋形誤。

梁端曰：「耳」舊誤「身」，從《御覽·珍寶部二》校改。

曹元忠曰：《事類賦注》作「欲以活初耳」。

按：《家範》卷 6 作「身」。「身」字自通，蕭道管不改，慎矣。

（30）莫不為酸鼻揮涕

按：揮涕，《家範》卷 6 同，《御覽》卷 803、《事類賦注》卷 9 引作「隕涕」。

〔註54〕詳見蕭旭《淮南子校補》，花木蘭文化出版社 2014 年版，第 567 頁。

（31）何面目以生而戴天復地乎

　　　歐縉芳曰：各本「復」作「履」，「復」爲「履」之壞，當據改。

　按：復，梁本作「覆」，並誤，當據摹宋本、《四庫》本作「履」，《類聚》卷
　　　21、《御覽》卷 482 引亦作「履」。

（32）內不能和夫家，又縱兄之仇

　按：「又」上當據《家範》卷 7 補「外」字。

（33）《頌》曰：「不留不去，遂以自殃。」

　按：殃，讀爲抗。《方言》卷 7：「佻、抗，縣也。趙、魏之閒曰佻，自山
　　　之東西曰抗，燕、趙之郊縣物於臺之上謂之佻。」「佻」俗字作「吊」。
　　　「抗」即懸吊義。《公羊傳‧僖公元年》：「於是抗輈經而死。」輈，小
　　　車轅。言懸吊於車轅自縊而死也。字亦作坑（阬），「坑儒」指縊殺儒
　　　生，也就是用繩子勒死或吊死，坑不是坑埋之義〔註 55〕。「自殃」即
　　　正文「遂以繩自經而死」的「自經」，《類聚》卷 21、《御覽》卷 482
　　　引「自經」作「自縊」。

（34）其夫有仇人，欲報其夫而無道徑

　　　梁端曰：《類聚‧人部》、《御覽‧人事部五》「人」作「仇家」二字，屬下
　　　爲句。

　按：《御覽》凡二引，卷 364（即《人事部五》）、482 皆作「仇家」。

（35）聞其妻之仁孝有義，乃劫其妻之父，使要其女爲中譎

　　　顧廣圻曰：《史記‧淮南傳》有「爲中詗」，徐廣曰：「詗，伺候採（探）
　　　察之名也。」《漢書》同，孟康曰：「詗，音偵，西方人以反間爲偵。」此
　　　「譎」是「詗」之誤，《說文》曰：「詗，知處告言之。」

　　　王照圓曰：要，約也。《類聚》引「中譎」作「中間」。

　　　王引之曰：「譎」乃「詗」之誤。詗，伺間之謂也。

　　　王筠曰：「譎」當作「詗」，《史》、《漢》《淮南王安傳》：「爲中詗長安。」
　　　孟康曰：「詗，音偵，西方人以反間爲偵。」然則《類聚》所引自通。《說

───────────────────

〔註 55〕白平《「坑（阬）」非「活埋」辨》已辨，但白君說「坑（阬）」泛指「殺」，
　　　尚未得源。《語文研究》2008 年第 3 期，第 47～51 頁。

文》曰：「詗，知處告言之。諜，軍中反間也。」是兩字同義，然不如作「中詗」，一望而知。注云「要，約也」，非也。此「要」當訓劫。

梁端曰：「譎」乃「詗」之誤。《史記・淮南王安傳》：「爲中詗長安。」《集解》：「徐廣曰：『詗，伺候探察之名。』」《類聚》、《御覽》作「中間」。

按：《御覽》凡二引，梁氏所引見卷 364，卷 482 引亦作「中間」。《陝西通志》卷 66 引作「詗」，《家範》卷 9 作「譎」。作「間」字是，下《頌》曰：「京師節女，夫讎劫父。要女問（間）之，不敢不許。」各本「問」作「間」，與正文相應。「中間」猶言中介，詗訓間是反間偵察，王筠謂「兩字同義」，非也。劫，《御覽》卷 364 引作「執」。要，脅也，王筠訓劫是也。

（36）還其家，乃告其夫，使臥他所

梁端曰：《御覽》作「還譎其夫」。

按：告，《家範》卷 9 亦作「譎」。

卷六 《辯通傳》校補

（1）甯戚擊牛角而商歌

按：「商歌」上《呂氏春秋・舉難》、《淮南子・道應篇》、《新序・雜事五》并有「疾」字，此脫。

（2）浩浩白水，儵儵之魚

王照圓曰：《管子・小問篇》作「浩浩者水，育育者魚」。

梁端曰：「鯈」舊誤「儵」，從《詩攷》校改。

陳漢章曰：「育」、「儵」聲相近。

按：《四庫》本作「鯈鯈」。《詩攷・逸詩》引仍作「儵」字〔註56〕，未知梁氏所據何本。《御覽》卷 500 引《管子》作「浩浩之水，游游之魚」，道藏本《劉子・適才》舊注引同。「儵儵」、「育育」、「游游」皆即「悠

〔註56〕王應麟《詩攷・逸詩》，《叢書集成初編》影津逮秘書本，中華書局 1985 年影印，第 1727 冊，第 115 頁。《四庫》本同。

悠」、「攸攸」之音轉，從魚作「鯈」者，以其言魚耳。《釋名》：「寒粥，末稻米投寒水中，育育然也。」又「齊人謂車枕以前曰縮，言局縮也。兗冀曰育，御者坐中執御，育育然也。」二例亦然，徐復解上例云：「育育，聲轉爲『油油』，流動貌。」又解下例云：「育育，聲轉爲『揚揚』，意氣發揚也。」〔註 57〕二說一得一失，後說失之。字亦音轉作「粥粥」，《釋名》：「粥，濯（淖）於糜，粥粥然也。」方以智曰：「鯈鯈，或作『欻欻』、『歘歘』，猶言倏忽速變之意……〔鯈〕即欻，俗作倏。」〔註 58〕方說非是。

（3）令尹以罪乙，請於王而絀之

王照圓曰：絀，黜也。

按：絀，《類聚》卷 85、《御覽》卷 820 引作「黜」，《說郛》卷 58 引皇甫謐《列女傳》同。下文「姜子坐而絀」，同。

（4）處家無幾何，其母亡布八尋

按：「家」字衍，《說郛》卷 58 引皇甫謐《列女傳》無「家」字。下《頌》曰：「既歸家處，亡布八尋。」是所見本已衍，《類聚》卷 85、《御覽》卷 820 引亦衍。《呂氏春秋·愛士》：「處無幾何，趙興兵而攻翟。」亦言「居無幾何」，古書習語。張敬以「處家」屬上句〔註 59〕，大誤。

（5）道不拾遺，門不關閉

按：門，《類聚》卷 85 引作「明」，聲之誤也。《華陽國志》卷 9：「閭門不閉，路無拾遺。」

（6）所謂國無人者，非無人也，無理人者也

王照圓曰：理，治也。

按：理，《渚宮舊事》卷 3 作「治」。此作「理」者，原本如此，非避唐諱改之。《淮南子·泰族篇》：「《易》曰：『豐其屋，蔀其家，窺其戶，闃其

〔註 57〕徐復《〈釋名〉補疏上篇》、《〈釋名〉補疏下篇》，並收入《徐復語言文字學晚稿》，江蘇教育出版社 2007 年版，第 29、86 頁。

〔註 58〕方以智《通雅》卷 9，收入《方以智全書》第 1 冊，上海古籍出版社 1988 年版，第 371 頁。

〔註 59〕張敬《列女傳今注今譯》，臺灣商務印書館 1994 年版，第 214 頁。

無人。』無人者，非無眾庶也，言無聖人以統理之也。」疑此文此句上亦當引《易》語。

（7）妾聞射之道，左手如拒，右手如附枝，右手發之，左手不知，此蓋射之道也

王照圓曰：如拒，言力勇也。附枝，不敢縱也。左手不知，捥不動也。《韓詩外傳》曰：「手若附枝，掌若握卵，四指如斷短杖，右手發之，左手不知。」《越絕書》曰：「左手如附泰山，右手如抱嬰兒。」諸文不同，其意皆相近。「如拒」之拒，《御覽》引作「矩」。

梁端於「拒」下補「石」字，云：「石」字舊脫，從《御覽》校增。「拒石」與下「附枝」對文。《類聚》、《史記·周紀》《索隱》引亦脫「石」字。附，《御覽》作「拊」。

歐纘芳曰：今檢影宋本《御覽》卷 347、746 兩引皆無「石」字，梁氏所據鮑刻《御覽》卷 347 也。然鮑刻《御覽》卷 746 引亦無「石」字，《史記·周紀》《索隱》、《事類賦注》卷 13、《類聚》卷 60、《記纂淵海》卷 81 並引亦無「石」字。足證本無「石」字，有「石」字字者蓋下文「右」字之誤而衍者，梁氏誤矣。

按：歐說是，梁氏補「石」字，大誤。《御覽》卷 347 引同今本，《御覽》卷 746 引作「左手如矩，右手如附枝」，無作「石」、「拊」者，梁氏失檢。《事類賦注》卷 13 引亦同今本。《古今合璧事類備要》前集卷 28 引作「左手如拒，石手如附枝」，「石」顯爲「右」之誤。《外傳》卷 8 作「在手若附枝」有脫誤，當作「左手若〔矩，右手若〕附枝」，「在」爲「左」形誤。「拒」讀爲巨，字或作榘，省作矩。言射箭之法，左手持弓，右手拉弦，左手臂彎屈而成矩形，右手如枝條附幹，配合於左手也〔註60〕。王照圓解「如拒」、「附枝」，亦未得。

（8）右手發之，左手不知

按：發之，《史記·周本紀》《索隱》、《御覽》卷 347、《事類賦注》卷 13 引同，《外傳》卷 8 亦同；《類聚》卷 60 引作「發箭」，《御覽》卷 746、《記

〔註60〕詳見蕭旭《〈史記〉校正》。

纂淵海》卷 81、《古今合璧事類備要》前集卷 28 引作「放發」，《吳越春秋・勾踐陰謀外傳》作「發機」。

（9）晏子聞之，笑曰：「嬰其有淫色乎？何為老而見奔？殆有說，內之，至哉。」

顧廣圻曰：「至」當是「室」字之壞。《晏子春秋》云「令內之」。

梁端曰：《晏子》作「是必有故，令內之」。

按：殆，猶必也〔註61〕。「至」字待考。

（10）妾聞明君之蒞國也，不損祿而加刑

按：而加刑，《晏子春秋・內篇諫下》作「不益刑」。「而」為「不」形誤。「不加刑」與「不損祿」對舉。

（11）刑殺不正謂之賊

按：正，《晏子春秋・內篇諫下》作「辜」。下文「刑殺不正，賊民之深者也」，《晏子》「正」作「稱」。王念孫曰：「按『不辜』本作『不稱』，此後人以意改也。『不稱』謂不當也，下文曰『刑殺不稱，賊民之深者』，即承此文言之。《御覽・人事部九十七》引此正作『刑殺不稱謂之賊』，《列女傳》作『不正』，亦是不稱之意，故知『辜』字為後人所改。」〔註62〕

（12）今君窮民財力，以美飲食之具

按：《晏子春秋・內篇諫下》「美」作「羨」，「飲」作「餕」。王念孫曰：「美與羨義得兩通，餕為飲之誤明矣。」

（13）景公即時命罷守槐之役，拔植懸之木，廢傷槐之法，出犯槐之囚

按：植，《晏子春秋・內篇諫下》作「置」，借字。

（14）楚野辯女者，昭氏之妻也

王照圓曰：昭屈景，楚之公族大家，非鄙野之人，此稱未聞。

〔註61〕 參見裴學海《古書虛字集釋》，中華書局 1954 年版，第 464 頁。

〔註62〕 王念孫《晏子春秋雜志》，收入《讀書雜志》卷 8，中國書店 1985 年版，第 104 頁。下同。

按：辯，摹宋本、《四庫》本同，《御覽》卷 649、《古今合璧事類備要》別
集卷 6 引亦同；王本、梁本、蕭本作「辨」，《古今事文類聚》續集卷 3
引同。當以「辯」爲正字。下文「辯女能以辭免」，摹宋本等亦作借字
「辨」。野，謂郊野，非鄙野之誼。昭氏之妻於郊野善辯，因稱之爲野
辯女也。

（15）至於狹路，有一婦人乘車與大夫〔遇〕

梁端曰：「遇」字舊脫，從《御覽・刑法部十五》校增。

按：《古今事文類聚》續集卷 3、《古今合璧事類備要》別集卷 6 引亦有「遇」
字。

（16）今於狹路之中，妾已極矣

王照圓曰：極，猶窮也，言狹路窮極，無可避也。

王筠曰：極者，謂車軸迫附於厓岸也。

牟房曰：《釋詁》：「極，至也。」言已先至其地。

梁端曰：《御覽》作「妾之避以極矣」。

按：二王及牟氏說皆非也。「已極」上當從《御覽》卷 649 引補「避」字，
《古今事文類聚》續集卷 3、《古今合璧事類備要》別集卷 6 引皆有「避」
字。言妾已經盡力避讓了。

（17）而子大夫之僕不肯少引

王照圓曰：引，猶卻也。言子之僕不肯少引卻，是其過在僕。

梁端曰：引，《御覽》作「佁」。

按：引，《古今事文類聚》續集卷 3、《古今合璧事類備要》別集卷 6 引亦作
「佁」。佁，猶待也。少佁，言稍等一會兒。作「引」者蓋後人所改。

（18）是以敗子夫（大）夫之車

按：敗，《御覽》卷 649、《古今事文類聚》續集卷 3、《古今合璧事類備要》
別集卷 6 引作「廢」。

（19）既不怒僕，而反怨妾

梁端曰：下「怒」字舊誤「怨」，從《御覽》校改。

按：怨，《古今事文類聚》續集卷 3、《古今合璧事類備要》別集卷 6 引亦作「怒」。

（20）大夫曰：「盍從我於鄭乎？」

按：盍，猶請也〔註63〕。

（21）孔子南遊，過阿谷之隧，見處子佩瑱而浣

梁端曰：「璜」舊誤「瑱」。案：瑱，充耳也，非佩玉。從《詩・女曰雞鳴》疏引校改。《御覽・資產部六》引《外傳》作「璜」，今《外傳》亦誤作「瑱」。

按：見，《韓詩外傳》卷 1 作「有」。有，猶見也〔註64〕。瑱，《元豐九域志》卷 1 引作「璜」。《外傳》之「瑱」，《書鈔》卷 159、《類聚》卷 44、《御覽》卷 74、《容齋續筆》卷 8、《後村詩話》卷 5 引同，《類聚》卷 9、《御覽》卷 819、826（《資產部六》）、《事類賦注》卷 11、《記纂淵海》卷 78、《禮書》卷 19（二引）引作「璜」，《御覽》卷 577 引作「橫（璜）」。「瑱」為耳飾，佩掛於耳，未必是誤字。浣，《詩・女曰雞鳴》孔疏引作「澣」，《御覽》卷 826 引《外傳》亦作「澣」，字同。

（22）逢天之暑，我思譚譚；願乞一飲，以伏我心

郝懿行曰：譚譚，《外傳》作「潭潭」，蓋皆「燂燂」之借音耳。《說文》：「燂，火熱也。」疑作「燂」是。

按：郝說非也。「譚譚」、「潭潭」謂憂思之深〔註65〕。「譚」古音尋〔註66〕，與「心」為韻。伏，《韓詩外傳》卷 1 作「表」。

（23）迎流而挹之，投而棄之；從流而挹之，滿而溢之

按：投、滿，《韓詩外傳》卷 1 皆作「奐然」二字。從，《外傳》作「促」。

〔註63〕 參見蕭旭《古書虛詞旁釋》，廣陵書社 2007 年版，第 101 頁。
〔註64〕 參見蕭旭《古書虛詞旁釋》，廣陵書社 2007 年版，第 63 頁。
〔註65〕 參見蕭旭《〈史記・陳涉世家〉「沈沈」疏證》，《澳門文獻信息學刊》第 7 期，2012 年 10 月出版，第 88～91 頁。
〔註66〕 參見陳第《屈宋古音義》卷 1，中華書局 2008 年版，第 177 頁。又參見楊愼《古音餘》卷 2，收入《叢書集成新編》第 40 冊，新文豐出版公司 1985 年版，第 154 頁。

「促」爲「從」形誤。奐然，讀爲「澳然」，水四散貌。

（24）子貢往曰：「嚮者聞子之言，穆如清風，不拂不寤，私復我心。」

　　　段玉裁曰：「寤」同「悟」，逆也。

　　　王照圓曰：寤，觸悟也。拂、寤，皆乖違之意。私復，《外傳》作「和暢」。

按：「私復」爲「和暢」形誤。不拂不寤，《韓詩外傳》卷1作「不悖我語」。
　　拂、悖，一聲之轉，並讀爲咈，《說文》：「咈，違也。」語亦讀爲悟。
　　「我」字誤〔註67〕。

（25）抽絺紛五兩，以授子貢

　　　王照圓曰：絺紛，所以當暑，葛越之屬也。

按：紛，《韓詩外傳》卷1作「綌」。《御覽》卷819、《容齋續筆》卷8引
　　《外傳》作「紛」。「綌」爲「紛」訛俗字。《龍龕手鑑》：「綌，絺綌，
　　葛衣也。」敦煌寫卷S.1722《兔園策府》卷第二：「爲絺爲綌，服之無
　　斁。」「綌」亦即「紛」的訛俗字。

（26）願注之水旁

按：《韓詩外傳》卷1作「敢置之水浦」。注，讀爲置。字亦作鉒，《廣雅》：「鉒，
　　置也。」王念孫《疏證》正引此文爲證〔註68〕。敢，猶願也〔註69〕。

（27）處子曰：「行客之人，嗟然永久。」

按：《韓詩外傳》卷1作「客之行，差遲乖人」，《御覽》卷819引《外傳》
　　作「行客之行，嗟然永久」。然其意皆不明，待考。

（28）簡子〔怒〕，欲殺之

　　　梁端曰：「怒」字舊脫，從《類聚・舟車部》、《御覽・舟部四》校增。

　　　歐續芳曰：《事類賦注》卷11引亦有「怒」字。

按：梁氏所據爲《類聚》卷71、《御覽》卷771。「欲殺」或引作「將殺」，

〔註67〕參見屈守元《韓詩外傳箋疏》，巴蜀書社1996年版，第14頁。
〔註68〕王念孫《廣雅疏證》，收入徐復主編《廣雅詁林》，江蘇古籍出版社1992年版，
　　　　第286頁。
〔註69〕參見蕭旭《古書虛詞旁釋》，廣陵書社2007年版，第132頁。

其上《類聚》卷 9、《御覽》卷 572、《古今事文類聚》續集卷 3、《古今合璧事類備要》別集卷 9 引有「召」字，《樂府詩集》卷 83 引作「簡子怒，召，欲殺之」。是今本脫「怒召」二字也。

（29）杯酌餘瀝

按：杯酌，《類聚》卷 71、《御覽》卷 771 引作「杯杓」，《御覽》卷 572 引作「杯酒」，《事類賦注》卷 11 引作「盃酒」。

（30）妾願以鄙軀易父之死

按：鄙，《類聚》卷 71、《御覽》卷 771、《樂府詩集》卷 83 引作「微」。

（31）娟攘卷摻楔而請

王照圓曰：摻，執也。《文選》詩注引作「攘袂操楫」。

按：「摻」即「操」的訛俗字。《文選・車駕幸京口》李善注、《書鈔》卷 137、《類聚》卷 71、《樂府詩集》卷 83 引作「操」。

（32）遂與渡，中流為簡子發河激之歌

王照圓曰：《御覽》引綦母邃曰：「河水激揚，濟之不易。」

按：河激，《文選・車駕幸京口》李善注、《書鈔》卷 137、138、《類聚》卷 71、《御覽》卷 572、771、《事類賦注》卷 11、《樂府詩集》卷 83、《海錄碎事》卷 16 引同，《類聚》卷 9 引作「激棹」，《古今合璧事類備要》別集卷 9 引作「激櫂」，《古今事文類聚》續集卷 3 引作「激椅」。《宋書・樂志四》魏・陳思王《鼙舞歌》：「河激奏中流，簡子知其賢。」《文選》顏延年《車駕幸京口》：「江南進荊豔，河激獻趙謳。」唐・閻伯璵《歌賦》：「發河激之慷慨，奏滄浪之濁清。」皆用此典，則作「河激」是，謂河水激涌也。《後漢書・馬融傳》《廣成頌》：「發櫂歌。」李賢注引亦作「河激」，或作「激櫂（棹）」者，以馬融文而改。作「激椅」則誤。

（33）升彼阿兮面觀清，水揚波兮杳冥冥

王照圓曰：「阿」蓋「舸」之誤。《選》注「阿」作「河」，「面」作「而」，恐非。

曹元忠曰：《御覽》、《事類賦》並作「升彼河兮西觀清」，與上文「東渡」
相應。「觀」疑即《漢書・地理志》信都國之觀津。

按：《御覽》見卷 572 引。《書鈔》卷 106 引作「升彼河兮西觀清」，《樂府
詩集》卷 83 作「升彼河兮而觀清」。疑「面」、「西」並爲「而」形誤。
觀，視也，不是指觀津。句言渡舟入河，觀其清流也。下文「瀆乃清」
與此相應。歐繽芳疑「觀清」爲「觀津」之誤，無據。

（34）薦牀蔽席，供執埽除，掌奉湯沐

按：蔽，讀爲擎，《說文》：「擎，一曰擊也。」《文選・洞簫賦》李善注引
《說文》作「擎，拭也。」字亦作撇、徹，音轉則爲拂。《說文》：「拂，
過擊也。」《集韻》：「擎，《說文》：『別也，一曰擊也。』拂也。或作
蔽，亦書作撇。」《史記・孟子傳》：「平原君側行撇席。」《索隱》本
作「徹」，引《字林》：「徹，音疋結反。」又引張揖《三蒼訓詁》：「徹，
拂也。」《文選・甘泉賦》李善注引張揖《三蒼》作「撇，拂也。」《史
記・屈原傳》：「修路幽拂，道遠忽兮。」《楚辭・懷沙》「拂」作「蔽」。
《史記・刺客傳》：「跪而蔽席。」《索隱》：「蔽，音疋結反，蔽猶拂也。」
《戰國策・燕策三》作「拂席」，尤其確證。《集解》引徐廣曰：「蔽，
一作撥，一作拔。」撥、拔，亦拂之音變〔註 70〕，《戰國策・楚策四》：
「君獨無意潃拔僕也？」《文選・廣絕交論》：「至於顧盼增其倍價，蓺
拂使其長鳴。」李善註引《策》，又云：「潃拔、蓺拂，音義同也。」
黃丕烈曰：「拂、拔同字。」〔註 71〕是其例也。段玉裁曰：「《史記・
荊軻傳》『跪而蔽席』，《孟荀傳》『徹席』，皆謂拭席，皆擎之異體也。」
〔註 72〕《儀禮・既夕禮》鄭玄注：「拂，去塵也。」《玄應音義》卷 4：
「拂，除塵也。」《廣韻》：「拂，拭也。」即拂拭之誼，猶今言揮也。
《殿本考證》：「蔽，疑作徹，音憋。」〔註 73〕張濤曰：「蔽，遮蓋。」
〔註 74〕皆非是。

〔註 70〕 參見王叔岷《史記斠證》，中華書局 2007 年版，第 2602 頁。，
〔註 71〕 黃丕烈《戰國策札記》卷中，收入《叢書集成新編》第 109 冊，新文豐出版
公司 1985 年印行，第 776 頁。
〔註 72〕 段玉裁《說文解字注》，上海古籍出版社 1981 年版，第 606 頁。
〔註 73〕 《史記考證》，收入景印文淵閣《四庫全書》第 244 冊，臺灣商務印書館 1986
年初版，第 558 頁。
〔註 74〕 張濤《列女傳譯注》，山東大學出版社 1990 年版，第 228 頁。

（35）經瓜田不納履，過李園不整冠

按：《古今列女傳》卷 2 同，各本「納」作「躡」，「整」作「正」。躡，讀爲攝，整攝。《文選》卷 27 古詞《君子行》：「瓜田不納履，李下不正冠。」李周翰注：「納，取也。取履疑盜瓜，正冠疑盜李也。」五代・丘光庭《兼明書》卷 4：「履當爲屨字之誤也。文章之體，不應兩句之內，二字同音。又諸經傳無『納履』之語。按《曲禮》曰：『俯而納屨。』俯，低頭也。納，猶著也。低頭著屨，則似取瓜，故爲人之所疑也。履且無帶，著時不必低頭，故知履當爲屨傳寫誤也。」何焯《義門讀書記》卷 47 從其說。丘說非是，其言「經傳無『納履』之語」，失考本書也。《莊子・讓王》：「正冠而纓絕，捉衿而肘見，納屨而踵決。」《新序・節士》、《高士傳》卷上同〔註75〕，《韓詩外傳》卷 1 作「納履」。《書鈔》卷 106、136、《白帖》卷 22、《御覽》卷 388、485、571、697、《事類賦注》卷 11、《記纂淵海》卷 71 引《莊子》作「納履」。皆「納履（屨）」與「正冠」對舉，與古詞同。考《方言》卷 4、《說文》並曰：「屨，履也。」是「納屨」、「納履」並存，二作皆可。納履者，以足伸進鞋中。納，入也。古詞「納履」，指彎腰穿鞋，李周翰納訓取，亦非是。古類書引古詞二句，皆作「納履」，無作「納屨」者。《說苑・尊賢》：「貧窮者若不得意，納履而去，安往不得貧窮乎？」亦「納履」爲詞。

（36）臼頭、深目

王照圓曰：《初學記》引「臼」作「凹」。凹頭，頭頂窊陷也。《後漢書》注引作「白頭」，《新序》同，誤也。

王筠曰：臼有不凹者乎？凹字豈古所有乎？

蕭道管曰：《世說》注作「黃頭深目」，《吳越春秋》：「專諸碓頭而深目。」

歐繩芳曰：《御覽》卷 364、《記纂淵海》卷 81 並引亦作「臼頭」，臼頭，頭形如臼也，亦爲凹狀。《世說・輕詆》注引作「黃」恐誤。

按：《白氏六帖事類集》卷 7〔註76〕、《御覽》卷 382、《蒙求集註》卷下、《古今事文類聚》後集卷 12、《錦繡萬花谷》續集卷 5、《古今合璧事類備要》

〔註75〕 《高士傳》據《古今逸史》本，《御覽》卷 507 引同，《四庫》本作「納履」。
〔註76〕 《四庫》本《白帖》在卷 21，所引誤作「凹頭」。

前集卷 30 引皆同今本。《路史》卷 37：「無鹽臼頭窪目之狀。」《說郛》卷 12 引佚名《釋常談》卷下：「無鹽臼頭深目。」《玉管照神局》卷上：「採桑女臼頭深目。」皆本於此文。臼頭，指頭囟未合，有似於臼也。《後漢書·楊賜傳》李賢注引、《新序·雜事二》皆作「臼頭」，王照圓所據乃誤本。《初學記》卷 19 引作「凹」，《永樂大典》卷 11951 引《新序》同。「凹」字後出，必非其舊。《吳越春秋·王僚使公子光傳》作「碓顙而深目」，「碓顙」即「椎顙」之誤，亦即「頯顙」，謂其額突出而高〔註77〕，與此文無涉，蕭氏失考。

（37）長指大節

王照圓曰：《後漢書》注引「指」作「壯」。大節，骨節大也。

梁端曰：「壯」舊誤「指」，從《世說·輕詆篇》注、《後漢書·楊賜傳》注、《初學記·人部下》、《御覽》校改，《新序·雜事二》同。

按：《初學記》卷 19 引作「長肚」，梁氏失檢。《蒙求集註》卷下引作「長指」，《御覽》卷 382、《古今事文類聚》後集卷 12 引作「長壯」，《錦繡萬花谷》續集卷 5 引作「長肚」。《新序·雜事二》作「長壯大節」，《治要》卷 42 引同，《書鈔》卷 129 引作「長大壯節」。石光瑛曰：「肘，宋本作肚，誤；各本俱作肚（壯）。《列女傳》作指，亦非。此字當作肘。『長肘』、『大節』對文，與前後句法一律。《琱玉集》引本書正作『肘』，今據改正。」〔註78〕陳茂仁說同〔註79〕。《琱玉集》見舊鈔卷子本卷 14《醜人篇第二》。余謂作「長指」本通，亦與「大節」對文。《永樂大典》卷 19636 引仍作「長指」。

（38）卬鼻結喉

王照圓曰：卬，猶仰也。仰鼻，露孔也。結喉，擁腫也。

蕭道管曰：《新序》作「昂鼻」，《世說》注作「鼻昂」。

按：《古今事文類聚》後集卷 12、《蒙求集註》卷下引作「昂鼻」，《治要》卷 42 引《新序》作「卬鼻」。卬鼻，高鼻。結喉，言喉如男子有結也。

〔註77〕 參見蕭旭《〈史記〉校正》。
〔註78〕 石光瑛《新序校釋》，中華書局 2001 年版，第 282 頁。
〔註79〕 陳茂仁《新序校證》，花木蘭文化出版社 2007 年版，第 136 頁。

（39）肥項少髮

按：肥項，《新序・雜事二》同，《御覽》卷 364、382 引作「頂上」，《書鈔》
卷 129 引《新序》作「質肥」，皆臆改。

（40）折腰出胸

　　王照圓曰：折腰，駝背。《後漢書》注引「出」作「凸」。

　　王筠曰：「出」字是。

按：《新序・雜事二》同，《世說新語・輕詆》劉孝標注、《後漢書・楊賜傳》
李賢注、《初學記》卷 19、《白帖》卷 21、《御覽》卷 364、382、《蒙求
集註》卷下、《錦繡萬花谷》續集卷 5、《古今事文類聚》後集卷 12 引
同，《治要》卷 42、《書鈔》卷 129 引《新序》亦同。「凸」字後出，必
非其舊。石光瑛曰：「『凸』是『亞』之誤，『出』又因『凸』而誤，皆
形近字。《琱玉集》作『亞』。宋無名氏《釋常談》記此事作『垤胷墜腰』，
垤即凸字。」〔註80〕《琱玉集》亦見舊鈔卷子本卷 14《醜人篇第二》。
石氏改字證據不足。「出」即謂凸出，此自是漢人語也。《周禮・考工記・
玉人》鄭玄注：「射，琰出者也。」謂琰之凸出者爲射。作「凸」、「垤」
者，以同義字易之也。

（41）衒嫁不售

　　王照圓曰：衒，賣也。言自誇耀以求售也。《初學記》及《後漢書》注引
　　「衒」作「行」。

　　蕭道管曰：《說文》作「衙」，行且賣也，或從玄。

按：衒，《新序・雜事二》同，《御覽》卷 382、《記纂淵海》卷 81、《錦繡
萬花谷》續集卷 5、《古今合璧事類備要》前集卷 30 引作「行」，舊
鈔卷子本《琱玉集》卷 14《醜人篇第二》引《新序》亦作「行」。「行」
爲「衒」或「衙」脫誤，《世說新語・輕詆》劉孝標注、《白帖》卷
21、《蒙求集註》卷下所引不誤，《御覽》卷 693 引《新序》亦不誤。
《古今事文類聚》後集卷 12 引又誤作「衛」。

〔註80〕石光瑛《新序校釋》，中華書局 2001 年版，第 283 頁。

（42）流棄莫執

　　　　王照圓曰：執，猶處也。言流離捐棄莫有居處也。

　　　　蕭道管曰：執當訓如「執友」之執，《曲禮》注：「執友，志同者。」

　按：《新序·雜事二》同。王說非也。「執友」之執，親也。《墨子·尚賢中》：
　　　「《詩》曰：『告女憂邱，誨女予爵（爵）。孰能執熱，鮮不用濯。』則
　　　此語古者國君、諸侯之不可以不執善承嗣輔佐也。」孫詒讓曰：「執猶
　　　親密也。《曲禮》云：『執友稱其仁也。』鄭注云：『執友，志同者。』
　　　《呂氏春秋·遇合篇》云：『故嫫母執乎黃帝。』《列女傳·辯通篇·齊
　　　鍾離春傳》云：『衒嫁不售，流棄莫執。』執並與親義相近。此執善亦
　　　言親善也。」〔註81〕裴學海從孫氏之說〔註82〕。《古今事文類聚》後集
　　　卷12引「執」作「顧」，臆改。

（43）鍾離春對曰：「無有。特竊慕大王之美義耳。」

　按：特，《新序·雜事二》作「直」，一聲之轉耳。

（44）王曰：「雖然，何喜？」

　　　　梁端曰：「善」舊誤「喜」，從《御覽》校改，下同，《新序》亦誤。

　按：「喜」字不誤，下文「喜隱」同〔註83〕。

（45）又未能得

　按：又，《新序·雜事二》同。《御覽》卷382引作「久不能解」。

（46）但揚目銜齒，舉手拊膝

　　　　梁端曰：膝，《新序》作「肘」。

　按：但，《治要》卷42引《新序》誤作「佀」。揚，《古今事文類聚》後集
　　　卷12引誤作「揭」。膝，《事文類聚》引作「肘」。

（47）春秋四十，壯男不立

　　　　歐穎芳曰：《文選·景福殿賦》注、《事文類聚》前集卷20並引「男」作

〔註81〕孫詒讓《墨子閒詁》，中華書局1986年版，第51～52頁。其說又見孫氏《札
　　　迻》卷6《呂氏春秋高誘注》，中華書局1989年版，第197～198頁。
〔註82〕裴學海《評高郵王氏四種》，《河北大學學報》1962年第2期，第96頁。
〔註83〕參見石光瑛《新序校釋》，中華書局2001年版，第287頁。

「勇」，蓋譌。

按：男，《古今合璧事類備要》前集卷 21 引亦誤作「勇」。

（48）一旦山陵崩弛

段玉裁曰：「弛」當作「阤」。《國語》韋昭注：「大曰崩，小曰阤。」

按：弛，《新序‧雜事二》同，《後漢書‧楊賜傳》李賢注引作「弛」，《御覽》卷 382 引作「墜」，《治要》卷 42 引《新序》作「阤」。「弛」為「弛」俗字，並讀為阤，俗字亦作陁。《方言》卷 6：「阤，壞也。」郭璞注：「謂壞落也。」《廣雅》：「陁、阤，壞也。」王念孫曰：「陁與阤一字也。」〔註84〕字亦作施，明刊本《淮南子‧說林篇》：「枝格之屬，有時而弛。」高誘注：「弛，落也。」北宋本、道藏本作「弛」，《文子‧上德》作「施」。

（49）萬民罷極

按：石光瑛曰：「極，病也。『罷極』是連綿語，『極』字不作甚義解。」〔註85〕極亦罷（疲）也。《文選‧景福殿賦》李善注、《古今事文類聚》前集卷 20、《古今合璧事類備要》前集卷 21 引作「萬民疲困」。

（50）賢者匿於山林，諂諛強於左右

梁端曰：《後漢書》注、《文選》注、《御覽》引、《新序》「匿」上並有「伏」字。《後漢書》注「強」上有「被」字，《御覽》「強」下有「行」字，《選》注、《新序》無。

歐繽芳曰：《文選‧景福殿賦》注、《事文類聚》前集卷 20 並引「匿」上有「伏」字。

按：《古今合璧事類備要》前集卷 21 引「匿」上亦有「伏」字，當據補。《治要》卷 42 引《新序》「強」下有「進」字，《類說》卷 30 引《新序》「強」下有「據」字。陳茂仁謂《新序》「伏」字衍〔註86〕，非也。

〔註84〕王念孫《廣雅疏證》，收入徐復主編《廣雅詁林》，江蘇古籍出版社 1992 年版，第 47 頁。

〔註85〕石光瑛《新序校釋》，中華書局 2001 年版，第 292 頁。

〔註86〕陳茂仁《新序校證》，花木蘭文化出版社 2007 年版，第 140 頁。

（51）飲酒沈湎

梁端曰：《御覽》作「酒漿流湎」，《新序》同。

歐繡芳曰：《文選・景福殿賦》注、《事文類聚》前集卷 20 亦並引作「酒漿流湎」。

按：《御覽》見卷 382 引，《後漢書・楊賜傳》李賢注引同，《古今合璧事類備要》前集卷 21 引亦作「酒漿流湎」，《治要》卷 42 引《新序》作「酒漿沈湎」。石光瑛曰：「古流、沈字通用……本字當作湛。」〔註 87〕其說甚爲精審。

（52）外不修諸侯之禮，內不秉國家之治

按：秉，《御覽》卷 382 引誤作「康」。治，《後漢書・楊賜傳》李賢注引作「政」，《御覽》引作「理」。

（53）於是宣王喟然而嘆曰

梁端曰：《御覽》「宣王」下有「闇然無聲」四字。

按：《御覽》見卷 382 引，《新序・雜事二》「宣王」下有「掩然無聲，意入黃泉，忽然而昂」十二字。石光瑛曰：「掩然，猶闇然，慘淡之貌。闇、掩聲近通用。」〔註 88〕石氏謂「闇、掩聲近通用」是也，但解爲「慘淡之貌」則失之。掩、闇，並讀爲瘖，《說文》：「瘖，不能言也。」瘖然無聲，猶言啞然不出聲也。字亦作「痷然」，《釋名》：「瘖，〔痷也〕，痷然無聲也。」〔註 89〕劉氏以聲爲訓，尤足證明「闇、掩聲近通用」也。字亦作𠷢，《周禮・春官・典同》：「微聲𠷢。」鄭玄注：「𠷢讀爲飛鉆涅𠷢之𠷢。𠷢，聲小不成也。」陳茂仁曰：「『掩然』、『闇然』並通。」〔註 90〕斯未達古音通轉也。

（54）於是折漸臺

曹元忠曰：《事文類聚・人倫部》引「拆」作「停」，《新序》同。

按：折，摹宋本等作「拆」，《御覽》卷 382 引作「壞」，《治要》卷 42 引《新

〔註 87〕 石光瑛《新序校釋》，中華書局 2001 年版，第 292 頁。
〔註 88〕 石光瑛《新序校釋》，中華書局 2001 年版，第 293 頁。
〔註 89〕 「痷也」二字據《御覽》卷 740 引補。
〔註 90〕 陳茂仁《新序校證》，花木蘭文化出版社 2007 年版，第 141 頁。

序》作「毀」，舊鈔卷子本《琱玉集》卷 14《醜人篇第二》引《新序》
作「停」。

（55）**項有大瘤，故號曰宿瘤**

按：《廣韻》：「宿，大也。」

（56）**百姓盡觀，宿瘤〔女〕採桑如故**

梁端曰：「女」字舊脫，從《類聚・木部》、《御覽》校增。

曹元忠曰：《事類賦・桑篇注》引同。

按：梁氏所據《御覽》見卷 382。《御覽》卷 740、955、《記纂淵海》卷 84、
《古今合璧事類備要》前集卷 52、《古今合璧事類備要》別集卷 51 引
亦有「女」字。「觀」字下，《御覽》卷 955 引有「獨」字，《古今合璧
事類備要》別集卷 51 引有「惟」字。

（57）**遲其至也**

王照圓曰：衛，猶承侍也。遲其至，言以其至爲遲也。若以下句推之，「遲」
疑「逮」字之誤。逮，及也。

王念孫曰：遲，猶比也，如「比及三年」之比。

王紹蘭曰：遲者，遟也。《說文》：「遟，待也。」經典省文作「須」。魯有
樊須，字遲。

按：王念孫、王紹蘭說是。《御覽》卷 382 引作「及至」。

（58）**不飾耳**

按：飾，《御覽》卷 382 引作「飭」，借字。下同。

（59）**昔者堯舜桀紂，俱天子也**

按：《御覽》卷 382 引「俱」下有「爲」字。

（60）**女造襄王之門，而見謁者曰**

按：《書鈔》卷 49、《初學記》卷 19、《御覽》卷 382、《錦繡萬花谷》續
集卷 5 引「女」作「乃」，下句作「而求見」。今本「見」上脫「求」
字。

（61）王何為遽

　　王照圓曰：遽，疾速也。《初學記》作「何足為貴」四字。

　　梁端曰：《御覽》作「何足為遽」。

　按：《錦繡萬花谷》續集卷 5 引亦作「何足為貴」。

（62）朋其左右

　按：朋，摹宋本同，《書鈔》卷 49 引亦同，王本、梁本、蕭本並誤作「明」。

（63）楚處莊姪者，楚頃襄王之夫人

　　王照圓曰：處，處女。莊，其姓。

　　梁履繩曰：《渚宮舊事》作「莊娙」，「姪」字誤。

　　陳漢章曰：處，其姓氏也。莊姪，《渚宮舊事》作「莊娙」，其名也。

　按：梁端說襲取其叔祖梁履繩說，而又誤抄「娙」作「經」。姪，《御覽》卷
　　455 引同，《渚宮舊事》卷 3 作「娙」。二字形近易訛，當以「娙」字為
　　正。《說文》：「娙，長好也。」又「秦、晉謂好曰娙娥。」《玉篇》：「娙，
　　身長好皃，武帝所幸邢夫人號娙娥。」《廣韻》：「娙，女身長謂之娙。」
　　女子身長而美好曰娙，故以取名焉。

（64）秦欲襲其國，乃使張儀間之

　按：《廣雅》：「間，覦也。」

（65）王必不得反國

　按：《渚宮舊事》卷 3 作「王殆不反」。殆，猶必也。

（66）齊女徐吾者，齊東海上貧婦人也，與鄰婦李吾之屬會燭，相從
　　　夜績

　　王照圓曰：會，合也，《類聚》、《初學記》引「會」俱作「合」。

　　梁端曰：會，《類聚・火部》、《初學記・器物部》、《御覽・人事部》《資產
　　部》、《火部》皆作「合」。

　　歐繡芳曰：《御覽》卷 485、826、870、《記纂淵海》卷 81 並引「會」作
　　「合」。

按：婦，《類聚》卷 80 引作「媍」，俗字。會，《錦繡萬花谷》續集卷 8、《古今事文類聚》續集卷 18、《古今合璧事類備要》外集卷 54、《韻府群玉》卷 17、20 引亦作「合」。「吾」非人名，吾之言牙也，小兒之稱。女孩子之稱的專字作「婟」。徐吾、李吾，猶言徐姓、李姓之女孩子也。俗字作奼、伢，亦音轉作倪、婗（音雅）〔註91〕。

（67）李吾與其屬曰：「徐吾燭數不屬，請無與夜也。」

按：《類聚》卷 80、《記纂淵海》卷 81、《古今事文類聚》續集卷 18、《韻府群玉》卷 17 引「夜」下有「續」字，此脫，當據補。《御覽》卷 870 引「夜」下有「作」字。

（68）起常早，息常後

按：《初學記》卷 25、《錦繡萬花谷》續集卷 8 引作「起常見先，臥常在後」，《類聚》卷 80、《記纂淵海》卷 81、《古今事文類聚》續集卷 18、《古今合璧事類備要》外集卷 54、《氏族大全》卷 2 引作「起常先，去常後」。

（69）夫一室之中，益一人，燭不為暗；損一人，燭不為明，何愛東壁之餘光

蕭道管曰：《史記·樗里子甘茂列傳》作「我無以買燭，而子之燭光幸有餘，可分我餘光」。

歐纘芳曰：《類聚》卷 80、《初學記》卷 25、《御覽》卷 485、870、《記纂淵海》卷 56、81 並引作「益一人，燭不為益明；去一人，燭不為益闇」。然玩傳文之義「暗」、「明」二字不應互易，此蓋類書雷同抄襲之誤，疑今本「暗」、「明」二字上各脫「益」字而已。

按：歐說是也，《古今事文類聚》續集卷 18、《古今合璧事類備要》外集卷 54 引作「今一室之中，益一人，燭不為益明；去一人，燭不為益闇」，《錦繡萬花谷》續集卷 8 引作「今益一人，燭不益明；去一人，燭不為益闇」，「暗」、「明」亦倒。《氏族大全》卷 2 引作「今一室之中，益一人，燭不為益暗；去一人，燭不為益明」，不誤。

〔註91〕參見蕭旭《「嬰兒」語源考》。

（70）何愛東壁之餘光

> 王照圓曰：東壁，星名，猶言四壁耳。《戰國策》曰「何愛餘明之照四壁」，
> 即此事也。

按：「東壁」即東邊之牆壁，非星名。《戰國策・秦策二》作「四壁」，則謂
四邊之牆壁。

（71）不使貧妾得蒙見哀之恩

按：《御覽》卷485引作「貧妾不蒙見愛之恩」。

（72）遂復與夜

> 曹元忠曰：《事文類聚》引「夜」下有「績」字，《類聚》、《御覽》同，然
> 則上文「請無與夜」下亦當有「績」字。

> 歐纉芳曰：《類聚》卷80、《御覽》卷870、《記纂淵海》卷81並引「夜」
> 下有「績」字（《御覽》卷485引則無），義較完。

按：「夜」下當補「績」字。《古今合璧事類備要》外集卷54、《韻府群玉》
卷17引皆有「績」字。

（73）獄繫長安，當行，會逮

按：當，《漢書・刑法志》同，《史記・孝文本紀》作「將」。當，猶將也。

（74）緹縈自悲泣

按：自悲泣，《史記・孝文本紀》、《漢紀》卷8作「自傷泣」，《漢書・刑法
志》作「自傷悲泣」。疑此文脫「傷」字，《史記》、《漢紀》脫「悲」字。

（75）妾傷夫死者不可復生，刑者不可復屬

> 王照圓曰：屬，續也。

按：屬，《史記・孝文本紀》、《漢書・刑法志》同，《倉公傳》作「續」，《漢
紀》卷8作「贖」。《集解》引徐廣曰：「續，一作贖。」顏師古注：「屬，
聯也。」贖，讀為屬。《申鑒・政體》：「死者不可以生，刑者不可以復。」
「復」義亦相會。

（76）雖欲改過自新，其道無由也

按：《史記・孝文本紀》同，《倉公傳》「由」下有「終不可得」四字。

（77）蓋聞有虞之時，畫衣冠、異章服以為戮，而民不犯

　按：戮，《漢書・刑法志》同，《史記・孝文本紀》作「僇」。

（78）何其至治也

　按：《史記・孝文本紀》作「何則？至治也」，《漢書・刑法志》作「何治之至也」。

（79）夫訓道不純，而愚民陷焉

　按：訓道，《漢書・刑法志》同，《史記・孝文本紀》作「馴道」，《漢紀》卷8作「訓導」。訓、馴，正、借字。顏師古注：「道，讀曰導。」

（80）或欲改行為善，而其道毋繇

　　　王照圓曰：毋，與「無」同。繇，讀爲由。

　按：繇，《漢書・刑法志》同，《史記・孝文本紀》、《漢紀》卷8作「由」。

（81）夫刑者，至斷支體、刻肌膚，終身不息

　　　王照圓曰：息，生也。

　按：息，《史記・孝文本紀》、《漢書・刑法志》、《通鑑》卷15同，《漢紀》卷8作「復」。

（82）何其痛而不德也

　按：不德，《史記・孝文本紀》、《漢書・刑法志》、《通鑑》卷15同，《漢紀》卷8作「不得理」。《漢紀》非是，或淺人妄改。

卷七《孽嬖傳》校補

　此卷「周幽褒姒」條另詳《國語・鄭語》校補。

（1）收倡優侏儒狎徒

　按：收，《初學記》卷15引作「狀」，《御覽》卷569引作「於」，並誤。《御覽》卷82引《帝王世紀》：「大進侏儒倡優。」「進」與「收」義合。

（2）造爛漫之樂

　按：爛漫，《御覽》卷569二引，一同今本，一作「爛熳」，同。

（3）鞿其頭而飲之于酒池，醉而溺死者，末喜笑之以為樂

段玉裁曰：「鞿」同「羈」。

王照圓曰：鞿，猶羈也。羈者，絡其頭也。

馬瑞辰曰：《路史》注引作「絡其頭」。

按：《路史》卷 23：「廣池漾酒，一鼓而鞿飲者三千，頢其醉溺。」羅苹注引《列女傳》：「絡其頭。」《資治通鑑外紀》卷 2：「以繩羈人頭，牽詣酒池，醉而溺死。」《通志》卷 3：「以繩羈人頭，引就酒池，醉而溺死。」皆爲段說之證。竊謂鞿讀爲掎，《說文》：「掎，偏引也。」亦通。

（4）與末喜嬖妾同舟流於海

顧廣圻曰：「海」當作「江」，見《史記正義》。

王照圓曰：《淮南子》云：「同舟浮江。」此作「流於海」誤。

梁端曰：《御覽》作「浮海」。「嬖妾」不必實指其人，《管子・輕重甲篇》：「有女華。」《竹書紀年》沈注：「有山民女二人琬琰。」皆傅會不足信。

按：梁氏所引《御覽》見卷 313。《御覽》卷 82 引《帝王世紀》亦作「浮海」。「嬖妾」當指琬、琰二女，並非泛指。《管子・輕重甲篇》：「管子曰：『女華者，桀之所愛也。』」《呂氏春秋・慎大》：「桀迷惑於末嬉，好彼琬、琰。」《御覽》卷 135、805 引《紀年》：「后桀伐岷山，岷山女于桀二人，曰琬曰琰。桀受二女，無子，刻其名于苕華之玉，苕是琬，華是琰。」

（5）死於南巢之山

按：《淮南子・主術篇》：「困之鳴條，擒之焦門。」高注：「焦，或作巢。」莊逵吉曰：「焦與巢古字通。」〔註92〕《漢書・陳勝傳》：「獨守丞與戰譙門中。」顏注：「譙，亦呼爲巢。譙、巢聲相近。」是其證也。

（6）智足以距諫，辯足以飾非

按：辯，《史記・殷本紀》作「言」。疑「言」爲「辯」字脫誤，《莊子・盜跖》：「強足以拒敵，辯足以飾非。」《呂氏春秋・審應》：「公子食我之

〔註92〕《淮南子》（莊逵吉校本），收入《諸子百家叢書》，上海古籍出版社影印浙江書局本 1989 年版，第 88 頁。

辯，適足以飾非遂過。」《說苑・臣術》：「智足以飾非，辯足以行說。」《董子・必仁且知》：「其慧足以惑愚，其辯足以飾非，其堅足以斷辟，其嚴足以拒諫。」皆是其證。辯亦智也，《廣雅》：「辯，慧也。」《御覽》卷 83 引《史記》已誤作「言」字。

（7）作新淫之聲，北鄙之舞，靡靡之樂

王照圓曰：《史記》「鄙」作「里」。

按：王氏所引《史記》見《殷本紀》。《史記・樂書》：「紂爲朝歌北鄙之音，身死國亡。」《說苑・修文》：「紂爲北鄙之聲。」〔註 93〕《淮南子・泰族篇》：「師延爲平公鼓朝謌北鄙之音。」

（8）吾聞聖人之心有七竅

梁端曰：《御覽・人事部十七》下有「竅有九毛」四字。

按：《古今事文類聚》後集卷 20 引亦有「竅有九毛」四字。

（9）紂乃登廩臺

顧廣圻曰：廩臺，《逸周書・克殷解》同，《史記・周本紀》《集解》徐廣曰：「鹿，一作廩。」

王照圓曰：廩臺，即「鹿臺」也。《史記集解》徐廣曰：「鹿，一作廩。」

按：《史記》見《殷本紀》，顧氏誤記。《史記・齊太公世家》、《御覽》卷 83、805 引《帝王世紀》亦作「鹿臺」。《書鈔》卷 135 引《周書》「帝辛登廩臺。」《御覽》卷 646 引作「鹿臺」，又卷 718 引作「禀（廩）臺」。陳漢章曰：「『鹿臺』本作『廩臺』。若鹿臺既焚，下何以命南宮忽振鹿臺之錢乎？……其地本異，但鹿、廩聲棍耳。」〔註 94〕

（10）褒人之神化為二龍，伺於王庭而言曰

顧廣圻曰：《國語》文，韋昭注：「共處曰同。」《史記》、《漢書》作「止」，《論衡・異虛》云：「龍戰於庭。」

〔註 93〕《家語・辯樂解》同。
〔註 94〕陳漢章《周書後案》，轉引自黃懷信等《逸周書彙校集注》，上海古籍出版社 2007 年版，第 344 頁。

王照圓曰：同，共也。

梁端曰：韋昭云：「共處曰同。」

歐纘芳曰：各本「伺」作「同」。《金樓子‧箴戒》：「止于夏庭。」《易林》卷 5：「以伺王庭」。作「伺」於義較長。「同」與「伺」形近，故譌也。

按：歐說非也，《易林》見《蠱之坎》舊注，而非正文，歐引文亦失當。「伺」當據各本作「同」，《國語‧鄭語》引《訓語》亦作「同」。《左傳‧昭公二十六年》孔疏、《爾雅》卷 2 邢疏引《國語》亦誤作「伺」。《御覽》卷 135 引《國語》作「止」，《史記‧周本紀》、《漢書‧五行志》、《金樓子‧箴戒》並作「止」。《論衡‧異虛》：「二龍戰於庭，吐漦而去，夏王櫝而藏之。」又《怪奇》：「夏之衰，二龍鬭於庭，吐漦於地，龍亡漦在，櫝而藏之。」《金樓子‧志怪》：「龍戰於夏庭。」王充、蕭衍改作「戰」、「鬭」，未知所據。聞一多曰：「同即交合之謂。」〔註 95〕恐牽附。

（11）童謠曰：「檿弧箕服，寔亡周國。」

按：檿弧箕服，《國語‧鄭語》、《史記‧周本紀》、《漢書‧五行志》並同；《金樓子‧箴戒》作「皪皪伯服」，未知所據。

（12）以適褒姒之意

按：適，悅也。

（13）褒姒不笑，幽王乃欲其笑，萬端，故不笑

按：故，《史記‧周本紀》同，《御覽》卷 85 引《史記》作「猶」，《通鑑》卷 243 胡三省注引作「終」。裴學海曰：「故，猶皆也。」王叔岷曰：「故，猶猶也。」〔註 96〕二說並通，義亦相因。

（14）幽王舉烽燧徵兵，莫至

按：當據《史記‧周本紀》補一「兵」字，「兵莫至」爲句。

〔註 95〕聞一多《伏羲考》，收入《聞一多全集》卷 1，三聯書店 1982 年版，第 17 頁。
〔註 96〕參見裴學海《古書虛字集釋》，中華書局 1954 年版，第 320 頁。王叔岷《古籍虛字廣義》，中華書局 2007 年版，第 159 頁。

（15）乃謂盜曰：「所欲殺者，乃我也。」

按：欲，《史記・衛康叔世家》作「當」。欲，猶當也〔註97〕。

（16）申繻曰：「不可！女有家，男有室，無相瀆也。」

按：申繻，《左傳・桓公十八年》同，《管子・大匡》作「申俞」。繻、俞，
聲轉通借〔註98〕。瀆，讀爲黷。

（17）一朝不朝，其閒容刀

王照圓曰：閒，隙也。言不朝之時甚少耳，便有乘其閒而用刀中傷之者。

按：容，摹宋本、《四庫》本同，王本音誤作「用」，梁本、蕭本因承其誤。
一朝，猶言一日。《晉書・閻纘傳》：「五日一朝，於敬既簡，於恩亦疎，
易致構間，故曰：『一朝不朝，其間容刀。』」《北齊書・崔季舒傳》：「一
日不朝，其間容刀。」〔註99〕宋・黃庭堅《東坡畫像贊》：「一日不朝，
其間容戈。」《野客叢書》卷27引古人諺語「容」作「受」，義同。言
一日不朝見，或有譖之者，則其閒隙深，爲禍大矣。

（18）歸福於絳

王照圓曰：福，胙肉也。絳，晉國都也。

按：《史記・晉世家》作「歸釐於君」。釐，福胙也。

（19）聰慧而行亂

按：慧，摹宋本、《四庫》本作「惠」。

（20）棄位而放，不可謂貞

王照圓曰：放，《左傳》作「姣」，此字形之誤。《釋文》：「姣，嵇叔夜音
效。」《正義》曰：「服虔讀爲放效之效。」蓋此本作「效」，因「效」又
誤作「放」耳。

蕭道管曰：案《左傳》注：「姣，淫之別名。」

〔註97〕參見蕭旭《古書虛詞旁釋》，廣陵書社2007年版，第22頁。
〔註98〕例證參見張儒、劉毓慶《漢字通用聲素研究》，山西古籍出版社2002年版，
第281頁。
〔註99〕《御覽》卷642引《三國典略》同。

洪頤煊曰：《說文》：「姣，好也。」《方言》：「娥、嬴，好也，或謂之姣。」言棄位而徒姣好其貌，不可謂貞。

按：王說是。俞樾曰：「姣，當讀爲恔。《方言》：『逞、曉、恔、苦，快也。自關而東，或曰曉，或曰逞。江淮陳楚之閒曰逞，宋鄭周洛韓魏之閒曰苦，東齊海岱之閒曰恔，自關而西曰快。』然則恔與逞同義。棄位而恔，言棄位而自快其意也。穆姜齊女，習于齊之方言，故曰恔耳。」〔註100〕俞說亦是也，《孟子·公孫丑下》：「且比化者，無使土親膚，於人心獨無恔乎？」趙岐注：「恔，快也。」孫奭《音義》：「恔，音效。」孟子亦用齊方言。字亦作狡，《文選·北征賦》：「忿戎王之淫狡，穢宣后之失貞。」王念孫曰：「狡，讀爲姣。姣亦淫也。」〔註101〕

（21）陳女夏姬者，大夫夏徵舒之母也

王照圓曰：「陳」當作「鄭」，字之誤。

梁端曰：夏姬不當稱陳女，疑「鄭」字之誤。

按：二氏說是也，《左傳·昭二十八年》叔向之母論夏姬曰：「吾聞之，甚美必有甚惡，是鄭穆少妃，姚子之子，子貉之妹也。」《史記·陳杞世家》《正義》引已誤作「陳」字。

（22）或衣其衣

顧廣圻曰：《類聚》卷35引多「或裴其幡」一句，并注云：「蔽膝。」按《穀梁傳》云「或衣其衣，或衷其襦」，此傳必是本有此一句，經後人但知《左氏傳》「衷其衵服」者刪去之也。

王照圓曰：《穀梁傳》「或衣其衣」下有「或衷其襦」四字，此脫去之。《類聚》引雖未脫，但誤作「或裴其幡」，又衍「蔽膝」二字耳。

梁端曰：「或裴其幡」四字舊脫，〔從〕《類聚》校增。《類聚》并引注云：「蔽膝。」「裴」、「衷」形近而譌，蔽膝不名幡，亦疑字誤。

按：《類聚》卷35引作「或衣其衣，或裝其幡」，有注：「幡，蔽膝衣。」

〔註100〕俞樾《群經平議》卷26，收入《清經解續編》卷1387，上海書店1988年版，第5冊，第1176頁。
〔註101〕王念孫《讀書雜志》卷16《餘編下》，中國書店1985年版，第80頁。

〔註102〕不作「裴」字，三氏並失檢。以注文「蔽膝衣」考之，「幡」疑爲「帢」之誤，同「韐」。《廣韻》：「韐，韎韐，韋蔽膝。」

（23）乃使人徵賊泄冶而殺之

　　　王照圓曰：「徵」疑「微」字之誤。微，隱也。

　　　蕭道管曰：黃云：「宋本模糊，似是微字。」

　　按：宋本清晰，確是「徵」字。王說是。

（24）國佐召慶剋，將詢之

　　按：將詢之，《左傳·成公十七年》作「而謂之」。而，猶將也〔註103〕。謂，猶問也，與「詢」同義。《墨子·耕柱》：「巫馬子謂子墨子曰。」《類聚》卷73引「謂」作「問」。《尹文子·大道下》：「周人懷璞，謂鄭賈曰：『欲買璞乎？』」《類聚》卷83、《御覽》卷911引「謂」作「問」，《御覽》卷805、《事類賦注》卷9引《文子》同。皆其例。「文子」當爲「尹文子」脫文。

（25）以告孟子曰：「國佐非我。」

　　按：非，《左傳·成公十七年》作「謫」，杜注：「謫，譴責也。」《玉篇》：「非，責也。」

（26）公踰牆而逃，崔氏射公，中踵，公反墮

　　按：墮，《左傳·襄公二十五年》作「隊」，《史記·齊世家》作「墜」。隊、墜，正、俗字。

（27）唯辱使者，不可以已

　　　王照圓曰：「唯」疑當作「誰」。已，止也。言誰可辱使之往者，必不可止而不往也。

　　　王念孫曰：「唯」與「雖」同。

　　按：梁端、蕭道管亦讀唯爲雖，諸說皆非。唯，表希望語氣。崔子求助於

〔註102〕《類聚》據南宋紹興刻本，《四庫》本「幡」作「襏」。
〔註103〕參見王叔岷《古籍虛字廣義》，中華書局2007年版，第316頁。蕭旭《古書虛詞旁釋》，廣陵書社2007年版，第250頁。

慶封，「使者」是崔子對慶封的敬稱，猶言「下吏」。言希望有勞於使
者了，否則不能平息此事。辱，摹宋本誤作「厚」。

（28）見章纍然也

顧廣圻曰：纍，《史記》作「儽」。段君曰：「依《說文》當作『儽』。」

按：纍，各本作「儽」，《通鑑》卷 4 亦作「儽」，胡三省註：「儽，懶懈貌。」
《說文》：「儽，垂貌，一曰嬾解（懈）。」《廣韻》：「儽，懶懈兒，亦作
儽。」字亦省作「纍然」，《家語・困誓》：「纍然如喪家之狗。」王肅注：
「纍然，是不得意之貌也。」字亦作傫，《廣雅》：「傫傫，疲也。」《集
韻》：「傫，《博雅》：『傫傫，疲也。』或作儽、儽。」又「儽，一曰儽
儽，疲也；一曰嬾解（懈）。或作傫、儽。」

（29）章走主父，主父開之

王照圓曰：閉，《史記》作「開」，言開門納之也。本亦作「閉」，謂閉藏
之也。二義俱通。

梁端曰：《史記索隱》云：「譙周及孔衍作『閉之』，閉謂藏也。」

按：開，各本作「閉」。《史記・趙世家》《索隱》：「開謂開門而納之。俗本
亦作『聞』字者，非也。譙周及孔衍皆作『閉之』，閉謂藏之也。」《正
義》：「謂不責其反叛之罪，容其入宮藏也。」《後漢書・崔琦傳》李賢
注、《事類賦注》卷 19 引《史記》作「開之」，《類聚》卷 92 引作「開
受之」，《御覽》卷 922 引作「閉之」。古籍「開」、「閉」二字每互訛，
此文及《史記》當作「開」字爲正。《通鑑》卷 4 亦作「開之」，《通志》
卷 87 誤作「聞之」。

（30）即楚更立君後，彼亦各貴其所親

按：《戰國策・楚策四》、《史記・春申君傳》、《通鑑》卷 6「所親」上有「故」
字，此脫。

卷八 《續列女傳》校補

（1）晉大夫解居甫使於宋，道過陳，遇採桑之女

按：《御覽》卷 955 引注：「解居甫，宋大夫。」「宋」顯是「晉」之誤。《類

聚》卷 88 引「居」作「君」，「遇」作「過」，並誤。

（2）其梅則有，其鴞安在

梁端曰：《楚辭補注》作「其棘則是」。

按：《古今事文類聚》後集卷 74、《古今合璧事類備要》別集卷 75 引作「其梅則存」。

（3）恐禍及姊，因自披其面，抉其目，自屠刐（剔）而死

顧廣圻曰：披，《戰國策》、《史記》作「皮」。《廣雅》：「皮，剝也。」抉，《戰國策》、《史記》作「決」。

王照圓曰：披，分離也。《戰國策》、《史記》俱作「皮」。「皮」即「披」字耳。「剔」作「出腸」二字。

按：披其面，敦煌寫卷 P.2569《春秋後語》、《冊府元龜》卷 848 作「破面」。皮、破、披，並讀爲柀，《說文》：「柀，析也。」《玉篇》：「破，解離也。」《法言·淵騫篇》：「（政）爲嚴氏犯韓，刺相俠累，曼面爲姊，實壯士之靡也。」曼當讀爲鬘，剝離也〔註 104〕。張敬曰：「披，披頭散髮也。」〔註 105〕未達厥誼而妄說也。抉，《史記·刺客傳》作「決」，借字。《索隱》：「決眼，謂出其眼睛。《戰國策》作『抉眼』，此『決』亦通。」其說非也。

（4）君子謂聶政姊仁而有勇，不去死以滅名

孫志祖曰：吳師道《國策》補注作「不怯死」。

蕭道管曰：去死，猶避死，即「君子去仁」之去。

按：蕭說非也，「去」爲「怯」省借，與「勇」對文。《鶡冠子·世兵》：「明將不倍時而棄利，勇士不怯法而滅名。」《戰國策·齊策六》：「智者不倍時而棄利，勇士不怯死而滅名。」又「故知者不再計，勇士不怯死。」皆其確證。《史記·魯仲連傳》作「却死」，亦借字。《索隱》：「却死，猶避死也。」其說亦非也。《詩·雲漢》：「旱既太甚，黽勉畏去。」高

〔註104〕參見蕭旭《莊子拾詁》，《中國語學研究·開篇》第 30 卷，日本好文 2011 年 9 月出版，第 38～41 頁。
〔註105〕張敬《列女傳今注今譯》，臺灣商務印書館 1994 年版，第 308 頁。

亨曰：「去，借爲怯。」〔註106〕敦煌寫卷 P.2187《破魔變》：「波吒莫去死，去了卻生來。」「去」亦爲「怯」省借〔註107〕。

（5）嬰母曰：「我為子家婦，聞先故不甚貴。」

梁端曰：故，《史記》作「古」。

按：《漢書·陳勝項籍傳》作「故」，「甚」作「曾」。《史記·項羽本紀》作「未嘗聞汝先古之有貴者」。

（6）陵亦聚黨數千，以兵屬漢王

梁端曰：《御覽·人事部八十二》「千」下有「人」字。

按：《史記·陳丞相世家》、《漢書·王陵傳》、《漢紀》卷 2「千」下皆有「人」字。

（7）汗出浹背

按：浹，《漢書·楊敞傳》作「洽」，義同。

（8）夫人遽從東廂謂敞曰

顧廣圻曰：廂，《漢書》作「箱」。《埤蒼》云：「箱，序也，字或作廂。」見《後漢書·虞詡傳》注。

按：東廂，《通鑑》卷 24 同，《漢書·楊敞傳》作「東箱」。《漢書·張蒼傳》：「呂后側耳於東箱聽。」《史記·張丞相傳》作「東廂」，亦其例。

（9）皇后數召太子食

按：《漢書·外戚傳》、《通鑑》卷 25「食」上有「賜」字，此脫。

（10）言肆於惡，不知其為過

王照圓曰：忕，習也。

按：肆，摹宋本作「忕」，《四庫》本作「習」，王本、蕭本作「忕」，梁本誤作「伏」。「忕」同「忕」。

〔註106〕高亨《詩經今注》，上海古籍出版社 1980 年版，第 449 頁。
〔註107〕參見張涌泉《敦煌變文校勘平議》，《敦煌研究》1988 年第 4 期，第 87 頁。

（11）延年為河南太守，所在名為嚴能

按：「能」為「酷」誤，《漢紀》卷 19：「延年為治嚴酷。」

（12）) 後宮皆從

按：從，《漢書・外戚傳》、《漢紀》卷 22 作「坐」，此文為形誤。

（13）熊逸出圈，攀檻欲上殿

按：逸，《漢紀》卷 22 同，《漢書・外戚傳》作「佚」，顏師古曰：「佚字與
逸同。」

（14）感帷裳兮發紅羅，紛悴憏兮紈素聲

王照圓曰：「悴憏」與「萃蔡」同，《外戚傳》作「綷縩」，《文選・琴賦》
注又引作「翠粲」，俱新衣聲。

按：《文選・藉田賦》李善注引作「綷縩」。顏師古曰：「綷縩，衣聲也。」《廣
韻》：「縩，綷縩，紈素聲。」即本此為說也。《集韻》：「綷，綷縩，鮮
衣。」字亦作「璀翠」、「璀璨」，《金石文字記》卷 6 引《景教流行碑》：
「寶裝璀翠。」《類聚》卷 63 引晉・張協《玄武館賦》：「璀璨皓旰，華
瑠四垂。」

（15）懟，以手自擣

王照圓曰：「捯」與「擣」同，手椎也。《外戚傳》「懟」下有「以」字，
此脫去之。

梁端曰：《漢書》「手」上有「以」字，「捯」作「擣」。《集韻》「擣」、「捯」
同。

按：各本脫「以」，「擣」作「捯」。《漢紀》卷 27 作「以手自搏擊」。

（16）帝曰：「我故語之，反怒為？」

按：故，猶言特地，王本、梁本作「欲」，誤。《漢書・外戚傳》作「今故
告之」，顏師古曰：「故以許美人產子告汝，何為反怒？」

（17）昭儀曰：「陛下自如是，不食謂何？」

王照圓曰：「如是」指許美人事也，言陛下自己要如是耳，不食亦何謂也。

「如」《外戚傳》作「知」字，誤。

梁端曰：《漢書》「如」作「知」，當絕句。「是」字屬下讀。

按：二說皆非。此文「如」當作「知」，字之誤也。《通鑑》卷 33、《通志》卷 29 皆作「自知是」。「是」指許美人事，言陛下自知此事，何故不食也。《四庫》本作「陛下自知食，不食何爲」，「知」字不誤，「事」則誤作「食」。謂何，摹宋本、《通鑑》作「何爲」。

（18）帝曰：「約以趙氏，故不立許氏，使天下無出趙氏之上者，無憂也。」

按：《漢紀》卷 27 作「要使天下無出趙氏上者，無憂也」。要，讀爲約。

（19）革篋盛緘之

王照圓曰：《外戚傳》「革」作「葦」，二字形近，疑作「革」是也。緘，束也。

按：「葦」字是。《漢書・外戚傳》作「以葦篋一合盛所生兒，緘封」，《漢紀》卷 27 作「置葦篋中，封」，《通鑑》卷 33 作「盛以葦篋」。胡三省註：「葦，葭類也，織以爲篋也。」《後漢書・禮儀志下》：「太史奉哀策葦篋詣陵。」此漢宮用葦篋之證。

（20）皮弁素積

顧廣圻曰：積，《外戚傳》作「績」，師古曰：「績字或作積。」

按：顏師古曰：「素績，謂素裳也。績字或作積，積謂襞積之，若今之襴爲也。」字亦作「襀」，《玉篇》：「襀，襞襀也。」《文選・子虛賦》：「襞襀褰縐，紆徐委曲。」李善注引張揖曰：「襞襀，簡齰也。」呂向注：「襞襀褰縐，縫綴兒。」《漢書・司馬相如傳》作「襞積」。「積」即積疊義，「績」爲借字，「襀」則專字。

（21）莽遂不敢強也

按：敢，《漢書・外戚傳》作「復」。

（22）韓夫人曰：「不如此，帝那得之？」

按：那，《後漢紀》卷 1、《御覽》卷 90 引《東觀漢記》同，《後漢書・劉玄

傳》作「焉」，疑問代詞。

（23）今來而見擇

按：擇，讀爲釋、捨，棄也。

（24）名曰運期，字俟光

顧廣圻曰：《後漢書》：「字俟光。」按此傳是也。

王照圓曰：《逸民傳》作「候光」，「候」、「俟」字形近，此當別有所據。

梁玉繩曰：《後漢書・逸民傳》：「字俟光。」此有脫誤。但「侯」字無意義，似「俟」字爲勝，抑「侯」乃「候」之譌歟？

按：梁氏下說「侯」當作「候」是也。《玉篇》：「俟，候也。」作「候光」者，以同義字易之也。

（25）接待同列，以承至尊

梁端曰：「以」舊誤「如」，從別本校改。

按：以，摹宋本、《四庫》本作「如」，《御覽》卷 137 引《續漢書》亦作「如」〔註108〕。《後漢紀》卷 9 作「如承貴尊」。「如」字是，言接待同列，如同承侍貴尊，不擺架子也。《類聚》卷 15 引《續漢書》作「而」，與「如」一聲之轉。待，《後漢紀》卷 9、《類聚》卷 15 引《續漢書》作「侍」，誤。

（26）是時後宮未有妊育者，常言繼嗣當時而立，薦達左右，如恐弗及

胡承珙曰：司馬彪《續漢書》作「當以時立」。

按：梁端說同胡承珙。《後漢紀》卷 9 作「當以位」，「位」借爲「立」，又脫「時」字。謂當按時立嗣也。妊，《類聚》卷 15 引《續漢書》作「任」。

（27）時有楚獄，因證相引，繫者甚多

王照圓曰：「因」蓋「囚」字之誤，《後漢書》作「囚相證引」，此誤倒其文耳。

按：《御覽》卷 137 引《續漢書》作「囚證相引」，「囚」字不誤，「證相」亦倒。

〔註108〕《御覽》據景宋本，《四庫》本作「侍」。

（28）后恐有卑詞，妄相覆冒，承閒為上言之

按：卑詞，各本作「單辭」。「卑」為「單」形誤。《御覽》卷 137 引《續漢書》作「后慮其多濫，承間為上言之」。

（29）后志在克己輔佐，不以私家干朝廷

　　梁端曰：《東觀漢記》作「輔上」。

按：輔佐，《類聚》卷 15 引《續漢書》、《御覽》卷 221 引《三輔决錄》作「輔上」，《類聚》卷 48 引《三輔决錄》作「輔王」，《御覽》卷 137 引《續漢書》作「奉上」。「王」蓋「上」形誤。

（30）兄為虎賁中郎，弟黃門侍郎，訖永平世不遷

按：遷，《後漢紀》卷 9 作「易」，《御覽》卷 241 引《東觀漢記》作「轉」。

（31）且先帝言：「諸王財今半楚、淮陽王，吾子不當與先武帝子等。」

　　王照圓曰：財，猶僅也。言諸子封國僅及楚、淮陽之半耳。「言」字宜移「淮陽王」下，屬下句讀之。

　　梁端曰：「財」與「裁」同。

按：今，摹宋本同，當據各本作「令」。先，當據各本作「光」，《後漢書·后紀》作「先帝」，無「武」字，亦可。「言」字不當移下，《後漢紀》卷 11 作「先帝嘗言諸王財令半楚淮陽，吾子不當與光武帝子等」。財，《後漢書·后紀》、《通鑑》卷 45 作「裁」。

（32）父竦冤死牢獄，體骨不掩

按：「體」當據《後漢書·梁竦傳》、《後漢紀》卷 14、《通鑑》卷 48、《冊府元龜》卷 303、《通志》卷 108 作「骸」，字之誤也。

（33）嘗恐歿命，无由自達

按：嘗，讀為常，《後漢書·梁竦傳》、《後漢紀》卷 14 正作「常」。

（34）海內黯（曠）然，各得其所

按：《後漢紀》卷 14 同。所，猶宜也。《後漢書·梁竦傳》作「各獲其宜」。

（35）妾自悲既有薄、史之親，獨不得蒙外戚餘恩

按：既，猶雖也〔註109〕，《後漢書・梁竦傳》正作「雖」。

（36）賞賜義姊

按：義姊，摹宋本、《四庫》本作「義妃」，並誤，當據各本及《古今列女傳》卷 2 作「累億」。十萬曰億，《後漢書・梁竦傳》作「乃出賞賜……累資十萬」，是其證也。《後漢紀》卷 14、《冊府元龜》卷 303 作「賞財……貲累千萬」，「千」爲「十」之誤。

（此文刊於《東亞文獻研究》總第 12 輯，2013 年 12 月出版）

〔註109〕參見裴學海《古書虛字集釋》，中華書局 1954 年版，第 338 頁。

《鹽鐵論》校補

　　《鹽鐵論》最早著錄於《漢書・藝文志》：「桓寬《鹽鐵論》六十篇。」最早爲《鹽鐵論》作注的是明人張之象，其後，學者踵繼，金蟠、張敦仁、洪頤煊、盧文弨、王紹蘭、姚範、姚鼐、俞樾、孫詒讓、王先謙、陳祺壽、黃侃、孫人和、陳遵默、林振翰、徐德培、劍鳴廬主人、勞榦、楊樹達、王佩諍、郭沫若、陳直、馬非百、王利器、徐復、林平和各有校釋〔註1〕，成果

〔註1〕　張之象《鹽鐵論注》，收入《四庫全書》第 695 冊，臺灣商務印書館 1986 年初版；金蟠《鹽鐵論考》，收入《四庫未收書輯刊》第 5 輯第 9 冊，北京出版社 1997 年影印出版；張敦仁《鹽鐵論考證》，收入《龍溪精舍叢書》，又收入《諸子集成》第 7 冊，世界書局 1935 年版，又收入《叢書集成新編》第 26 冊，新文豐出版公司 1985 年版；洪頤煊《讀書叢錄》卷 16，收入《續修四庫全書》第 1157 冊，上海古籍出版社 2002 年版；盧文弨《鹽鐵論校正》，收入《群書拾補》，《續修四庫全書》第 1149 冊，上海古籍出版社 2002 年版；王紹蘭《讀書雜記・鹽鐵論》，收入《叢書集成續編》第 18 冊，新文豐出版公司 1991 年印行；姚範《援鶉堂筆記》卷 36《鹽鐵論》，收入《續修四庫全書》第 1149 冊，上海古籍出版社 2002 年版；姚鼐《惜抱軒筆記》卷 7《子部・鹽鐵論》，收入《叢書集成三編》第 5 冊，新文豐出版公司 1985 年版，又收入《續修四庫全書》第 1152 冊；俞樾《讀鹽鐵論》，收入《春在堂全書》，《曲園雜纂》卷 21；孫詒讓《札迻・鹽鐵論》，中華書局 1989 年版；王先謙《鹽鐵論校勘小識》，收入《叢書集成新編》第 26 冊；勞榦《鹽鐵論校記》，《歷史語言研究所集刊》第五本第一分，商務印書館 1935 年版；劍鳴廬主人《鹽鐵論新詮（1～12）》，《中國工業月刊》1943 年第 1 卷第 8～10 期，1944 年第 2 卷第 1～10 期，1945 年第 3 卷春季號；楊樹達《鹽鐵論要釋》，上海古籍出版社 2006 年版；王佩諍《鹽鐵論校記》，商務印書館 1958 年版；陳直《鹽鐵論解要》，收入《摹廬叢著七種》，齊魯書社 1981 年版；陳直《〈鹽鐵論〉存在問題的新解》，《文史哲》1962 年第 04 期；郭沫若《鹽鐵論讀本》，收入《郭沫若全集・歷史編》卷 8，人民出版社 1985 年版；徐南村（德培）《鹽鐵論集

豐富。王利器《鹽鐵論校注（定本）》是其集大成者。

千慮一失，智者不免。諸家校釋猶有未是未盡之處，尚待補訂。今以王利器《校注（定本）》爲底本作校補，隨文標示《校注》頁碼，以便覆按。

陳祺壽《〈鹽鐵論〉王校補正》（稿本）、葉景葵《校鹽鐵論》（稿本）、黃侃《鹽鐵論校記》、孫人和《鹽鐵論校記》（稿本）、陳遵默《鹽鐵論校記》、林振翰《鹽鐵論校釋》、（日）山田勝美《鹽鐵論補釋》，皆未得寓目，偶有引用，均係轉引，謹此說明。

卷第一

《本議》第一

（1）廣道德之端

校注：王先謙曰：「《通典》卷 11『道德』作『教道』，『道』與『導』同，作『教道』義長。」（P8）

按：陳祺壽曰：「下文云『然後教化可興』，則此處『道德』二字似不必依《通典》改作『教道』。」〔註2〕陳說是也。《西漢年紀》卷 18、《大學衍義》卷 26、《文章正宗》卷 9、《文選補遺》卷 16 引並作「道德」，是宋、元人所見，並作「道德」。下文「廣德行以懷之」，亦即「廣道德」；又「今廢道德而任兵革」，正與此相對舉。

（2）散敦厚之樸，成貪鄙之化

按：化，《通典》卷 11 作「行」。《通典》卷 4：「反散淳朴之風，導成貪叨之行。」亦作「行」字。並通。

釋》，廣文書局 1975 年印行；馬非百《鹽鐵論簡注》，中華書局 1984 年版；林平和《〈鹽鐵論〉析論與校補》，文史哲出版社 1984 年版；王利器《鹽鐵論校注（定本）》，中華書局 1992 年版；徐復《讀〈鹽鐵論〉札記》，收入《徐復語言文字學叢稿》，江蘇古籍出版社 1990 年版（又題作《〈鹽鐵論〉雜志》，收入《後讀書雜志》，上海古籍出版社 1996 年版）；方向東《〈札迻〉商榷》，收入《孫詒讓訓詁研究》，中華書局 2007 年版；謝孝苹《鹽鐵論校注小議》，《文史》第 17 輯，1983 年版。

〔註2〕陳祺壽《〈鹽鐵論〉王校補正》（稿本），轉引自王佩諍《鹽鐵論校記》，商務印書館 1958 年版，第 1 頁。

（3）夫文繁則質衰，末盛則本虧

按：盛，《通典》卷4作「盈」。

（4）末修則民淫，本修則民愨

校注：《通典》、《文獻通考》「淫」作「侈」。（P10）

按：愨，《通典》卷11作「懿」，下同。「懿」為形近之謌。據下文「民愨則財用足，民侈則饑寒生」，則作「侈」字是。

（5）先帝哀邊人之久患，苦為虜所係獲也

按：劍鳴廬主人、郭沫若句點同。《通典》卷11作「先帝哀邊人之愁苦，為虜所俘」。今本「苦」字當屬上為句，「久」為「之」字形誤而衍。

（6）故修障塞，飭烽燧

按：《通典》卷11「故」作「乃」，「飭」作「飾」。飭、飾，正、借字。

（7）蕃貨長財

校注：蕃，滋也。《漢書・景帝紀》：「貪夫長利。」師古曰：「長利，長獲其利。」《廣雅》：「長，挾也。」長利猶今言專利。（P11）

按：王說非是。長，滋長也。馬非百曰：「長，增加。」是也。

（8）今議者欲罷之，內空府庫之藏，外乏執備之用

校注：執，猶守也。一本「執」作「寇」。（P11）

按：「內」上當據《通典》卷11補「是」字。執，《通典》引同，作「寇」者，不得其義妄改。王氏執訓守，林平和、馬非百說同，是也。俞樾曰：「『執』字無義，疑必有誤。」陳祺壽曰：「『備』疑當作『被』，聲近致誤，且涉下句『備塞』之備而誤也。下文有『縱然被堅執銳』，是其證。俞師之說恐非。」〔註3〕二說皆非。

（9）畜仁義以風之，廣德行以懷之

校注：《通典》卷11、《文獻通考》卷20「廣」作「勵」，「懷」作「化」。（P12）

〔註3〕 陳祺壽《〈鹽鐵論〉王校補正》（稿本），轉引自王佩諍《鹽鐵論校記》，商務印書館1958年版，第1頁。

按：畜，《通典》卷 11 作「蓄」。「廣」字是，《西漢年紀》卷 18、《文章正宗》卷 9、《文選補遺》卷 16 引並同，上文「廣道德之端」，亦是其證。

（10）是以近者親附而遠者悅服

按：悅服，《通典》卷 11 作「說德」。本書《雜論》：「近者親附遠者說德。」《禮記・學記》：「近者說服而遠者懷之。」《家語・王言解》：「近者悅服，遠者來附。」《漢書・嚴助傳》淮南王安上書諫曰：「近者親附遠者懷德。」皆可互證。

（11）匈奴桀黠，擅恣入塞，犯厲中國

按：「桀黠」爲二漢人常用語。《漢書・趙充國傳》顏師古注：「桀，堅也，言不順從也。黠，惡也。爲惡堅也。」桀黠猶言兇惡。張之象註：「《諡法》云：『賊人多殺曰桀。』古人謂桀黠者，謂其凶暴若桀也。」非是。殺戮不辜爲厲。

（12）縱難被堅執銳，有北面復匈奴之志，又欲罷鹽、鐵、均輸，擾邊用，損武略，無憂邊之心，於其義未便也

校注：「難」原作「然」，今改。說略本楊樹達。「擾」原作「憂」，涉下文「憂邊」而誤，今改。擾，干擾。一本作「虧」。（P14）

按：復，讀爲覆。《易・雜卦》：「君子道長，小人道憂也。」《音訓》引晁氏曰：「憂，鄭作消。」《集解》亦作「消」。消長猶損益也。憂邊用，即損減邊用。此言天子縱然有親自覆滅匈奴之志，却又欲損減邊用，故云於義未便也。上「憂邊」，盧文弨曰：「憂字疑誤，或作爲邊用之憂解。」俞樾曰：「按此有脫誤。大夫之意，蓋責文學縱不能被堅執銳報復匈奴，而又欲罷鹽鐵均輸也。憂字無義，疑必有誤。」王先謙曰：「『縱』字當衍。案文義言罷鹽、鐵、均輸，則邊用乏絕可憂，故曰『憂邊用』，與『損武略』對文，非誤字。」王佩諍曰：「『志』字下疑有『則亦已矣』四字。」楊樹達曰：「此假『然』爲『難』。『於其』二字疑倒。」林平和、陳直亦從楊說。郭沫若改「縱然」爲「縱無」，「有」作「者」，刪上「憂邊」二字，校「義」爲「議」，以「縱無被堅執銳者北面復匈奴之志」、「用損武略」各爲一句。馬非百亦曰：「『然』當作『無』。」諸說皆未得。改作「縱難」，與下文不貫。「於

其」疑衍「其」字。

（13）故工不出，則農用乏；商不出，則寶貨絕。農用乏，則穀不殖；寶貨絕，則財用匱

校注：「乏」原作「乖」，一本作「乏」，《意林》卷 3、《通典》卷 11 引都作「乏」。《意林》引「農」作「物」。（P15）

按：張之象、楊樹達、劍鳴廬主人都指出語本《史記·貨殖傳》引《周書》：「農不出則乏其食，工不出則乏其事，商不出則三寶絕，虞不出則財匱少，財匱少而山澤不辟矣。」「乏」、「物」二字是。事亦物也。王佩諍曰：「農用乖，《意林》引作『物用乏』，非。」以不狂爲狂也。

（14）所以通委財而調緩急，罷之，不便也

校注：委財，委積的財貨。緩急，這裏只用急義……調讀爲周，調緩急就是救濟急需的意思。《通典》、《通考》引此文，調正作周。（P16）

按：「委財」爲二漢人常用語。《淮南子·齊俗篇》：「無天下之委財，而欲遍贍萬民，利不能足也。」委讀爲賄，古貨字。字或作僞，《墨子·公孟》：「以廣辟土地，著稅僞材。」畢沅曰：「僞，疑當爲賄，《說文》云：『此古貨字，讀若貴。』」〔註 4〕于省吾曰：「僞通化，古幣貨字均作化。」〔註 5〕朱起鳳謂「委財」、「僞材」即「貨財」〔註 6〕。《文子·上仁》：「竭府庫之財貨，不足以贍萬民。」正作「財貨」〔註 7〕。緩急，指有餘與不足，猶言貧富。「調」讀如字，調劑、調節。本書《通有》：「多寡不調。」是其誼也。又《力耕》「凶年惡歲，則行幣物，流有餘而調不足也」，《錯幣》「調其不足」，《地廣》「散中國肥饒之餘，以調邊境」，「調」字皆同。馬非百曰：「委，積。」亦非。

（15）市、商不通無用之物，工不作無用之器

校注：《管子·五輔》：「古之良工，不勞其知巧以爲玩好，是故無用之物，

〔註 4〕 畢沅《墨子校注》，收入《叢書集成新編》第 20 冊，新文豐出版公司 1985 年版，第 402 頁。
〔註 5〕 于省吾《雙劍誃諸子新證》，上海書店 1999 年版，第 301 頁。
〔註 6〕 朱起鳳《辭通》，上海古籍出版社 1982 年版，第 426 頁。
〔註 7〕 參見蕭旭《淮南子校補》，花木蘭文化出版社 2014 年版，第 293 頁。

守法者不失。」（P16）

按：王引不切。《御覽》卷 401 引《尚書大傳》：「聖人在位，其君子不誦無
用之言，其工不作無用之器，其商不通無用之物。」爲此文所本。《後
漢紀》卷 18：「則仕者不溢法式之外，百工不作無用之器，商賈不通難
得之貨，農夫不失三時之務。」亦本之。《漢紀》卷 7：「於是商通難得
之貨，工作無用之器，士設反道之行。」反言之也。

（16）《管子》云：「國有沃野之饒而民不足於食者，器械不備也；有山
海之貨而民不足於財者，商工不備也。」

校注：今本《管子·國蓄篇》作「國有十年之蓄，而民不足於食，是皆以
其技能望君之祿也；君有山海之金，而民不足於用，是皆以其事業交接於
君上也」，文與此不同。（P17）

按：《管子·輕重乙》：「國有十歲之蓄，而民食不足者，皆以其事業望君之
祿也；君有山海之財而民用不足者，皆以其事業交接於上者也。」本書
蓋以意引之也。《太白陰經·國有強富篇》：「國有沃野之饒而人不足於
食，器用不備也；國有山海之利而人不足於財，商旅不備也。」與本書
合。

（17）養生送終之具也，待商而通，待工而成

校注：《通典》、《通考》、《御覽》引「送」作「奉」。《史記·貨殖傳》：「奉
生送死之具也，故待農而食之，虞而出之，工而成之，商而通之。」即此
文所本。作「奉」者，與《史記》合。（P17）

按：張之象已指出語本《貨殖傳》。《史記》作「奉生送死」，《漢書·貨殖
傳》作「養生送終」。此文「養生」，即「奉生」。諸書引作「奉」與《史
記》不合。

（18）萬民所載仰而取給者

按：載，四部叢刊本、四庫全書本並作「戴」，《西漢年紀》卷 18、《文章正
宗》卷 9、《文選補遺》卷 16 引亦同。

（19）排困市井，防塞利門，而民猶爲非也，況上之爲利乎

按：爲，逐也，求也。之爲，《通典》卷 11 誤倒作「爲之」。王先謙曰：「《通

典》卷 11 同，《御覽》卷 765 上作導，於義亦通。」四庫本《御覽》
引作「導」，徐復指出宋本《御覽》引作「上」不誤。

（20）是開利孔為民罪梯也

按：《御覽》卷 765 引誤作「是開利室內民罪梯也」。

（21）往者，郡國諸侯各以其方物貢輸，往來煩雜，物多苦惡，或不償其費，故郡置輸官以相給運，而便遠方之貢，故曰均輸

校注：「方」字原脫，據楊樹達引《後漢書・劉盆子傳》注引補。《大事記
解題》引「貢」作「相」。（P21）

按：王先謙曰：「盧云：『雜當為難。』案《通典》卷 11 正作難，盧說是。」
郭沫若亦從盧說改。陳祺壽曰：「盧改雜為難，蓋據《大典》。祺壽案：
《續漢書・百官志三》劉注引此文作雜。《後漢書・劉盆子傳》注引此
文『其』下有『方』字，『往來』下無『煩難』字，『郡』下有『國』字，
『給』作『紹』。」〔註 8〕盧氏改「雜」為「難」，正據《永樂大典》，
其校記前言已自言之。楊氏補「方」字，非也。《後漢書・百官志》劉
昭注、《通典》卷 11、《玉海》卷 183、186、《大事記解題》卷 12、《西
漢會要》卷 54、《永樂大典》卷 11001 引皆無「方」字。《史記・平準
書》：「弘羊以諸官各自市，相與爭，物故騰躍，而天下賦輸或不償其僦
費，乃請置大農部丞數十人，分部主郡國，各往往縣置均輸鹽鐵官，令
遠方各以其物貴時商賈所轉販者為賦，而相灌輸。」《漢書・食貨志》、
《漢紀》卷 13、《通鑑》卷 20 略同，皆無「方」字，尤其確證。王引
楊說，據楊氏《讀鹽鐵論札記》〔註 9〕，楊樹達《鹽鐵論要釋》無此說，
或楊氏自訂其誤而刪之乎？《後漢書・劉盆子傳》注、胡三省《通鑑釋
文辯誤》卷 2 引有「方」字，非也。盧說「雜當為難」未必是，林平和
曰：「《西漢會要》卷 54、《玉海》卷 186、《永樂大典》卷 11001 引皆作
『往來煩雜』，則作『雜』義亦通，似不必改作『難』。」《後漢書・百
官志》劉昭注、《玉海》卷 183、《大事記解題》引亦並作「雜」字。給
運，《後漢書》注、《通鑑釋文辯誤》卷 2 引作「紹運」，「紹」為「給」

〔註 8〕 陳祺壽《〈鹽鐵論〉王校補正》（稿本），轉引自王佩諍《鹽鐵論校記》，商務
印書館 1958 年版，第 4 頁。
〔註 9〕 楊樹達《讀鹽鐵論札記》，《國文學會叢刊》第 1 卷 2 號，1922 年。

形誤。諸書引皆作「給」字。

（22）是以縣官不失實，商賈無所貿利

校注：一本及《通典》、《通考》、《兩漢別解》「貿」作「牟」，《史記·平準書》同。牟，取也。下文作「侔」，借字。（P22）

按：貿，《玉海》卷 186 引作「牟」，《後漢書·百官志》劉昭注、《大事記解題》卷 12、《西漢會要》卷 54、《永樂大典》卷 11001 引皆無此字，蓋脫；《漢書·食貨志》亦作「牟」字。貿，讀爲牟。《商子·開塞》：「二者名貿實易，不可不察也。」嚴萬里曰：「《禮記·檀弓》《釋文》：『貿，一音牟。』則貿或侔字之假借。」〔註10〕俞樾曰：「貿者，侔之叚借。漢《高彪碑》：『貿昔蕩檀。』亦是叚貿爲侔。《集韻》曰：『貿，又音侔。』」〔註11〕皆其證也。陳祺壽曰：「作牟是也，下文『則商賈侔利自市』。」〔註12〕陳氏未達通借之指也。

（23）古者之賦稅於民也，因其所工，不求所拙

校注：《文子·自然篇》：「昔堯之治天下也，民得以其工，易所拙。」（P23）

按：《文子》作「以所工」，《淮南子·齊俗篇》同，王氏失檢。拙，《群書考索》後集卷 53 作「紲」，借字。

（24）農人納其穫，女工效其功

校注：「穫」原作「獲」，《續漢書·百官志》注、《通典》、《大事記解題》、《通考》引作「穫」，今據改正。《續漢書》注、《通典》、《解題》、《通考》引作「工女效其織」。（P23）

按：獲，王引《通典》爲卷 11，《通典》卷 4、《西漢會要》卷 54、《群書考索》後集卷 53 亦作「穫」。女工，王佩諍曰：「盧作『工女』，是。」《後漢書·百官志》注、《通典》卷 4、11、《大事記解題》卷 12、《群書考索》引皆作「工女」。當作「女工」，即「女紅」，《玉海》卷 186、

〔註10〕嚴萬里《商君書新校正》，收入《續修四庫全書》第 971 冊，上海古籍出版社 2002 年版，第 658 頁。

〔註11〕俞樾《商子平議》，收入《諸子平議》，上海書店 1988 年版，第 393 頁。

〔註12〕陳祺壽《〈鹽鐵論〉王校補正》（稿本），轉引自王佩諍《鹽鐵論校記》，商務印書館 1958 年版，第 4 頁。

《西漢年紀》卷 18 引正作「女紅」。下文「女工再稅」，一本亦作「女紅」。功，《西漢會要》亦作「織」，《群書考索》作「職」，爲「織」音誤。

（25）吏之所入，非獨齊、阿之縑，蜀、漢之布也

校注：「阿」原作「陶」，《續漢書・百官志》注、《大事記解題》、《玉海》卷 80 引同，今據洪頤煊說校改。尋《居延漢簡》有「濟陶郡」，陳直云：「《鹽鐵論》『齊陶之縑』，《通典》卷 11、《通考》卷 20 引均作『濟陶之縑』，可證今本《鹽鐵論》『齊陶』爲誤字。」姑存其說以待考。（P23～24）

按：《玉海》見卷 81，王氏失檢。《西漢會要》卷 54 引作「齊陶之縑，蜀漢之布」，《御覽》卷 901、《演繁露》卷 5、《廣博物志》卷 37 引作「齊陶之縑，南漢之布」。

（26）農民重苦，女工再稅

按：再亦重也，《後漢書・百官志》劉昭注、《西漢會要》卷 54 引誤作「繭」。

《力耕》第二

（1）豐年歲登，則儲積以備乏絕；凶年惡歲，則行幣物，流有餘而調不足也

校注：調讀爲周。《通典》卷 11、《通考》卷 20「惡歲」作「歲儉」。（P30）

按：「調」讀如字，已詳上篇校補。《通典》卷 11「儲」作「貯」，「調」作「拯」。

（2）禹以歷山之金，湯以嚴山之銅，鑄幣以贖其民

校注：「贖」原作「贈」，明初本作「贍」，今改。《管子・山權數》：「湯以莊山之金鑄幣，而贖民之無檀賣子者；禹以歷山之金鑄幣，而贖民之無檀賣子者。」此即《鹽鐵論》所本。（P30）

按：楊樹達曰：「贈當作贖，二字形近誤也。」郭沫若、陳直、王利器皆從其說。贈，疑讀爲拯。《禮記・文王世子》：「至於賵賻承含。」鄭注：「承，讀爲拯，聲之誤也。」是其證。下文「饑民以賑」，「賑」字即其誼。《通典》卷 8、9 引《管子》下句作「救人之困」，救亦拯也、賑也。以《管子》改字，不如以本書訂正之。

（3）往者財用不足，戰士或不得祿，而山東被災，齊、趙大饑，賴均
輸之蓄，倉廩之積，戰士以奉，饑民以賑

按：《史記・平準書》：「是時財匱，戰士頗不得祿矣。」可以相證。「而」爲
時間副詞，對「往者」而言，猶言今也〔註13〕，《通典》卷11正作「今」
字。王先謙謂《通典》作「今」是，改字非也。

（4）黎民咸被南畝而不失其務

按：被，讀爲闢。《詩・載見》：「載見辟王。」《墨子・尙同中》引作「彼王」，
是其證也。《宋書・袁湛傳》：「遊子既歸，則南畝闢矣。」闢南畝，猶
言開墾南畝。馬非百曰：「被，覆，蓋。」非也。

（5）草萊不闢，田疇不治，雖擅山海之財，通百末之利，猶不能贍也

校注：「末」原作「味」，《御覽》卷843引作「末」，今據改正。（P32）

按：盧文弨曰：「味，疑『末』。」王先謙曰：「以《通有篇》『無味利』證之，
則味爲末字之譌，甚明。」郭沫若、馬非百、林平和亦從其說改作「百
末」。《御覽》未引此文，王氏失檢。「味」疑當作「倍」。本書《非鞅》：
「設百倍之利，收山澤之稅。」「倍」脫誤爲「位」，又音誤爲「味」。

（6）雖累凶年，而人不病也

按：《穀梁傳・莊公二十八年》：「雖累凶年，民弗病也。」上文「古者十一
而稅」云云，亦本《穀梁傳》爲說也。

（7）故衣食者民之本，稼穡者民之務也

校注：《漢書・食貨志上》：「晁錯復說上曰：『粟者，王者大用，政之本務。』」
（P32）

按：《文子・上仁》引老子曰：「食者，民之本也。」《淮南子・主術篇》：「食
者，民之本也。」

（8）汝漢之金，纖微之貢，所以誘外國而釣羌胡之寶也

校注：《說文》：「枺之爲言微也，微纖爲功。」《御覽》卷995引《春秋說

〔註13〕訓見王叔岷《古籍虛字廣義》，中華書局2007年版，第313～314頁。蕭旭《古
書虛詞旁釋》有補證，廣陵書社2007年版，第249頁。

題辭》：「麻之爲言微也，陰精寝密，女作纖微也。」《管子・臣乘馬》：「女勤於纖微。」《漢書・張安世傳》：「夫人自紡績，家童七百人，皆有手技作事，內治產業，累積纖微，是以能殖其貨。」這裏所謂「纖微」，亦指麻言。（P34）

按：王引《漢書》不當。《漢書》「纖微」指微小，與「麻」無涉。此文纖微，指織品而言。本書《通有》：「女極纖微，工極技巧。」又「婦女飾微治細，以成文章。」「纖微」、「微細」指織工精細。二者固相因也。

（9）故聖人因天時，智者因地財

校注：《淮南子・主術篇》：「是故人君者，上因天時，下盡地財，中用人力。」《漢書・韓安國傳》：「王恢曰：『聖人因於時。』」（P38）

按：二書「財」當作「利」，《齊民要術・種穀》引《淮南子》正作「利」字。本書《憂邊》：「順天之理，因地之利。」《漢書・趙充國傳》：「順天時，因地利。」《齊民要術・種穀》：「順天時，量地利。」

（10）追利乘羨

校注：乘，因也。（P40）

按：乘，逐也，亦追也。

《通有》第三

（1）呰窳偷生

校注：《史記・貨殖傳》：「楚越之地，地廣人希……以故呰窳偷生。」即此文所本。《集解》：『徐廣曰：呰窳，苟且墮嬾之謂也。』《索隱》：「上音紫，下音庾。苟且懶惰之謂。」一本「呰」作「呰」，一本作「訾」。（P48）

按：《史記・平準書》《集解》、《索隱》並引應劭曰：「呰，弱也。」又引晉灼曰：「窳，病也。」《漢書・地理志》「呰」作「訾」，顏師古注：「如淳曰：『訾，或作呰，音紫。窳音庾。』晉灼曰：『訾，病也。窳，惰也。』師古曰：諸家之說非也。訾，短也。窳，弱也。言短力弱材，不能勤作。」《說文》：「窳，汙窬也。」非其誼。「窳」當作「寙」，字從宀，不從穴。《集韻》：「寙，嬾也，《史記》：『呰寙偷生。』」《慧琳音義》卷41：「寙惰：《史記》云：『寙，亦嬾惰也。』」

《爾雅》：『勞也。』郭璞云：『勞苦者多惰窳也。』言嬾人不能自起，如爪瓠繫在地不能起立，故窳字從二瓜，喻嬾人在室中不出，故《說文》從宀，會意字也。」《玄音音義》卷 9、10、14、15、17、19 並作「窊惰」，亦誤。《慧琳音義》卷 94：「惰窳：下踰主反，徐廣注《史記》云：『隋嬾也。』傳從宀作窳，誤也。」慧琳以「窳」為正字，指出作「窊」是錯字，「傳從宀作窳」當作「傳從穴作窊」〔註14〕，此卷是《續高僧傳》卷 29 的《音義》，檢高麗本作「而頃世惰窳，每多欺負」，正誤從穴作「窊」。《慧琳》、《集韻》共三引《史記》，正從宀作「窳」字。《詩·召旻》：「皋皋訿訿。」毛傳：「皋皋，頑不知道也。訿訿，窳不供事也。」《釋文》：「窳，音庾，裴駰云：『病也。』《說文》云：『嬾也。』」孔疏：「《說文》云：『窳，嬾也。』草木皆自豎立，唯瓜瓠之屬臥而不起，似若嬾人常臥室，故字從宇（宀），音眠。」《詩》毛傳一本亦誤從穴作「窊」，沈廷芳即指出：「窳，誤從穴。」〔註15〕今本《說文》無「窳，嬾也」之訓，蓋有脫文。《說文》：「媠，窳也。」《商子·墾令》：「農無得糶，則窳惰之農勉疾。」《新序·雜事四》：「楚人窳，而稀灌其瓜。」《文選·七發》：「血脈淫濯，手足惰窳。」《論衡·命義》：「稟性軟弱者，氣少泊而性羸窳。」諸文「窊」亦當作「窳」，臧庸有詳考〔註16〕。段玉裁曰：「窳訓惰嬾，亦汙窬引申之誼……陸氏《釋文》、孔氏《正義》皆引《說文》『窳，嬾也』，而《說文》無此語，聞疑載疑，不敢於宀部妄補窳篆。」〔註17〕段氏慎矣，聞疑載疑固可貴，然謂「惰嬾亦汙窬引申之誼」，則為牽強。石光瑛駁臧氏，謂《集韻》始有俗字「窳」〔註18〕，則失考《慧琳音義》也。訾、呰，並讀為呰，與「窳」同義連文，《詩》作「訿」，亦借字也。呰窳，惰嬾也。舊訓呰（呰）為病、弱、短，皆非也。方以智曰：「呰窳，猶苦窳也。苦

〔註14〕 徐時儀《一切經音義三種校本合刊》失校，上海古籍出版社 2008 年版，第 2115 頁。

〔註15〕 沈廷芳《十三經注疏正字》卷 20，收入景印文淵閣《四庫全書》第 192 冊，臺灣商務印書館 1986 年初版，第 266 頁。

〔註16〕 臧庸《拜經日記》卷 1「《說文》『窳』字」條，收入《續修四庫全書》第 1158 冊，上海古籍出版社 2002 年版，第 53～55 頁。

〔註17〕 段玉裁《說文解字注》，上海古籍出版社 1981 年版，第 345 頁。

〔註18〕 石光瑛《新序校釋》，中華書局 2001 年版，第 546 頁。

讀如鹽，粗也，病也。」〔註 19〕亦未得。

（2）雖白屋草廬，歌謳鼓琴，日給月單，朝歌暮戚

校注：《漢書・蕭望之傳》注：「白屋，謂白蓋之屋，以茅覆之，賤人所居。」又《吾丘壽王傳》注：「白屋，以白茅覆屋也。」又《王莽傳》注：「白屋，謂庶人以白茅覆屋者也。」一本「單」作「殫」，張之象注：「單，通作殫，盡也，竭也。」（P48）

按：王先謙亦曰：「單，窮盡也。」《演繁露》卷 6：「春秋莊公丹桓宮楹，非禮也。在禮，楹，天子丹，諸侯黝堊，大夫蒼，士黈。黈，黃色也。案此即自士以上，屋楹方許循等級用采色，庶人則不許，夫是以謂為白屋也……主父偃曰：『士或起白屋而致三公。』顏師古曰：『以白茅覆屋。』非也。古者宮室有度，官不及數，則屋室皆露本材，不容僭施采畫，是為白屋也……《鹽鐵論》文學譏漢俗奢僭曰：『雖白屋草廬，歌謳鼓琴，日給月殫，朝樂暮戚。』」是「白屋」為不施彩色之屋。此又一說。石光瑛曰：「白屋，貧士所居室，無善飾物也。言白者，家徒壁立之意……《漢》注以白屋為白蓋之屋，亦謂室中一無所有。」〔註 20〕石氏既臆說，又誤解顏義。《演繁露》引「單」作「殫」，「朝歌」作「朝樂」。「樂」字是，作「歌」則與上文「歌謳」犯複。

（3）五行：東方木，而丹、章有金銅之山；南方火，而交趾有大海之川

校注：「丹」指丹陽，「章」指章山。（P50）

按：「章」、「丹」對舉，「章」、「鄣」古通，疑指鄣郡。陳直曰：「《漢書・地理志》丹陽郡注：『故鄣郡，有銅官。』本文『丹章』二字連稱，蓋西漢人之習俗語。《伍被傳》云：『吳有豫章之銅。』韋昭注：『豫章當作鄣郡。』是也。」《史記・吳王濞傳》：「吳有豫章郡銅山。」《集解》引韋昭曰：「今故鄣。」《索隱》：「案鄣郡，後改曰故章，或稱『豫章』

〔註 19〕方以智《通雅》卷 5，收入《方以智全書》第 1 冊，上海古籍出版社 1988 年版，第 214 頁。
〔註 20〕石光瑛《新序校釋》，中華書局 2001 年版，第 601 頁。

爲衍字也。」《正義》：「《括地志》：『秦兼天下，以爲鄣郡，今湖州長城縣西南八十里故章城是也。』銅山，今宣州及潤州句容縣有，並屬章也。」當謂《史記》「豫」爲衍字，《漢書・荆燕吳傳》顏注引韋昭曰：「此有豫字誤也，但當言章郡，今故章也。」《類聚》卷 84 引《漢書》正無「豫」字。考《漢書・地理志》：「丹陽郡，故鄣郡，屬江都，武帝元封二年更名丹陽，屬揚州。」是漢之丹陽郡，即秦之鄣郡也。此文「丹、章」，一也，皆指丹陽郡。《玉海》卷 180 引此文，自注：「《史記》章山之銅，吳有豫章郡銅山。」列有二說，後說爲得，而尚不知「豫」字衍也。

（4）是以生無乏資，死無轉尸也

校注：《韓詩外傳》卷 3：「生不乏用，死不轉尸。」《淮南子・主術篇》：「是故生無乏用，死無轉尸。」高誘注：「轉，棄也。」（P51）

按：王佩諍引《逸周書・大聚解》「生無乏用，死無傳尸」，是也。《文子・上仁》：「生無乏用，死無傳尸。」諸書皆本於《周書》。陳直謂此文本於《淮南》，亦失考也。惠棟讀傳爲轉〔註21〕，轉運也，故引申有棄義。《廣雅》：「資，用也。」

（5）大儉極下

校注：一本「極」作「偪」。按《韓子・外儲說左下》：「其儉偪下。」字正作「偪」。（P52）

按：極，讀爲亟，亦逼迫、急迫之義，不當改字。陳奇猷曰：「管氏《愚谷迂瑣》曰：『極當訓爲偪。極即偪之同音假借字，故《韓子》作「其儉偪下」，可證。』奇猷按：極、偪皆無義，當係匹之借。」〔註22〕管氏得其義，未得其字；陳氏字、義並失之。陳氏《韓非子集釋》說同，而《韓非子新校注》已刪此說〔註23〕，蓋自訂其誤矣。王佩諍曰：「大儉

〔註21〕轉引自黃懷信《逸周書彙校集注（修訂本）》，上海古籍出版社 2007 年版，第 405 頁。

〔註22〕陳奇猷《晚翠園札記》，轉引自王佩諍《鹽鐵論校記》，商務印書館 1958 年版，第 15 頁。

〔註23〕陳奇猷《韓非子集釋》，中華書局 1958 年版，1962 年第 4 次印刷，第 140、703 頁。陳奇猷《韓非子新校注》，上海古籍出版社 2000 年版，第 167、748 頁。

猶過嗇，極下猶足恭。」上說得之，下說非是。馬非百曰：「極，到達盡頭。偪，近。」皆失之。

（6）是以多者不獨衍，少者不獨饉

校注：《淮南子・原道篇》高誘注：「勤，盡也。」《廣雅》：「堇，少也。」蓋從堇得聲之字，亦有少義，饉從堇得聲，即有少意，與「衍」對文爲義。（P54）

按：字亦作菫、僅、廑、懂、鄞、覲，參見王念孫《廣雅疏證》，王氏正引此文爲證〔註24〕。《集韻》：「僅、廑、菫：《說文》：『材（才）能也。』一曰劣也。或作廑，亦省文。」字亦作勤，《穀梁傳・莊公二十九年》：「古之君人者，必時視民之所勤。民勤於力則功築罕，民勤於財則貢賦少，民勤於食則百事廢矣。」楊樹達曰：「堇有少義，故堇聲之字多含寡少之義。」因舉「廑」、「僅」、「饉」、「殣」、「槿」、「勤」六字以證之〔註25〕。王、楊二氏說猶未盡，字亦作厪，《漢書・董仲舒傳》：「厪能勿失耳。」顏注：「厪，與僅同。僅，少也。」字亦作勤，《廣韻》：「僅，劣也，少也。勤，少也。」《玄應音義》卷1：「僅半：古文勤、廑二形，同。僅，劣也。僅猶纔也。」又卷22：「衣僅：又作勤，同。」字亦作歉，《廣韻》：「歉，歉欠。」《集韻》：「歉，欠。」此皆可會通者也。饉字從食，故爲食物缺少、欠乏之義。陳祺壽曰：「饉蓋勤誤。」〔註26〕非也。

（7）當今世，非患禽獸不損，材木不勝，患僭侈之無窮也

校注：不損，《玉篇》：「不，詞也。」（P55）

按：二「不」字不當義異。此承上文引《管子》「不飾公室，則材木不可勝用；不充庖廚，則禽獸不損其壽」而言，「損」指損其壽。

〔註24〕王念孫《廣雅疏證》，收入徐復主編《廣雅詁林》，江蘇古籍出版社1992年版，第264頁。
〔註25〕楊樹達《釋「堇」》，收入《積微居小學金石論叢》，上海古籍出版社2007年版，第22～23頁。
〔註26〕陳祺壽《〈鹽鐵論〉王校補正》（稿本），轉引自王佩諍《鹽鐵論校記》，商務印書館1958年版，第16頁。

《錯幣》第四

（1）交幣通施，民事不及，物有所并也；計本量委，民有饑者，穀有所藏也

校注：《管子·國蓄篇》：「黃金刀幣，民之通施也。」郭沫若云：「『通施』字《輕重乙篇》作『通貨』。下文云：『人君鑄錢立幣，民庶之通施也。』《輕重甲篇》作『民通移』。通施、通移，均流通之意。」按《韓詩外傳》卷4：「冢卿不修幣施。」「幣施」連用，義亦同。王先謙曰：「『不及』當作『不給』，音相近而譌。」《莊子·天運篇》郭注：「并者，除棄之謂也。」（P58）

按：幣，指錢幣。施，指貨物。交幣通施猶言交通幣施。交通，流通也。交通幣施指貨幣流通。聞一多曰：「幣施猶今言貨幣。」〔註27〕《輕重甲篇》施作移，音之轉耳。下文「後世即有龜貝金錢，交施之也」，又「內不禁刀幣以通民施」，二例「施」爲動詞，用爲名詞，則指流通的貨物。屈守元曰：「俞樾云：『幣乃敝字之誤，施當爲杝，杝即今籬字，謂籬落敝壞，不修葺之也。』守元案：俞說牽強，殊不足據，竊疑施當借爲貤，《說文》：『貤，重次第物也。』」皆失之。我舊說施指貨物，本字當作資〔註28〕，亦非是，亟當訂正。《管子·國蓄篇》：「然而人事不及，用不足者，何也？利有所并也。」及亦足也，給也。聞一多曰：「及，讀爲給。」〔註29〕王先謙以「及」爲誤字，非也。「并」訓除棄非此文之誼。此文及《管子》「并」、「藏」對舉同義。《管子》又云「分并財，散積聚」，又云「分并財利而調民事也」，亦皆同。王念孫曰：「并與屏同，屏即藏也。」〔註30〕徐培德說同，當即本王氏。

（2）民大富，則不可以祿使也；大強，則不可以罰威也

校注：「罰威」原作「威罰」，「罰威」與「祿使」對文，今據《管子》乙正。《管子·國蓄篇》：「夫民富則不可以祿使也，貧則不可以罰威也。」說略本楊樹達。（P59）

〔註27〕 聞說轉引自許維遹《韓詩外傳集釋》，中華書局1980年版，第144頁。
〔註28〕 參見蕭旭《韓詩外傳補箋》，收入《群書校補》，廣陵書社2011年版，第455頁。
〔註29〕 聞說轉引自郭沫若《管子集校》，科學出版社1956年版，第1056頁。
〔註30〕 王念孫《管子雜志》，收入《讀書雜志》卷8，中國書店1985年版，第62頁。

按：威，指刑罰。以威罰，以刑罰罰之也。《管子》當據此乙正。《通典》卷
12引《管子》正作「威罰」。楊說傎矣。

（3）古者貴德而賤利，重義而輕財

校注：《新序・雜事四》：「以是見君子重禮而賤利也。」（P60）

按：張之象引《漢書・貨殖傳》「於是在民上者，道之以德，齊之以禮，故
民有恥而且敬，貴誼而賤利」，亦得之。《御覽》卷441引《韓詩外傳》：
「君子貴義而賤利。」《說苑・貴德》：「故爲人君者，明貴德而賤利以
道下。」《董子・爲人者天》：「故君民者，貴孝弟而好禮義，重仁廉而
輕財利。」本書《世務》：「時賤貨而貴德，重義而輕利。」諸書並可
互證。

（4）及其後，禮義弛崩，風俗滅息，故自食祿之君子，違於義而競於財，大小相吞，激轉相傾

按：自，猶雖也。本書《非鞅》：「自天地不能兩盈，而況於人事乎？」亦同。
「激轉」不詳，郭沫若校爲「急緩」，恐亦臆說。

（5）湯、文繼衰，漢興乘弊

校注：《漢書・食貨志》：「漢興，接秦之弊。」（P61）

按：乘，讀爲承，亦繼也，接也。《史記・田敬仲完世家》：「乘魏之弊。」
《戰國策・齊策一》作「承」。

（6）古者市朝而無刀幣，各以其所有易所無

校注：「無」上原無「所」字，楊樹達曰：「元本作『易所無』，是。」器按：
尋《御覽》卷836引正有「所」字，今據補正。《孟子・公孫丑下》：「古之
爲市也，以其所有，易其所無者。」（P62）

按：「無」上當補「其所」二字，《孟子》是其例。《國語・齊語》：「以其所
有，易其所無。」〔註31〕亦其證。《淮南子・齊俗篇》：「得以所有易所
無，以所工易所拙。」〔註32〕則上下皆無「其」字，亦協。

〔註31〕《管子・小匡》、《輕重己》同。
〔註32〕《文子・自然》同。

（7）是猶以煎止燔，以火止沸也

校注：《漢書・董仲舒傳》：「如以湯止沸，抱薪救火，愈甚，亡益也。」（P64）

按：《呂氏春秋・盡數》：「夫以湯止沸，沸愈不止，去其火，則止矣。」《文子・上禮》：「故揚湯止沸，沸乃益甚，知其本者，去火而已。」《淮南子・精神篇》：「故以湯止沸，沸乃不止，誠知其本，則去火而已矣。」《漢書・禮樂志》：「如以湯止沸，沸俞甚而無益。」

（8）上好禮則民闇飾，上好貨則下死利也，

校注：《荀子・大略篇》：「上好義（從王念孫校），則民闇飾矣；上好富，則民死利矣。」《賈子・大政篇》：「聖明則士闇飾矣。」（P64）

按：《荀子》原本「義」作「羞」，楊倞註：「好羞貧而事奢侈，則民闇自修飾也。」盧文弨曰：「闇飾，猶闇脩。」〔註33〕徐培德曰：「所謂闇飾者，謂民雖處隱闇之中，亦自修飾，不敢自放也。」皆本楊說。考《論語・子路》：「上好禮則民莫敢不敬，上好義則民莫敢不服。」又《憲問》：「上好禮則民易使也。」何晏注：「民莫敢不敬，故易使。」是《荀子》原本「羞」當作「禮」，民莫敢不敬，即民自爲修飾也。王佩諍曰：「奄、掩、醃、闇同字，闇飾即掩飾而已。」創爲新說，未得也。其「羞」字，久保愛、王念孫校作「義」，龍宇純校作「脩」，李中生讀爲「修」，王天海謂「羞」字不誤〔註34〕，胥失之也。宋・朱子《儀禮集傳集註》卷31引已誤作「羞」字。

（9）吳王擅鄣海澤，鄧通專西山

校注：擅，專也。下文云：「王者外不鄣海澤。」鄣即管也。（P64）

按：鄣無管義，王說非也。鄣，讀爲障，此用作動詞，指修建堤防，字亦作障。《說文》：「障，擁也。」《玉篇》：「障，隔塞也，壅也，防也。《國語》曰：『鯀障洪水。』亦作障。」今《國語・魯語上》作「鯀鄣洪水」。《左傳・昭公元年》：「障大澤。」杜注：「陂障之。」《史記・鄭世家》同，《集解》引服虔曰：「陂障其水也。」《國語・周語下》：「陂鄣九澤。」韋注云：「鄣，防也。」《集韻》：「障，通作鄣。」宋・王應麟《通鑑答

〔註33〕盧文弨《賈誼新書》校本，收入《諸子百家叢書》，上海古籍出版社影印浙江書局本1989年版，第66頁。

〔註34〕諸說並見王天海《荀子校釋》，上海古籍出版社2005年版，第1073頁。

問》卷 4：「吳王擅鄣海澤，鄧通專擁山利。」是王應麟所見本「專」下有「擁」字，而《玉海》卷 181 引又同今本。

《禁耕》第五

（1）民人藏於家，諸侯藏於國，天子藏於海內

校注：《韓詩外傳》卷 10：「王者藏於天下，諸侯藏於百姓，農民藏於囷庾，商賈藏於篋匱。」《說苑·反質》：「天子藏於四海之內，諸侯藏於境內，大夫藏於其家，士庶人藏於篋櫝。」《漢書·蕭望之傳》：「古者藏於民，不足則取，有餘則予。」說略本楊樹達。（P72）

按：張之象已引《說苑》。考《管子·山至數》：「王者藏於民，霸者藏於大夫，殘國亡家藏於篋。」此爲諸書所本。

（2）義禮立，則民化上

校注：《通典》卷 10、《通考》卷 15 作「利立而人怨上」。器案：此文當作「義立則民化上，利立而人怨上」，各脫一句。（P72）

按：今本無脫文，《西漢年紀》卷 18、《文章正宗》卷 9、《文選補遺》卷 16 引同今本，是唐、宋、元人所見固如此也。。《通典》作「義禮立則人化上」，王氏失檢。改「民」作「人」，避唐諱也。考《論語·子路》：「上好禮則民莫敢不敬，上好義則民莫敢不服。」此即「義禮立則民化上」之謂也。

（3）是以養強抑弱而藏於跖也

按：養，與「抑」對舉，當讀爲揚。本書《復古》：「將以建本抑末。」建讀爲揵，亦揚舉之義。

（4）夫秦、楚、燕、齊，土力不同，剛柔異勢，巨小之用，居句之宜，黨殊俗易，各有所便

校注：《通典》卷 10、《通考》卷 15 引「勢」作「氣」。（P75）

按：「氣」字是。《後漢紀》卷 9：「夫民之性也，各有所稟，生其山川，習其土風。山川不同，則剛柔異氣；土風乖，則楚夏殊音。」易亦殊也，《玉篇》：「易，異也。」《通典》卷 10、《通考》卷 15 正作「黨殊俗異」。

（5）故鹽冶之處，大傲皆依山川，近鐵炭，其勢咸遠而作劇

校注：一本「傲」作「校」，一本作「抵」。陳遵默曰：「傲、校聲借。」（P76）

按：馬非百說同陳氏。楊樹達曰：「傲當作較，二字音近可通。」傲，當為「傲」形誤。「大傲」讀為「大校」，字或作「大較」，音轉亦為「大要」，猶言大略、大抵也。《史記‧貨殖傳》：「此其大較也。」《索隱》：「大較，猶大略也。」

《復古》第六

（1）浮食奇民，好欲擅山海之貨

校注：「奇」原作「豪」，今據張敦仁說校改。張云：「豪當作奇，見《平準書》、《食貨志》。奇民者，奇衺之民也。《索隱》云：『包愷音羈，諸侯也，非農工之儔，故言奇。』其義似誤矣。」案《通考》卷15作「浮食寄民」。浮食指商賈。（P83）

按：本書自作「豪民」，《玉海》卷181、《西漢年紀》卷18、《文章正宗》卷9、《文選補遺》卷16並同。《漢書‧食貨志》「豪民富賈」，即此文「浮食豪民」之誼。下文：「往者，豪強大家，得管山海之利，採鐵石鼓鑄，煮鹽。」豪民即指豪強大家，正「豪」字不當改之鐵證。本書《禁耕》：「夫權利之處，必在深山窮澤之中，非豪民不能通其利。」又「今罷去之，則豪民擅其用而專其利。」亦豪民擅專山海之利的確證。又《錯幣》：「端坐而民豪。」亦作「豪」字之證。張氏改作「奇」，失之。

（2）以致富業

校注：《史記‧平準書》、《漢書‧食貨志》「業」作「羨」，《索隱》：「羨，饒也，與衍同義。」（P84）

按：徐復曰：「……『業』字當為『羨』字之誤。此一說也。如此文『業』字不誤，則『業』上當脫一『成』字。本書《貧富篇》云：『浸以致富成業。』此說亦通。」徐氏後說是，下文云「成姦偽之業」，即承此而言。

（3）往者，豪強大家，得管山海之利，採鐵石鼓鑄，煮海為鹽

校注：「煮海為鹽」原作「煮鹽」，《御覽》卷865引作「煮海為鹽」，今據

改正。（P85）

按：《書鈔》卷 146 引作「煮海水爲鹽」，是也。《御覽》引脫「水」字。

（4）人權縣太久，民良望於上

校注：《文選・哀傷詩》注：「良，甚也。」（P88）

按：陳直曰：「良望讀爲仰望。」竊疑「良」爲「絕」字脫誤。

（5）先帝計外國之利，料胡、越之兵

校注：料，猶言計量。《史記・韓信傳》：「大王自料勇悍仁彊，孰與項王？」《新序・善謀》「料」作「斷」。《新序・雜事一》：「豈能與之斷天地之高哉？」《文選》「斷」作「料」。則「料」又作斷定解。（P89～90）

按：前說是，後說非也。《新序》二「斷」字，皆「料」字之誤。「斷」俗字作「断」，「料」俗字作「斱」，形近易誤也。《干祿字書》：「斱、料：上俗下正。断、斷：上俗下正。」《潛夫論・勸將》：「既無斷敵合變之奇，復無明賞必罰之信。」《治要》卷 44 引「斷」作「料」。《史記・白起王翦傳》：「白起料敵合變，出奇無窮。」《世說新語・簡傲》：「比當相料理。」《御覽》卷 249、498、《剡錄》卷 3 引並誤作「斷理」〔註 35〕。顧炎武曰：「魏《受禪碑》：『料敵用兵。』料作斱。王知敬《李衛公碑》：『運奇料敵。』料作斱……後人不知古人書法，妄改爲斷。」〔註 36〕此皆「料」誤作「斷」字之例。《戰國策・韓策一》：「斷絕韓之上地。」《史記・張儀傳》：「斷韓之上地。」敦煌寫卷 P.5034V《春秋後語》作「斱韓之上黨地」。此又「斷」誤作「料（斱）」字之例。《史記》之「料」，《漢書・韓信傳》、《漢紀》卷 2、《通典》卷 150、《通鑑》卷 9 並同。《文選・對楚王問》之「料」，《類聚》卷 90、《長短經・論士》、《爾雅翼》卷 13、《學林》卷 8 引同，《御覽》卷 915 引《楚辭》、又卷 938 引《春秋後語》亦同。石光瑛校《新序》卷 1 曰：「盧文弨曰：『斷疑𢇍，《文選》作絕。』案𢇍古絕字。本文斷字不當作絕解，斷有判決之義。《文選》作絕，正由斷字與絕古字形似而誤，盧氏反欲據以

〔註 35〕 參見蕭旭《世說新語校補》，收入《群書校補》，廣陵書社 2011 年版，第 739頁。

〔註 36〕 顧炎武《金石文字記》卷 3，收入景印文淵閣《四庫全書》第 683 冊，臺灣商務印書館 1986 年初版，第 750 頁。

改本書，過矣。」盧既失之，石亦未得。且盧氏謂《文選》作「絕」，失之檢核，石氏亦未能是正。石氏校《新序》卷 10 亦曰：「斷，猶決也。斷、料二字誼近。」〔註37〕亦失之。

（6）兵敵弱而易制，用力少而功大

校注：《商君書・戰法篇》：「若兵敵強弱（「弱」字衍），將賢則勝，將不如則敗。」以「兵敵」連文，即此文所本。（P90）

按：王引《商子》非也。《戰國策・趙策二》：「敵弱者，用力少而功多。」鮑注：「與弱爲敵，謂胡、翟。」《史記・趙世家》：「爲敵弱，用力少而功多。」爲，猶如也，假設之辭。此文即本《策》、《史》，當「敵弱」連文。敵，當也。言我之兵如當弱者，則易制之，故云用力少而功大也。

（7）故因勢變以主四夷

校注：「主」作攻擊解。《漢書・王陵傳》注：「晉灼曰：『主，擊也。』」（P90）

按：主，讀爲拄、柱，支撐也，引申之，則有攻擊義，亦有守禦義。《廣雅》：「主，守也。」又「柱，距也。」

（8）開路匈奴之鄉，功未卒

校注：「開路」亦漢人習用語。開，通也。（P90）

按：王注非也。《戰國策・趙策二》：「今吾欲繼襄主之業，啓胡翟之鄉，而卒世不見也。」《史記・趙世家》「業」作「跡」，「啓」作「開」。即此文所本。開、啓，謂開拓疆土也。「路」字疑衍。

（9）故未遑扣局之義，而錄拘儒之論

校注：《後漢書・左周黃列傳論》：「處士鄙生，忘其拘儒。」注：「拘儒，猶褊狹也。」（P91）

按：陳直引《史記・孟子荀卿傳》「拘鄙小儒」，亦是也。未遑，猶言未暇，未及〔註38〕。郭沫若「扣」上補「顧」字，馬非百已斥爲多事。郭氏讀義爲議，則是也。《論衡・須頌》：「傳者不知也，故曰拘儒。」本書《毀學》：「而拘儒布褐不完，糟糠不飽。」拘儒，言拘局之儒、固執

〔註37〕石光瑛《新序校釋》，中華書局 2001 年版，第 135、1265 頁。
〔註38〕參見蕭旭《古書虛詞旁釋》，廣陵書社 2011 年版，第 108 頁。

之儒者也。《意林》卷 5 引楊泉《物理論》：「道家笑儒者之拘，儒者嗤道家之放。」「拘」字義尤顯豁。朱起鳳謂「拘儒」即「朱愚」、「誅愚」，云：「『拘儒』之合音爲愚，朱、誅與拘字同聲，愚、儒音近。」〔註 39〕非也。

（10）昔秦常舉天下之力以事胡、越，竭天下之財以奉其用

按：常，讀爲嘗。

卷第二

《非鞅》第七

（1）昔商君相秦也

校注：王先謙曰：「《通典》卷 10『相』作『理』，則原是『治』字。」案：《通考》卷 15 亦作「理」，此唐人避諱改。（P98）

按：本書自作「相」字，《西漢年紀》卷 18、《文章正宗》卷 9、《文選補遺》卷 16 引同。二王氏過信《通典》，致有此失。本書《國病》：「昔者商鞅相秦。」亦作「相」字。

（2）器械完飾

按：飾，讀爲飭。《說文》：「飭，致堅也。讀若敕。」段玉裁本「堅」作「臤」，曰：「臤者，堅也。致者，送詣也。致之於堅，是之謂飭。」〔註 40〕段氏未得「致」字之誼，治《說文》各家皆未能訂正。致當讀爲緻，《說文》：「緻，密也。」致堅猶言堅密。《廣韻》：「飭，牢密。」「致堅」即「牢密」之誼。字亦借作敕，《詩·楚茨》毛傳：「敕，固也。」馬敘倫曰：「『致堅也』當作『致也堅也』。致謂致力，故引申有堅義。或曰：『致也』當作『揫也』。」〔註 41〕馬氏二說皆失之。完亦堅固義。《荀子·王制》：「尙完利。」楊倞注：「完，堅也。」《大戴禮記·勸學》：「巢非不完也。」《荀子·勸學》同。王聘珍曰：「完，

〔註 39〕 朱起鳳《辭通》，上海古籍出版社 1982 年版，第 307 頁。朱氏引「後漢書」誤作「漢書」。

〔註 40〕 段玉裁《說文解字注》，上海古籍出版社 1981 年版，第 701 頁。

〔註 41〕 馬敘倫《說文解字六書疏證》，轉引自李圃主編《古文字詁林》第 10 冊，上海教育出版社 2004 年版，第 438 頁。

固也。」〔註42〕「完飭」同義連文。本書《論功》：「匈奴車器無銀黃絲漆之飾，素成而務堅；絲無文采裙褘曲襟之制，都成而務完。」完亦堅也。

（3）鹽鐵之利，所以佐百姓之急，足軍旅之費

按：《通典》卷10、《通考》卷15、《西漢年紀》卷18、《文章正宗》卷9、《文選補遺》卷16引「鹽鐵」上有「今」字。

（4）夫李梅實多者，來年為之衰；新穀熟而舊穀為之虧

校注：王先謙曰：「《通典》卷10引同。案《初學記》引作『桃李實多者，來歲爲之穰』，《御覽》卷967、968引並同。《類聚》引作『桃李之實多者，來歲足穰』。案凡物豐盛曰穰，下云『自天地不能兩盈』，若作『穰』，則非其義，作『衰』是也。『梅』一作『桃』，蓋所據本有異。」器案《齊民要術》卷3引亦作「桃李實多者，來年爲之穰」。「而」原作「者」。器案《呂氏春秋‧摶志篇》：「新穀熟而陳穀虧。」爲此文所本，今據改正。《劉子‧類感》：「新穀登而舊穀缺。」字也作「而」。（P100）

按：陳直亦引《呂氏》爲證。此文作「衰」是也，來年爲之衰者，李梅自身之果實爲之衰也。《類聚》卷87引《師曠占》：「梅桃杏實多者，來年謂（爲）之穰。」諸書作「穰」者，則言來年五穀爲之穰也。取義不同。又疑是此文文學誤用其典。古人謂五木爲五穀之占，五木盛者，來年五穀亦豐。《齊民要術‧收種》引《師曠占術》：「杏多實不蟲者，來年秋禾善。五木者，五穀之先；欲知五穀，但視五木。擇其木盛者，來年多種之，萬不失一也。」〔註43〕五木與五穀的對應關係，《齊民要術》之《種穀》、《黍穄》、《大豆》、《小豆》、《種麻子》、《大小麥》、《水稻》各篇引《雜陰陽書》有記載：「禾生於棗或楊」，「黍生於榆」，「大豆生於槐」，「小豆生於李」，「麻生於楊或荊」，「大麥生於杏……小麥生於桃」，「稻生於柳或楊」。《唐開元占經》卷111引神農曰：「禾生於棗……黍生於榆……大豆生於槐……小豆生於李……秫生於

〔註42〕王聘珍《大戴禮記解詁》，中華書局1983年版，第132頁。
〔註43〕《類聚》卷85、87、《御覽》卷837、《爾雅翼》卷10、《海錄碎事》卷17引略同，《類聚》卷87、《御覽》卷968、《事類賦注》卷26、《記纂淵海》卷92引首二句。

楊……蕎麥生於杏……麻生於荊……小麥生於桃……稻生於柳。」說略不同。故曰「梅桃杏實多者，來年爲之穰」，或曰「桃李實多者，來歲爲之穰」，或曰「桃李之實多者，來歲足穰」也。「新穀熟而舊穀爲之虧」蓋秦漢人諺語。《意林》卷 3 引《論衡》亦云：「新穀登而舊穀缺。」〔註 44〕

（5）夫善歌者使人續其聲，善作者使人紹其功

校注：《禮記·學記》：「善歌者使人繼其聲，善教者使人繼其志。」（P102）

按：《魏書·李彪傳》引《記》曰：「善流者欲人繼其行，善歌者欲人繼其聲」，《北史》引「流」作「迹」。蓋皆臆改。

（6）善鑿者建周而不拔，善基者致高而不壓

校注：「拔」原作「疲」，今據張敦仁說校改。張云：「按『疲』當作『拔』，與下句『壓』爲韻。《老子》曰：『善建不拔。』」（P104）

按：郭沫若曰：「『周』當是『固』之誤，『疲』據張敦仁校改爲『拔』。」王佩諍曰：「『疲』如字亦可，《老子》用本字，此用借字也。」「周」有「堅固」、「密緻」義，不必改字，郭說非也。鑿，穿木也。「疲」字亦入韻，疲古音歌部，壓古音月部，歌、月二部，陰、入對轉爲韻。拔、疲，並讀爲敗。壓亦敗也。二句言善於鑿木者，工程固密而不敗其事；善於造土基者，城牆致於極高而不倒塌。本書《未通》：「築城者先厚其基而求其高。」

（7）崇利而簡義，高力而尚功

按：《淮南子·俶眞篇》：「冬日之不用翣者，非簡之也，清有餘於適也。」高注：「簡，賤也。」

（8）然猶人之病水，益水而疾深

校注：《御覽》卷 849 引《愼子》：「飲過度者生水。」生水就是病水。《淮南·繆稱篇》：「大戟去水。」去水就是治生水之病。（P105）

按：「病水」之專字作「㿗」，指水腫病。《玉篇》：「㿗，病也。」《集韻》：「㿗，腫病。」《龍龕手鑑》：「㿗，音水，㿗病也。」《通志》卷 33《六

〔註 44〕《御覽》卷 814 引作「新穀既登故體者自壞耳」。

書略》：「痎，腫病。」《靈樞經・四時氣》：「風痎膚脹。」明・張介賓注：「痎、水同。」《備急千金要方》卷 57：「夫久欬爲痎欬，而時發熱。」

（9）狐刺之鑿，雖公輸子不能善其柄

按：「刺」當作「刺」，形之譌也。紛欣閣叢書本、龍谿精舍叢書本、四部叢刊本皆作「刺」，不誤。刺，邪也，僻也。本書《申韓篇》：「若檃栝輔檠之正弧刺也。」王利器謂「弧、狐、瓜字並通」，是也。字或作孤，《漢書・五行志》引京房《易傳》：「睽孤，見豕負塗。」又《諸侯王表》：「小者淫荒越法，大者睽孤橫逆。」顏注並云：「睽孤，乖刺之意也。」《法言・重黎》：「守失其微，天下孤睽。」《廣雅》：「弧，鑿也。」又「刺，衺也。」王念孫《疏證》引本書二例爲證，並指出「刺各本訛作刺」，「孤與弧聲近義同」〔註45〕。盧文弨、洪頤煊並謂「弧、狐皆瓜之譌」，張敦仁謂「狐當作弧」，斯皆未達通借之指也。本字爲齺，《說文》：「齺，不正也。」段注：「俗字作歪。」〔註46〕字或作咼、喎、㖞、瘑、鬮、𪗗、齵、竵、華，俗字亦作夭，諸字皆同源〔註47〕。

（10）此所謂戀胸之智，而愚人之計也

校注：一本「戀」作「攣」。黃季剛曰：「戀、攣，〔拘〕、胸，並音同。」《史記・鄒陽傳》：「越攣拘之語，馳域外之議。」《新序・雜事三》同，《文選・獄上書自明》作「拘攣」。《莊子・大宗師》《釋文》：「拘拘，司馬云：『體拘攣也。』」《後漢書・曹褒傳》注：「拘攣，猶拘束也。」（P107）

按：朱起鳳曰：「『戀胸』即『攣拘』也。」〔註48〕陳直曰：「戀爲攣之假借字。」四氏說皆是也，而猶未盡。王佩諍引晉・孫楚《笑賦》「以得意爲至樂，不拘戀乎凡流」〔註49〕，「拘戀」即「拘攣」。「戀」乃「癴」

〔註45〕王念孫《廣雅疏證》，收入徐復主編《廣雅詁林》，江蘇古籍出版社 1992 年版，第 182、327 頁。
〔註46〕段玉裁《說文解字注》，上海古籍出版社 1981 年版，第 500 頁。
〔註47〕參見蕭旭《淮南子校補》，花木蘭文化出版社 2014 年版，第 640 頁。又參見蕭旭《國語補箋》。
〔註48〕朱起鳳《辭通》，上海古籍出版社 1982 年版，第 363 頁。
〔註49〕王氏引誤作《嘯賦》，徑正。

之省，同「攣」，字亦作癴、癵、孿。《廣韻》：「癴，病也，亦作癵。」《集韻》：「癴，病體拘曲也，或作癵、癴、孿，通作攣。」「攣拘」為拘曲義，字亦作「蹳踞」、「蟀蜛」，《集韻》：「蹳，蹳踞，足病。」又「蟀，蟀蜛，蟲名。」足病曰蹳踞，蟲名曰蟀蜛者，皆以卷曲得名也。盧文弨曰：「攣，涂〔本作〕戀，誤。」非也。

（11）淑好之人，戚施之所妒也；賢知之士，闒茸之所惡也

> 校注：闒茸，猥賤也，不肖也，儜劣也，小人也。（P108）

按：《劉子·傷讒》：「故揚娥眉者，為醜女之所妒；行貞潔者，為讒邪之所嫉。」即本此文。《集韻》：「闒茸，意下。」與王所引諸義亦相會。字亦作「傝𢠢」、「傝偛」、「傝茸」、「闒茸」、「搨茸」、「𩓣𩓡」、「闒𢠢」、「闒冗」、「沓冗」、「傝冗」、「踏冗」、「蹋冗」、「塌冗」等，同義連文，亦單言作「黯」、「𪒠」、「沓」〔註50〕。

（12）君子進必以道，退不失義

按：《孟子·盡心上》：「故士窮不失義，達不離道。」即此文所本。張之象引《淮南子·繆稱篇》「君子時則進，得之以義，何幸之有？不時則退，讓之以義，何不幸之有」以說之，未切。

（13）高而勿矜，勞而不伐

按：《管子·宙合》：「功大而不伐，業明而不矜。」即此文所本。

（14）位尊而行恭，功大而理順

按：《荀子·不苟》：「君子位尊而志恭，心小而道大。」《戰國策·趙策二》：「是以賢者任重而行恭，知者功大而辭順。」即此文所本。

（15）故俗不疾其能而世不妒其業

按：疾，讀為嫉，亦妒也。上文「是以相與嫉其能而疵其功」，正作本字。

（16）縞素不能自分於緇墨，聖賢不能自理於亂世

按：《類聚》卷85引二「於」作「其」，「世」作「也」；《類聚》、《御覽》卷

〔註50〕 參見蕭旭《〈玉篇〉「黯」字音義考》，《中國文字研究》第18輯，2013年8月出版，第144～148頁。

814 引「理」作「治」。作「治」是其舊本，作「理」者，避唐諱而改。本書《貧富》：「未有不能自治而能治人者也。」此改之未盡者。「也」爲「世」形誤。

（17）世是以箕子執囚，比干被刑

校注：陳遵默曰：「『執囚』讀『繫囚』。」（P110）

按：陳說非也。《韓詩外傳》卷 10：「箕子執囚爲奴，比干諫而死。」《史記‧衛將軍驃騎傳》：「大長公主執囚青，欲殺之。」《漢書‧朱博傳》：「晉執囚行父以亂魯國。」本書《世務》：「昔宋襄公倍楚而不備，以取大辱焉，身執囚而國幾亡。」《易林‧訟之巽》：「執囚束繫，鉗制於吏。」《說文》：「執，捕罪人也。」《爾雅》：「囚，拘也。」執、囚，皆拘繫也，同義連文，故倒言則作「囚執」，《孟子‧告子下》：「管仲自魯囚執於士官。」《漢書》卷 45：「仲舒下吏，夏侯囚執。」

（18）樂毅信功於燕昭，而見疑於惠王

校注：信，讀伸。（P111）

按：信、疑對舉，當讀如字。信功於燕昭，言以功而取信于燕昭王也。

（19）大夫種輔翼越王，為之深謀，卒擒強吳，據有東夷，終賜屬鏤而死

校注：《淮南子‧氾論篇》：「大夫種輔翼越王句踐，而爲之報怨雪恥，擒夫差之身，開地數千里然，而身伏屬鏤而死。」高誘注：「屬鏤，利劍也，一日：長劍擱施鹿盧，鋒曳地，屬錄而行之也。」〔註51〕（P111）

按：屬鏤，音轉又作「獨鹿」、「屬盧」、「屬婁」、「屬鹿」，又作「鹿盧」、「轆轤」，《廣雅》：「屬鹿，劍也。」《意林》卷 2 引《燕丹子》：「轆轤之劍，可負而拔。」《御覽》卷 344、《永樂大典》卷 4908 引作「鹿盧」。《御覽》卷 344 引《博物志》：「劍後擊鹿盧，名曰屬鏤。」《漢書‧雋不疑傳》晉灼注：「古長劍首以玉作井鹿盧形，上刻木作山形，如蓮華初生未敷時。今大劍木首，其狀似此。」方以智曰：《古玉圖攷》有『鹿盧』，云『佩〔劍〕環也。』《古衣服令》曰：『鹿盧，玉具劍。』今見其物，

〔註51〕王氏誤以「鋒」字屬上，徑正。

蓋方環上有轆轤，銅轉紐耳。」〔註52〕劍名「鹿盧」者，以其方環上有轆轤，故名耳〔註53〕。高注二說並失之。

《刺權》第九

（1）家強而不制，枝大而折幹

校注：《漢書・灌夫傳》：「支大於幹，脛大於股，不折必破。」（P123）

按：《漢書》「破」作「披」，王氏失檢。《戰國策・秦策三》：「木實繁者枝必披。」《淮南子・主術篇》：「故枝不得大於幹，末不得強於本，則輕重小大有以相制也。」《文子・上義》同。為此文所本。《史記・魏其武安侯傳》「枝大於本，脛大於股，不折必披。」此又《漢書》所本。

（2）失之於本而末不可救

按：「救」、「失」對舉，救當讀為求，口語曰「尋找」。《淮南子・俶真篇》：「是失之於本而求之於末也。」為此文所本，正作「求」字。《周禮・地官・大司徒》：「正日景，以求地中。」鄭玄注：「故書求為救。杜子春云：『當為求。』」惠棟曰：「案：救當作𣪠，古文求。《說文》引《虞書》云：『旁救孱功。』蔡邕石經《般庚》云：『器非救舊。』皆以救為求。」〔註54〕

（3）散樸滋偽

校注：「散」原作「敦」，今據孫貽（詒）穀說校改。盧文弨云：「敦，孫貽穀疑『散』。」器案：《莊子・繕性》：「澆淳散樸。」《淮南子・俶真篇》：「澆淳散樸。」本書《本議篇》：「散敦厚之樸。」正是本書作「散樸」的例證。（P123）

按：郭沫若、陳直、王佩諍亦從孫校，皆非也。馬非百曰：「滋偽，滋生了虛偽。敦樸滋偽，是說忠誠樸實的人也變得虛偽了。」馬說是，此文不是「散樸」與「滋偽」並列，王氏引《本議篇》不切。本書《錯幣》：「幣

〔註52〕 方以智《通雅》卷 34，收入《方以智全書》第 1 冊，上海古籍出版社 1988 年版，第 1041 頁。

〔註53〕 參見蕭旭《「果臝」轉語補記》。

〔註54〕 惠棟《九經古義・周禮古義》，收入阮元《皇清經解》卷 365，上海書店 1988 年版，第 2 冊，第 760 頁。

數變而民滋僞。」「滋僞」義同。《大戴禮記・王言》:「民敦工璞，商愨女憧。」《淮南子・氾論篇》:「古者人醇工龐，商樸女重。」「敦樸」、「淳樸」、「敦璞」、「醇樸」並同。敦、淳、醇、並讀爲惇，《說文》:「惇，厚也。」

（4）隆豺鼎力

校注：隆，借作鬩。豺，借材字。鬩材，即好鬭之材的意思。鼎力，是說力大可以舉鼎。（P126）

按：陳直曰:「隆豺，應爲『陸博』二字之誤文。」王佩諍曰:「隆，疑爲降字之誤，『隆豺』疑即『降豺』，與釋典『降龍』義同。」謝孝苹申證王佩諍說，又云:「鼎力謂扛鼎。」〔註55〕馬非百曰:「隆，當爲降，馴服。」諸說皆未得。隆，當讀如字，多也。豺，讀爲財。隆財，猶言多財。鼎，俗作「頂」，猶言最。隆財鼎力，言其甚有財、力，今言有錢有勢也。

（5）中山素女撫流徵於堂上，鳴鼓巴俞作於堂下

校注：王先謙曰:「《類聚》、《御覽》卷 568 引『作』上並有『交』字，此脫。」（P127）

按：《類聚》卷 41 引「素」作「索」，「俞」作「渝」。「索」爲「素」形譌。

（6）官尊者祿厚，本美者枝茂

按：《說苑・說叢》:「食其口而百節肥，灌其本而枝葉茂。本傷者枝槁，根深者末厚。」

（7）無錢而欲千金之寶，不亦虛望哉

按：《論衡・量知》:「手中無錢，之市，使貨主問曰:『錢何在？』對曰:『無錢。』貨主必不與也。」

（8）見賢不隱，食祿不專

按：《舊唐書・薛登傳》:「自然見賢不隱，食祿不專。」即本此文。《新唐書》、《白帖》卷 44、《增注唐策》卷 6「食」誤作「貪」。

〔註55〕謝孝苹《鹽鐵論校注小議》，《文史》第 17 輯，1983 年出版，第 104 頁。

《刺復》第十

（1）從旁議者與當局者異憂

按：本書《救匱》：「議不在己者易稱，從旁議者易是，其當局則亂。」

（2）宜若開光發蒙

校注：陳遵默曰：「開光發蒙，義不相貫。『光』當作『兆』，形誤。開兆發蒙者，開其兆蔽，發其蒙覆也。一說：『開光』乃『開光』之譌，『開』即『關』字。關讀為貫。開光者，《淮南》所云『東關鴻濛之光』，其義也。」（P135）

按：陳氏二說皆非是。「開」、「發」對舉，「開光」不誤。開光，開啓其光明。發蒙，揭發其蒙覆。

（3）不能調其鑿枘，則改規矩；不能協聲音，則變舊律

按：據文例，「協」下當補一「其」字。

（4）夫舉規矩而知宜，吹律而知變，上也

按：上文云「輸子之制材木也，正其規矩而鑿枘調；師曠之諧五音也，正其六律而宮商調」，以「規矩」、「六律」對舉，此文承之，「律」上當補「六」字。《董子・楚莊王》：「故雖有巧手，弗修規矩不能正方圓；雖有察耳，不吹六律不能定五音。」亦其證。

（5）《春秋》曰：「其政恢卓，恢卓可以為卿相；其政察察，察察可以為匹夫。」

校注：《新語・輔政》：「察察者有所不見，恢恢者何所不容。」與此可互參。（P136）

按：二語不見《春秋》，疑當點作「《春秋》曰『其政恢卓』，恢卓可以為卿相；『其政察察』，察察可以為匹夫」。「恢卓可以為卿相，察察可以為匹夫」是文學解釋之語，「其政恢卓，其政察察」蓋用《老子》語，而又有所改作也。《老子》第 58 章：「其政悶悶，其民醇醇；其政察察，其民缺缺。」

（6）昔周公之相也，謙卑而不鄰

校注：盧文弨曰：「『鄰』與『吝』同。《大戴・子張問入官篇》：『雖行必鄰

也。』注：『鄰，郄也。』」洪頤煊曰：「『鄰』是『遴』字之譌。《論語・泰伯》：『使驕而吝。』《易・蒙》：『以往吝。』《說文》引作『遴』。《漢書・地理志》：『民以貪遴爭訟。』師古曰：『遴與吝同。』」（P138）

按：《大戴》、《易》「鄰」、「吝」讀爲遴，訓行難；《論語》之「吝」訓鄙吝；《漢書》之「遴」訓吝惜。《論語》作「使驕且吝」，洪氏引誤一字。《御覽》卷 474 引《韓詩外傳》：「誠使周公驕而且吝，則天下賢士至者寡矣。」《說苑・尊賢》「吝」作「恡」，同「吝」。「謙卑而不鄰」即「驕且吝」之反筆。《大戴禮記・保傅》：「鄰愛於疏遠卑賤。」戴震曰：「遴、吝古字通用，各本訛作鄰，今從方本。」王聘珍曰：「『鄰』當爲『吝』。」孔廣森曰：「古字通借，以遴爲吝，又轉爲鄰。」汪照曰：「鄰、吝古通用。」〔註56〕

（7）大夫繆然不言

按：繆，讀爲默。本書《論儒》：「御史默不對。」又《園池》：「大夫默然。」是其比，正作「默」字。馬非百曰：「繆然，深思的樣子。」非也。

（8）故賢者得位，猶龍得水，騰蚺遊霧也

校注：《韓非子・難勢篇》：「《愼子》曰：『飛龍乘雲，騰蛇遊霧。』」（P140）

按：《淮南子・主術篇》：「夫螣蛇游霧而動，應龍乘雲而舉。」《說苑・說叢》：「騰蚺遊霧而升，騰龍乘雲而舉。」亦本於《愼子》。此文「龍」上疑脫「蛟」字，《管子・形勢》：「蛟龍得水而神可立也，虎豹得幽而威可載也。」《意林》卷 1 引《管子》：「蛟龍得水而神立，人主得民而威成。」

（9）當公孫弘之時，人主方設謀垂意於四夷，故權譎之謀進，荊楚之士用

按：《通典》卷 17、《通志》卷 59 作「逮至晚歲，務立功名，銳意四夷，故權譎之謀設，荊楚之士進」。

（10）甲士糜弊

校注：「糜」原作「麋」，黃季剛曰：「麋，『糜』字之誤。」今據改正。器

案：《說文》：「糜，爛也。」字又借作靡，《荀子·富國篇》：「以靡敝之。」
（P144）

按：楊樹達曰：「『士』疑『兵』字之誤。」《說文》：「麇，爛也。」又「糜，
糝也。」王氏失檢，且其說亦非也。「麋弊」或作「靡弊」，本書《伐功》：
「未見種、蠡之功，而見靡弊之効。」字或作「靡敝」、「靡幣」，《荀子·
富國》：「有掎挈伺詐，權謀傾覆，以相顛倒，以靡敝之。」楊倞註：「靡，
盡也。敝，敗也。或曰：靡，讀爲糜；糜，散也。敝，盡也。」「靡」字
楊氏二說皆非，「敝」字楊氏前說訓敗爲得。《禮記·少儀》：「國家靡敝。」
《御覽》卷 355、819 引作「靡弊」，又卷 814 引作「靡幣」。《漢書·主
父偃傳》：「百姓靡敝。」《治要》卷 18 引作「靡弊」。《管子·輕重甲》：
「頓戟一譟，而靡幣之用，日去千金之積。」丁士涵曰：「幣者，敝之借
字。」〔註57〕黎翔鳳曰：「靡幣猶言費錢。幣即金也。」〔註58〕黎說失之。
又《輕重乙》：「器以時靡幣。」李哲明曰：「幣當爲敝。」〔註59〕《管子》
二文，王念孫曰：「古敝字多通作幣……靡幣，即靡敝也。」〔註60〕孫詒
讓從其說〔註61〕，丁、李之說實本王氏，而不著明，斯亦通人之弊也。
字亦作「糜弊」，《道德指歸論》卷 4：「百姓糜弊，國家空虛。」《通鑑》
卷 196：「奈何糜弊本根以事無用之土乎？」字亦作「攠弊」，《周禮·冬
官·考工記》：「于上之攠謂之隧。」鄭玄注：「攠，所擊之處攠弊也。」
賈公彥疏引《禮記·少儀》作「靡弊」。孫詒讓曰：「《說文》：『摩，研也。』
此攠即摩之假字。《後漢書·文苑傳》李注引《字書》云：『攠亦摩字。』
《方言》云：『摩，滅也。』郭注云：『或作攠滅字。』案：與《少儀》
『靡敝』字通。」〔註62〕《淮南子·原道篇》：「靡濫振蕩。」又《修務
篇》：「精搖摩監，砥礪其才。」又「砥礪礦堅。」又《要略篇》：「精搖
靡覽。」《文子·道原》：「功大靡堅。」「靡濫」、「摩監」、「礦堅」、「靡
覽」、「靡堅」並同，「礦」爲俗字〔註63〕。靡、糜、攠、糜，並讀爲摩，

〔註57〕轉引自郭沫若等《管子集校》，科學出版社 1956 年版，第 1222 頁。
〔註58〕黎翔鳳《管子校注》，中華書局 2004 年版，第 1436 頁。
〔註59〕轉引自郭沫若等《管子集校》，科學出版社 1956 年版，第 1230 頁。
〔註60〕轉引自王引之《經義述聞》卷 8，江蘇古籍出版社 1985 年版，第 185 頁。
〔註61〕孫詒讓《周禮正義》，中華書局 1987 年版，第 98～99 頁。
〔註62〕孫詒讓《周禮正義》，中華書局 1987 年版，第 3264 頁。
〔註63〕參見蕭旭《〈淮南子〉古楚語舉證》，《東亞文獻研究》總第 6 輯，2010 年 8

《集韻》：「摩，或作攡。」引申之，則有耗損義。弊、幣，並讀爲敝，《說文》：「敝，一曰衣敗。」引申之，凡物敗壞並謂之敝。

（11）故設險興利之臣起，磻溪熊羆之士隱，涇、渭造渠以通漕運

校注：「渭」原作「淮」，不聞漢代於淮造渠以通漕運事，今據當時有關文獻訂正。（P145）

按：《通典》卷 17 作「是以聚斂計料之政生，設險興利之臣起，番係、嚴熊羆等經淮作渠，以通漕運」，《通志》卷 59 作「是以聚斂計料之政生，設險興利之臣起，番係、嚴熊羆等經淮造渠以通漕運」。考《史記·河渠書》：「天子以爲然，令齊人水工徐伯表，悉發卒數萬人穿漕渠……其後河東守番係言：『漕從山東西，歲百餘萬石……穀從渭上，與關中無異，而砥柱之東可無復漕。』天子以爲然，發卒數萬人作渠田。」《索隱》：「番係，上音婆，又音潘。番，氏也。下音系也。」又「道果便近，而水湍石，不可漕。其後莊熊羆言：『臨晉民願穿洛以溉重泉以東萬餘頃故鹵地……』於是爲發卒萬餘人穿渠，自徵引洛水至商顏山下。」又《平準書》：「其後番係欲省底柱之漕，穿汾、河渠以爲溉田，作者數萬人。」《漢書·食貨志》同《平準書》，又《溝洫志》同《河渠書》。又《溝洫志》「莊熊羆」作「嚴熊」，避明帝諱改「莊」爲「嚴」，又脫「羆」字。是漢代番係、莊熊羆二人曾建言造渠以通漕運也。此文當據《通典》補訂，後人不知其出典，改作「磻溪熊羆之士隱」，爲與上句「設險興利之臣起」相對，因又刪去「聚斂計料之政生」七字，此蓋明代人所爲也。唐·皇甫湜《對賢良方正直言極諫策》：「興利之臣，專以聚斂計數爲務。」當即用此文爲典，可見唐本當有「聚斂計料之政生」七字也。《平準書》：「興利之臣自此始也。」《集解》引韋昭曰：「弘羊、孔僅之屬也。」《食貨志》同，顏師古注：「謂桑弘羊、東郭咸陽、孔僅之屬也。」此文「涇淮」不誤，《通典》、《通志》之「經淮」，「經」當作「涇」。《河渠書》：「自是之後，用事者爭言水利。朔方、西河、河西、酒泉皆引河及川谷以溉田；而關中輔渠、靈軹引堵水；汝南、九江引淮；東海引鉅定；泰山下引汶水；皆穿渠爲溉田，各萬餘頃。」此即淮水穿渠之事也。張之象、王利器引《六韜》等書，楊樹達、馬非百引《水經注》，皆以呂尚隱居釣於磻溪之

事說之；劍鳴廬主人亦以呂尚事說之，又云「言磻溪熊羆者，謂謀臣猛將也。」皆郢書燕說，斯爲失之。

（12）東郭咸陽、孔僅建鹽、鐵，策諸利

校注：「東郭咸陽」原作「東郭偃」，今據張敦仁說校改。（P145）

按：張校是。《通典》卷 17、《通志》卷 59 作「東郭偃、孔僅建鹽鐵諸利策」。此文「策諸利」當據乙正。十二字作一句讀，「建」與「策」相應。本書《輕重》：「籠天下鹽鐵諸利。」亦「鹽鐵諸利」爲文。

（13）富者買爵販官，免刑除罪

校注：涂本「販」原誤作「敗」。（P146）

按：買爵販官，《通典》卷 17、《通志》卷 59 作「冒爵射官」。此唐宋人所見舊本也。本書《復古》：「故立田官，置錢，入穀射官。」亦「射官」爲文。冒，讀爲貿。

（14）公用彌多而為者徇私

按：《通典》卷 17、《通志》卷 59「爲」下有「官」字，各本並脫。

（15）上下兼求，百姓不堪

校注：「兼」原作「無」，今據張敦仁說校改。（P146）

按：盧文弨曰：「『無』疑誤。」張校是。《通典》卷 17、《通志》卷 59 作「上下並求」，並亦兼也。

（16）而王溫舒之徒以鷹隼擊殺顯

按：以鷹隼擊殺顯，《通典》卷 17 作「以鷹擊敢殺彰」。此文「隼」衍，脫「敢」字。

《論儒》第十一

（1）然孔子修道魯、衛之間，教化洙、泗之上

校注：一本「魯、衛」作「齊、魯」。（P153）

按：作「魯、衛」是。《三國志·文帝紀》：「昔仲尼……在魯、衛之朝，教化乎洙、泗之上。」之上，王利器本誤倒作「上之」。

（2）無鞭策，雖造父不能調駟馬；無勢位，雖舜、禹不能治萬民

按：《韓子・姦劫弒臣》：「無捶策之威，銜橛之備，雖造父不能以服馬；無規矩之法，繩墨之端，雖王爾不能以成方圓；無威嚴之勢，賞罰之法，雖堯、舜不能以爲治。」爲此文所本。

（3）及湣王，奮二世之餘烈，南舉楚淮，北并巨宋，苞十二國，西摧三晉，却彊秦，五國賓從，鄒魯之君，泗上諸侯皆入臣，矜功不休，百姓不堪

按：馬非百以「南舉楚淮北」爲句，舉《史記・田敬仲完世家》「於是齊遂伐宋……齊南割楚之淮北，西侵三晉，欲以并周室，爲天子。泗上諸侯，鄒魯之君皆稱臣，諸侯恐懼」爲證，是也。《史記・樂毅傳》：「當是時，齊湣王彊，南敗楚相唐眜於重丘，西摧三晉於觀津，遂與三晉擊秦，助趙滅中山，破宋，廣地千餘里……湣王自矜，百姓弗堪。」亦爲此文所本。

（4）故馬効千里，不必胡、代；士貴成功，不必文辭

按：《論衡・講瑞》：「馬有千里，不必麒麟之駒；鳥有仁聖，不必鳳皇之鶵。」又《案書》：「故馬効千里，不必驥騄；人期賢知，不必孔墨。」

（5）故追亡者趨，拯溺者濡

校注：《呂氏春秋・舉難》：「救溺者濡，追逃者趨。」（P161）

按：《淮南子・說山篇》：「拯溺者而欲無濡。」反其言也。《呂氏春秋・精諭》：「求魚者濡，爭獸者趨。」《列子・說符》：「爭魚者濡，逐獸者趨。」〔註64〕《說苑・說叢》：「逐魚者濡，逐獸者趨。」辭異而指同。

《憂邊》第十二

（1）治亂之端，在於本末而已，不至勞其心而道可得也

校注：不至，就是「不在」的意思。（P168）

按：不至，猶言不須、不必也。何至，猶言何須、何必也〔註65〕。王氏所引

〔註64〕 《文子・微明》、《淮南子・道應篇》同。
〔註65〕 參見楊樹達《詞詮》，中華書局 1954 年版，第 188 頁。楊氏校本書亦云：「不

例皆此義。

（2）吾聞為人臣者盡忠以順職，為人子者致孝以承業

按：順，讀爲慎。

（3）君有非，則臣覆蓋之；父有非，則子匿逃之

按：《荀子·彊國》：「陶誕比周以相與。」楊倞註：「陶，或曰當爲逃，謂逃匿其情。」匿亦逃避之義。

卷第三

《園池》第十三

（1）廣田牧

校注：「牧」原作「收」，今據王先謙說校改。王云：「收當作牧。《西域篇》：『擅田牧之利。』下『田牧』同。」器案：王校是，「田」謂田官所掌，「牧」謂牧師所掌。（P174～175）

按：徐德培、林平和皆申說王先謙說。林氏且舉《永樂大典》卷 1056 引作「牧」爲證。四氏說皆非也。《西漢年紀》卷 18、《文章正宗》卷 9、《文選補遺》卷 16 並作「收」。下文「田收之利，池籞之假」，《玉海》卷 171 引同。《晉書·食貨志》：「是後頻年水災旱蝗，田收不至。」《隋書·高熲傳》：「江北地寒，田收差晚。」皆其例也。田收，指農業之收成。《西域篇》：「匈奴據河山之險，擅田牧之利。」彼言匈奴「田牧」，田牧指打獵，「田」同「畋」。未可據彼改此。

（2）古者制地足以養民，民足以承其上

按：《御覽》卷 36 引無下「足」字，今本衍。

（3）各充其求澹其欲

按：《御覽》卷 36 引無「其求澹」三字。

至，猶今言不必。」

《輕重》第十四

（1）極女工之巧

按：巧，《類聚》卷 51 引誤作「功」。

（2）故茂林之下無豐草，大塊之間無美苗

校注：《齊民要術》卷 1 引作「茂木」。（P185）

按：林，《意林》卷 3 引同，《御覽》卷 953 引作「木」。塊謂堅土。郭沫若改「塊」爲「槐」，無據。

（3）中國，天地之中，陰陽之際也

按：際，讀爲濟。上文「邊郡，山居谷處，陰陽不和」，相對爲文，濟亦和也。

《未通》第十五

（1）民蹠耒而耕，負檐而行

校注：《淮南子・主術篇》：「一人蹠耒而耕。」高誘注：「蹠，蹈也。」一本誤作「秉耒」。（P194）

按：本書《取下》：「垂拱持案食者，不知蹠耒躬耕者之勤也。」一本作「秉耒」者，亦有所本。《禮記・祭義》：「是故昔者天子爲藉千畝，冕而朱紘，躬秉耒。」《類聚》卷 39 引作「執耒」。執耒亦即秉耒。

（2）孝武皇帝平百越以爲園圃，卻羌胡以爲苑囿

校注：「園」原作「圃」，今據張敦仁說、王先謙說校改。王云：「《御覽》卷 966、973、《事類賦注》引並作『園』。」（P194）

按：《太白陰經・國有強富》亦作「園圃」。《類聚》卷 86 引《西京雜記》：「武帝平百越以爲園圃，民獻（厭）橘柚。」〔註 66〕尤爲確證。《爾雅翼》卷 22 引已誤作「圃圃」。

（3）匹夫莫不乘堅良，而民間厭橘柚

按：間，《御覽》卷 966、973、《事類賦注》卷 27、《天中記》卷 52 引作

〔註 66〕明本引出處作《西京雜記》，宋紹興本無出處，疑當是出於本書。姑依明本。

「皆」，是也。《太白陰經・國有強富》「民間」作「人間」，亦誤。厭，
各書引同，下文「何橘柚之所厭」，即承此而言，《事類賦注》引誤作
「獻」，《西京雜記》亦誤。

（4）避匿上公之事

校注：盧文弨曰：「『匿』疑衍。」（P199）

按：匿亦避也。「避匿」爲二漢人常用詞。

（5）田地日蕪

校注：「蕪」原作「無」，一本作「蕪」，今據改正。（P199）

按：郭沫若改同。作「無」爲舊本。無，陳直、王佩諍、馬非百讀爲蕪，
是。《淮南子・說林篇》：「無鄉之社易爲黍肉，無國之稷易爲求福。」
二「無」字，《類聚》卷 39 引並作「蕪」；《書鈔》卷 87 引作「荒鄉之
社易爲黍肉，蕪國之稷易爲求福」，亦其例也〔註67〕。

（6）吏正畏憚，不敢篤責

校注：盧文弨曰：「篤，張本『督』，同。後《詔聖篇》：『潄篤責，而任
誅斷。』亦是『篤』字。」案《周秦篇》：「篤責急也。」亦是「篤」字。
（P200）

按：《廣雅》：「篤，理也。」錢大昭曰：「篤者，古與督通。」〔註68〕篤，
讀爲督。張本等作「督」，非其舊也。《周秦篇》：「慈母有敗子，小不
忍也；嚴家無悍虜，篤責急也。」其文本於《史記・李斯傳》：「故韓
子曰『慈母有敗子，而嚴家無格虜』……書奏，二世悅，於是行督責
益嚴。」《史記》用本字也。《楚辭・大招》：「察篤夭隱。」王念孫曰：
「篤字與督同。《昭二十二年左傳》：『司馬督。』《漢書・古今人表》
作『司馬篤』。《鹽鐵論・詔聖篇》：『潄篤責而任誅斷。』『篤責』即『督
責』。」朱駿聲說同〔註69〕。是其證。《家語・入官》：「篤之以累年之

〔註67〕參見蕭旭《淮南子校補》，花木蘭文化出版社 2014 年版，第 569 頁。

〔註68〕錢大昭《廣雅疏義》，收入徐復主編《廣雅詁林》，江蘇古籍出版社 1998 年第
2 次印刷，第 150 頁。

〔註69〕王念孫《讀書雜志》卷 16《餘編下》，中國書店 1985 年版，第 66 頁。朱駿聲
《說文通訓定聲》，武漢市古籍書店 1983 年版，第 290 頁。

業，不因其力，則民引而不從。」亦讀篤爲督。徐德培說全襲自王念孫。馬非百曰：「篤，深，重。」非也。

（7）細民不堪，流亡遠去，中家為之絕出

校注：「絕」原作「色」（太玄書室本改作「代」），今改。絕讀爲綴，綴謂綴聯，有繼續意。（P200）

按：陳祺壽曰：「羅銘孟云：『色疑邑之誤。』是也。」〔註70〕王佩諍曰：「色然，驚駭貌。此文色出爲色然而出，猶云驚駭而逃亡也。羅氏此說更非。」陳直曰：「王佩諍說似亦言之成理，不必改作『邑出』、『𧂒出』及『浮出』也。」郭沫若曰：「『包出』原作『色出』，以意改。」馬非百曰：「色，名色，色目。」竊謂色蓋以同音讀爲勜。《廣韻》：「勜，所力切，助也。」元刊本《易林·損之乾》：「鯉鮒鮪鰕，勜福多魚，資所有無，富我邦家。」〔註71〕此言中產之家助細民交稅也。

（8）錄民數創於惡吏

校注：錄民謂謹願之民。錄當借爲逯，《說文》：「逯，行謹逯逯也。」又「睩，目睩謹也。」（P201）

按：楊樹達、馬非百亦謂「錄」訓謹善，皆本於王念孫《廣雅疏證》「祿、睩，善也」條。王氏引此文，云：「錄、逯義竝與睩通，睩與祿義亦通也。」〔註72〕按上文言「細民不堪，流亡遠去……後亡者爲先亡者服事」，「錄民」當指未曾流亡，其戶籍記錄在冊者。錄民數被其勞，故下文云「故相倣傚」，亦欲流亡遠去也。

（9）丁者治其田里，老者修其唐園

校注：唐者虛也，蓋曠虛之義，則唐園者，猶言大園子耳。一本作「塘園」，皆不知妄改。（P203～204）

〔註70〕陳祺壽《〈鹽鐵論〉王校補正》（稿本），轉引自王佩諍《鹽鐵論校記》，商務印書館 1958 年版，第 56 頁。

〔註71〕汲古本「勜」作「積」，蓋讀爲𩜁。《方言》卷 12：「𩜁，積也。」

〔註72〕王念孫《廣雅疏證》，收入徐復主編《廣雅詁林》，江蘇古籍出版社 1992 年版，第 12 頁。

按：俞正燮亦解「唐園」為「廣大園圃」〔註73〕。楊樹達、馬非百讀唐為場，
是也。唐，《西漢年紀》卷18、《文章正宗》卷9、《文選補遺》卷16並
作「塘」。《晏子春秋·內篇問下》：「治唐園。」孫星衍曰：「古『塘』
字作『唐』。」〔註74〕陳直謂「即塘園省文」，皆未確。

卷第四

《地廣》第十六

（1）《詩》云：「莫非王事，而我獨勞。」

校注：林昌彝《硯桂緒錄》卷3：「《廣雅》：『賢，勞也。』《小雅·北山》：
『我從事獨賢。』《孟子·萬章》引此詩而釋之曰：『此莫非王事，我獨賢
勞也。』……《鹽鐵論·地廣篇》亦曰……」（P211）

按：林說全襲自王念孫《廣雅疏證》〔註75〕，幾至一字不易。

（2）今中國弊落不憂，務在边境

按：落，楊樹達讀為露，訓敗，是也。字亦作路〔註76〕。

（3）居下而訕上

校注：《論語·陽貨篇》：「惡居下流而訕上者。」《鹽鐵論》就是用《論語》
此文而沒有「流」字，與《漢石經》合。《漢書·朱雲傳》：「小臣居下訕上。」
也無「流」字。（P217）

按：王說本於惠棟《論語古義》，陳祺壽已引之〔註77〕。嚴元照《娛親雅言》

〔註73〕俞正燮《癸巳存稿》卷3，收入《續修四庫全書》第1159冊，上海古籍出版
社2002年版，第649～650頁。

〔註74〕孫星衍《晏子春秋音義》，收入《諸子百家叢書》，上海古籍出版社影印浙江
書局本1989年版，第86頁。

〔註75〕王念孫《廣雅疏證》，收入徐復主編《廣雅詁林》，江蘇古籍出版社1992年版，
第78頁。

〔註76〕「露」、「路」訓敗、疲，例證參見宗福邦主編《故訓匯纂》，商務印書館2003
年版，第2217、2463頁。

〔註77〕惠棟《論語古義》，收入《叢書集成續編》第34冊，新文豐出版公司1988年
印行，第744頁。陳祺壽《〈鹽鐵論〉王校補正》（稿本），轉引自王佩諍《鹽
鐵論校記》，商務印書館1958年版，第59～60頁。王氏另引洪亮吉說，此略。

卷 5 謂《一切經音義》卷 13、16 二引亦無「流」字〔註78〕。尋海山仙館叢書本《玄應音義》卷 13、16 引無「流」字，而磧砂大藏經本《玄應音義》卷 13 引有「流」字，《慧琳音義》卷 19、65 二引亦有「流」字。莊炘《玄應音義》卷 16 校語曰：「《論語》『惡居下而訕上』，本無『流』字，《漢石經》殘碑及日本國皇侃《義疏》中皆同。又《漢書·朱雲傳》『小臣居下訕上』即用此語，可證此處引《論語》亦無『流』字。可見開成以前舊本猶不誤矣。」〔註79〕

《貧富》第十七

（1）故分土若一，賢者能守之；分財若一，智者能籌之

校注：《管子·國蓄篇》：「分地若一，彊者能守；分財若一，智者能收。」（P223）

按：《管子·侈靡》：「則強者能守之，智者能牧之。」《大戴禮記·勸學》作「則強者能守之，知者能秉之」。亦此文所本。王念孫、張佩綸、豬飼彥博並謂「牧」爲「收」之誤〔註80〕。籌亦讀爲收。《管子·國蓄》下文云「智者有什倍人之功，愚者有不贏本之事」，尹注：「贏，猶償也，音庚。」「收」即謂有什倍人之功也。

（2）行遠道者假於車，濟江海者因於舟

校注：「遠」下原無「道」字，今據《治要》卷 42、《長短經·論士篇》引補，此唐人所見本如是，《子略》卷 4 引無「道」字，則宋本已脫。（P225）

按：《意林》卷 3 引同今本，《治要》卷 42 引作「行遠道者假於車，濟江海者因於舟」，補「道」字二句爲偶。《子略》卷 4 引無「江」字，二句亦偶。《長短經·論士篇》作「行遠道者假於車馬，濟江海者因於舟楫」，則又增「馬」、「楫」二字。

〔註78〕嚴元照《娛親雅言》，收入《叢書集成續編》第 25 冊，新文豐出版公司 1988 年印行，第 403 頁。

〔註79〕清道光二十五年海山仙館叢書本，收入《續修四庫全書》第 198 冊，上海古籍出版社 1996 年影印，第 191 頁。

〔註80〕諸說並轉引自郭沫若《管子集校》，收入《郭沫若全集·歷史編》卷 6，人民出版社 1984 年版，第 262～263 頁。

（3）公輸子能因人主之材木以搆宮室臺榭，而不能自為專屋狹廬，材
　　不足也。

　按：《淮南子・本經篇》：「民之專室蓬廬，無所歸宿。」高注：「專，特小室
　　也。蓬廬，籧篨覆也。」本書《輕重》：「父子夫婦，內藏於專室土圜之
　　中。」又《取下》：「夫高堂邃宇、廣廈洞房者，不知專屋狹廬、上漏下
　　濕者之廇也。」朱起鳳曰：「專乃團字省借。」〔註81〕「圜」同「環」。
　　「專室」即「環（圜）堵之室」，故高云「特小室」也。「專屋」即「專
　　室」，又稱作「圜室」、「圜舍」〔註82〕。陳直曰：「疑即『磚室』之省文。」
　　非也。

（4）故舜耕於歷山，恩不及州里；太公屠牛於朝歌，利不及妻子。及
　　其見用，恩流八荒，德溢四海

　按：《弘明集》卷1引後漢・牟融《理惑論》：「牟子曰：『舜耕歷山，恩不
　　及州里；太公屠牛，惠不逮妻子。及其見用，恩流八荒，惠施四海。』」
　　即本於此文。《玉篇》：「德，惠也。」

（5）君子子遭時則富且貴，不遇，退而樂道。不以利累己，故不違義
　　而妄取

　按：《莊子・讓王》：「雖貴富，不以養傷身；雖貧賤，不以利累形。」《文子・
　　上仁》：「聖人安貧樂道，不以欲傷生，不以利累己，故不違義而妄取。」

（6）富貴不能榮，謗毀不能傷也

　按：榮，讀為營，惑也，字亦作營。《易・否》象傳：「不可榮以祿。」《集
　　解》引虞翻本作「營」，虞曰：「營，或作榮。」《隸釋》卷21《玄儒婁
　　先生碑》引亦作「營」。馬非百解為「光榮」，非也。

《毀學》第十八

（1）昔李斯與包丘子俱事荀卿

　　校注：《御覽》卷841引「包」作「鮑」，《姓氏急就篇》下引仍作「包」。

〔註81〕朱起鳳《辭通》卷19，上海古籍出版社1982年版，第2079頁。
〔註82〕參見蕭旭《淮南子校補》，花木蘭文化出版社2014年版，第160～161頁。

顧廣圻曰：「包丘子者，浮丘伯也。」（P232）

按：《新語・資執》：「鮑丘之德行，非不高於李斯趙高也。」亦作「鮑」字。《姓氏急就篇》卷下引作「苞丘」。《廣韻》「丘」字注：「楚有苞丘先生。」《通志》卷27：「楚苞邱先生，荀卿弟子。」包、鮑、苞、浮，並一聲之轉〔註83〕。《路史》卷26：「苞丘，或云荷丘，楚有荷丘子。」考《廣韻》：「楚有列威將軍何丘寄。」《元和姓纂》卷5：「何邱，楚有何邱子。」是「苞丘」、「何丘」皆楚人，並非一人，「荷丘」同「何丘」。《路史》混而一之，非也。

（2）包丘子飯麻蓬藜，修道白屋之下

按：麻指芝麻。《禮記・月令》：「食麻與犬。」敦煌寫卷北圖8437號《八相變》：「日食一麻或一麥。」「飯麻」即「食麻」。馬非百謂「麻，當作『糜』，粥」，非也。

（3）惡言不出於口，邪行不及於己

校注：《禮記・祭義篇》：「惡言不出於口，忿言不反於身。」（P235）

按：《大戴禮記・曾子本孝》：「故惡言不出于口，煩言不及于己。」又《曾子大孝》：「惡言不出於口，忿言不及於己。」亦此文所本。《禮記》「反」當作「及」，字之譌也。孔疏：「定本『反於身』作『及』字。」《治要》卷7、《白帖》卷25、92引正作「忿言不及於身」〔註84〕。

（4）動作應禮，從容中道

校注：《禮記・中庸》：「從容中道，聖人也。」（P235）

按：《漢書・董仲舒傳》仲舒曰：「動作應禮，從容中道。」

〔註83〕參見王念孫《漢書雜志》，收入《讀書雜志》卷7，中國書店1985年版，第73頁。又參見王引之《經義述聞》卷25，江蘇古籍出版社1985年版，第592頁。

〔註84〕參見王引之《經義述聞》卷16，江蘇古籍出版社1985年版，第381頁。此《白孔六帖》100卷本，四庫本卷25引仍誤作「反」，卷92引不誤。宋紹興刻本題《白氏六帖事類集》，30卷本，二引分別在卷7、28，皆作「及」字。王氏未檢及《白帖》卷92（紹興刻本卷28）。

（5）聖主設官以授任，能者處之；分祿以任賢，能者受之

　　校注：任賢，一本作「養賢」。（P236）

按：「養」字是，本書《救匱》：「分祿以養賢，卑己以下士。」盧文弨以「任」
　　字爲是，僨矣。

（6）義貴無高，義取無多

按：上「義」字當作「德」。《文子·上仁》：「德過其位者尊，祿過其德者
　　凶。德貴無高，義取無多。不以德貴者竊位也，不以義取者盜財也。」
　　是其所本。下文「故德薄而位高，力小而任重」，與此相應。「德貴無
　　高」正與「德薄位高」相對舉。

（7）苟非其人，簞食豆羹猶為賴民也

　　校注：洪頤煊曰：「『賴民』即『厲民』。《論語》王肅注：『厲，病也。』」
　　（P236）

按：俞樾、陳直說同洪氏。《論語·子張》：「未信則以爲厲己也。」王肅
　　注厲訓病，是虐病、暴虐義，施於此文顯然不安。張之象注：「賴，
　　幸也。」其訓本於《廣韻》，可通。竊謂賴讀爲嬾、懶，言懶惰之民。
　　《孟子·告子上》：「富歲子弟多賴。」朱駿聲曰：「阮氏元謂賴當讀
　　爲嬾。按：即沃土之民不材意，阮說是也。」〔註85〕焦循、孫應科並
　　從阮說〔註86〕，是也。《說文》「賴，贏也」條桂馥《義證》引《孟子》
　　及此文以證之〔註87〕，解爲「贏利」也，亦皆非是。

（8）今之有司盜主財而食之於刑法之旁，不知機之是發，又以嚇人

按：此例「機」是「發」的主詞。是，猶將也〔註88〕。《御覽》卷 923 引
　　「司」誤作「同」。

（9）席天下之權，御宇內之眾

按：張之象注：「席，猶因也，若人之坐于席也。」席訓因，當讀爲藉，張

〔註85〕朱駿聲《說文通訓定聲》，武漢市古籍書店 1983 年版，第 691 頁。
〔註86〕焦循《孟子正義》，中華書局 1987 年版，第 760 頁。孫應科《四書說苑補遺》，
　　　　收入《續修四庫全書》第 170 冊，上海古籍出版社 2002 年版，第 702 頁。
〔註87〕桂馥《說文解字義證》，齊魯書社 1987 年版，第 539 頁。
〔註88〕參見蕭旭《古書虛詞旁釋》，廣陵書社 2007 年版，第 370 頁。

氏「坐于席」云者，非是。下文「李斯相秦，席天下之勢，志小萬乘」，
《御覽》卷 645 引「席」正作「藉」。

（10）後車百乘，食祿萬鍾

按：下文「從車百乘，曾不足以載其禍也」，與此相應。「後」當作「從」，
字之誤也。《莊子·列禦寇》：「一悟萬乘之主，而從車百乘者，商之所
長也。」《韓詩外傳》卷 9：「田子方之魏，魏太子從車百乘而迎之郊。」
《淮南子·齊俗篇》：「惠子從車百乘以過孟諸。」皆其證。《家語·致
思》：「從車百乘，積粟萬鍾。」〔註89〕與此文尤近。從，猶率也〔註90〕。

《褒賢》第十九

（1）一怒而諸侯懼，安居而天下息

校注：《孟子·滕文公下》：「一怒而諸侯懼，安居而天下熄。」楊樹達曰：
「《意林》引《孟子》亦作息，然則古本《孟子》止作『息』，『火』旁後人
所加耳。」（P243）

按：楊說是，《記纂淵海》卷 65、《皇王大紀》卷 76 引《孟子》亦作「息」。
《文苑英華》卷 771 引周·庾信《擬連珠》皆引《孟子》此語，並作「息」
字。《御覽》卷 464 引漢·徐幹《七喻》：「一怒而諸侯懼，安居而天下
憇。」「憇」同「愒」，《說文》：「愒，息也。」《通鑑》卷 3 引《孟子》
作「熄」，胡三省註：「熄，滅也，火滅爲熄。」非也。

（2）萬乘之主，莫不屈體卑辭，重幣請交

按：「卑辭」當屬下句，「卑辭重幣」爲古人常用語。

（3）布衣穿履

按：《莊子·山木》：「衣弊履穿。」布，讀爲補。《穀梁傳·襄公二十四年》：
「百官布而不制。」《韓詩外傳》卷 8「布」作「補」。穿，弊敗也。

（4）故香餌非不美也，龜龍聞而深藏，鸞鳳見而高逝者，知其害身也

校注：《三略·上略》：「香餌之下，必有死魚。」（P244）

〔註89〕《說苑·建本》同。
〔註90〕參見蕭旭《古書虛詞旁釋》，廣陵書社 2007 年版，第 299 頁。

按：《類聚》卷 59 引《三略》「香」作「良」。敦煌寫卷 S.1380《應機抄》引《王氏春秋》：「故香餌之下，必有懸魚。」

（5）遜頭屈遷，無益於死

按：遜，疑讀爲頓，下首。遷，讀爲蹞，俗作蹄。遜頭屈蹄，猶言縮頭縮腳。馬非百曰：「遷，往，避。」陳直曰：「遷，疑爲跡字形近而誤。」皆非也。

（6）身在深牢，莫知恤視

按：知，當作「之」。

（7）文學高行，矯然若不可卷；盛節絜言，皦然若不可涅

按：矯然，高貌，與「高」相應。皦然，白貌，與「絜（潔）」相應。馬非百曰：「矯然，故意做作的樣子。」非也。

（8）欺紿宗室

按：紿，讀爲詒，亦欺也。《說文》：「詒，相欺詒也。」林平和曰：「鍾惺本『紿』作『詒』，疑是『紿』字之形誤。」失之未考也。

（9）東方朔自稱辯略，消堅釋石，當世無雙

校注：消堅釋石，疑當作「消堅釋白」。堅白，謂名家所持堅石白馬之說。（P249）

按：陳祺壽曰：「羅銘孟云：『石當作白。』是也。」〔註91〕王說同，皆非也。消堅釋石，即「消釋堅石」。句謂東方朔善辯，猶如能融化堅石也。馬非百所釋不誤。

卷第五

《相刺》第二十

（1）禹戚洪水，身親其勞

校注：「戚」原作「蹙」。王先謙曰：「『蹙』字無義，『蹙』當爲『戚』字

〔註91〕陳祺壽《〈鹽鐵論〉王校補正》（稿本），轉引自王佩諍《鹽鐵論校記》，商務印書館 1958 年版，第 72 頁。

之誤。《御覽》卷 431 引作『感』，『感』字之誤。《書鈔》引作『治』，則淺
人妄改耳。」黃季剛曰：「蹙讀爲蹙迫之蹙。」器案：王說是，《文選·難
蜀父老》：「夏后氏蹙之，乃堙洪塞源，決江疏河。」《漢書·司馬相如傳》
作「戚」，即此文所本，今據改正。（P258）

按：徐德培、郭沫若亦從王氏改字，非也。陳直曰：「蹙作憂戚解，原文
似非誤字。」蹙讀爲感，字亦省作戚。王氏所引司馬相如文，《史記》、
《文選集注》、永青文庫藏敦煌本《文選注》並作「戚」字〔註92〕。
《楚辭·九辯》：「悲憂窮戚兮。」洪興祖補注：「戚，一作慼，《文
選》作蹙。」《禮記·禮器》《釋文》：「蹙，本又作慼。」皆其相通
之證。親，《難蜀父老》同，孔廣陶校注本《書鈔》卷 127 引作「被」，
蓋臆改。

（2）澤行路宿

校注：「路宿」當作「露宿」，謂野宿也。（P258）

按：「路宿」有二義：一謂宿於路，《易林·明夷之小畜》：「道遠遼絕，路宿
多悔。」又《損之蠱》：「乘牛逐驥，日暮不至，路宿多畏，亡其騂騅。」
皆其例。一讀爲露宿，《類聚》卷 75 引《風俗通》：「上古之時，草居路
宿。」《御覽》卷 739 引作「野宿」，《匡謬正俗》卷 8、《紺珠集》卷 13、
《緯略》卷 1、《類說》卷 36、《能改齋漫錄》卷 4 引作「露宿」，《史記·
刺客傳》《索隱》引《易傳》亦作「露宿」。二義皆指野宿，此文當取前
一說爲長。

（3）君子耕而不學，則亂之道也

按：《論語·衛靈公》：「子曰：『君子謀道不謀食。耕也，餒在其中矣；學也，
祿在其中矣。』」即此文所本。

（4）南畏楚人，西賓秦國

校注：「賓」借「擯」字，謂擯斥也。這裏是說西爲秦國所擯斥。（P260）

按：王說非也。《爾雅》：「賓，服也。」《玉篇》：「賓，服也，從也，協也。」

〔註92〕 （日）岡村繁《永青文庫藏〈敦煌本文選注〉箋訂》，收入《文選之研究》第
5 章，《岡村繁全集》卷 2，上海古籍出版社 2002 年版，第 307 頁。

（5）故玉屑滿篋，不為有寶；詩書負笈，不為有道

　　校注：「詩書」原作「誦詩書」，當衍一字。盧文弨刪「詩」字。一本作「詩書」，則「詩」讀為「持」。「持書」與「負笈」對文，意較明白。《論衡·書解》：「故曰：『蕘殘滿車，不成為道；玉屑滿篋，不成為寶。』」《御覽》卷 802 引《阮子》：「雖金玉滿堂，明珠滿室，饑不為寶，非國之用。」（P260～261）

　按：《意林》卷 3 引此文上句，作「玉屑滿篋，不成其寶」。王氏刪「誦」字，是也；而讀詩為持，則非也。此文「滿篋」與「負笈」對文，「詩書」是「負笈」的主詞。言詩書負於笈也。

（6）要在安國家、利人民，不苟繁文眾辭而已

　按：《意林》卷 3 引作「若能安國利人，寧須文辭者哉」。

（7）紂之時，內有微、箕二子，外有膠鬲、棘子，故其不能存

　　校注：盧文弨曰：「『棘子』當即『箕子』。」張敦仁曰：「《拾補》誤。上句已言『內有微、箕二子』，此言『外有』，決非『箕子』可知。」器案：《莊子·逍遙遊》：「湯之問棘也。」《釋文》：「棘，李云：『湯時賢人。』又云：『是棘子。』」（P261）

　按：文廷式已據《莊子》及《釋文》指出盧說誤〔註93〕，此蓋王說所本。徐復指出劉寶楠《論語正義》亦有此說，徐氏又云：「『棘子』無考。疑『棘』為『鬲』字之注音，寫者誤入正文，又涉上句『微、箕二子』，並誤衍『子』字耳。」

（8）夫言而不用，諫而不聽，雖賢，惡得有益於治也

　按：此即承上文「虞不用百里奚之謀而滅」而言，《淮南子·泰族篇》：「宮之奇諫而不聽，言而不用，越疆而去。」即此文所本。

（9）故曾子倚山而吟，山鳥下翔；師曠鼓琴，百獸率舞

　　校注：王先謙曰：「《類聚》引『倚』作『傍』。」（P262）

　按：《御覽》卷 392 引作「倚」，與今本同。山鳥，《類聚》卷 19、《御覽》

〔註93〕文廷式《純常子枝語》卷 4，收入《續修四庫全書》第 1165 冊，，上海古籍出版社 2002 年版，第 64 頁。

卷 392 引同，然與「倚山」犯複，疑當作「飛鳥」。後漢・蔡邕《琴賦》：「走獸率舞，飛鳥下翔。」

（10）未有善而不合，誠而不應者也

按：唐・張說《西嶽太華山碑銘》：「善而不答，誠而不應，未之有也。」即本此文。合，讀爲答，亦應也。

（11）何故言而不見從，行而不合也

按：據《治要》卷 42 引下文「此所以言而不見從，行〔而〕不得合者也」，此文「合」上當補「得」字。

（12）歌者不期於利聲，而貴在中節；論者不期於麗辭，而務在事實

按：《廣弘明集》卷 13 引釋法琳《辨正論・九箴篇》：「夫言者非尚於華辭，貴在中理；歌者非尚於清響，貴資合節。」即本此文。

（13）日月之光，而盲者不能見；雷電之聲，而聾人不能聞

校注：王先謙曰：「電無聲，疑霆字之誤。」黃季剛曰：「『雷』、『電』連類而言。」（P265）

按：當作「雷霆」，《喻林》卷 63 引正作「雷霆」。《淮南子・俶眞篇》：「夫目察秋毫之末，耳不聞雷霆之聲。」

（14）夫以伊尹之智，太公之賢，而不能開辭於桀、紂，非說者非，聽者過也

校注：「者非」原作「也非」，華氏本作「之罪也」，今據張之象等本校改。（P265）

按：「開」當作「關」，字之誤也，諸家皆失校。《淮南子・主術篇》：「市南宜遼弄丸，而兩家之難無所關其辭。」《越絕書》卷 6：「二人以爲胥在，無所關其辭。」又卷 7：「伍子胥在，自與不能關其辭。」皆其證。《尉繚子・將理》：「試聽臣之術，雖有堯、舜之智，不能關一言；雖有萬金，不能用一銖。」《魏書・景穆十二王傳》王顯《奏劾元匡》：「何故默心隨從，不關一言，見芳成事，方出此語？」《晉書・慕容皝載記》：「夫人臣關言於人主，至難也。」又《武帝紀》：「詔曰：『凡關言人主，人臣所至難。』」《說苑・權謀》：「白屋之士，皆關其謀；蒭

蕘之役，咸盡其心。」梁・江淹《丹砂可學賦》：「白生不能關其說，惠子無以挫其芒。」《漢書・霍光傳》：「諸事皆先關白光，然後奏御天子。」《初學記》卷 19 引漢・王褒《僮約》：「奴不得有姦私，事事當關白。」〔註94〕諸「關」字義皆同。關，讀爲貫，置也、用也、行也〔註95〕。下「非」訓過錯，亦通。但二「非」字犯複，疑下「非」字乃「罪」字脫誤。

（15）是以荊和抱璞而泣血，曰：「安得良工而剖之？」

按：《楚辭》東方朔《七諫・哀命》：「和抱璞而泣血兮，安得良工而剖之？」即此文所本。

（16）所謂文學高第者，智略能明先王之術，而姿質足以履行其道

按：姿，別本作「資」。資、姿，正、假字。

（17）上有輔明主之任，下有遂聖化之事

按：王佩諍引周校曰：「遂，舊作隨。」《意林》卷 3 引「遂」作「隨」，「事」作「治」，蓋音誤所致。

《殊路》第二十一

（1）簡公不聽宰我而漏其謀

按：漏，讀爲陋〔註96〕。

（2）至美素璞，物莫能飾也；至賢保真，僞文莫能增也。故金玉不琢，美珠不画

校注：楊沂孫曰：「『物』上當有『僞』字。」張之象注曰：「《反質篇》：『白玉不雕，寶珠不飾，何也？質有餘者，不受飾也。』」器案：《淮南子・說林篇》：「白玉不雕，美珠不文，質有餘也。」〔註97〕（P278）

〔註94〕《御覽》卷 598、《古今事文類聚》後集卷 17、《古今合璧事類備要》前集卷 54 引同，《御覽》卷 500、《古文苑》卷 17、《西漢文紀》卷 13 引誤作「聞白」；《類聚》卷 35 引作「闡白」，「闡」當爲「開」形誤，俗「關」字。

〔註95〕參見蕭旭《銀雀山漢簡〈尉繚子〉校補》。

〔註96〕例證參見宗福邦主編《故訓匯纂》，商務印書館 2003 年版，第 1317 頁。

〔註97〕王氏引「雕」誤作「琢」，徑正。

按：林平和、陳直亦補「僞」字，皆非也，下文「文」指文飾，其上「僞」字涉「眞」字而衍，不可據補。張、王二氏所引，未得其源。《韓子·解老》：「和氏之璧，不飾以五采；隋侯之珠，不飾以銀黃。其質至美，物不足以飾之。夫物之待飾而後行者，其質不美也。」即此文所本。

（3）郵里逐雞，雞亦無黨也

校注：下「雞」原作「難」，楊沂孫曰：「『難』當作『誰』。」黃季剛曰：「疑當作『鄰里逐雞，雞亦無黨也』。」器案：「郵」字不必改。黃改「難」爲「雞」，可從。釋「黨」爲「朋黨」之「黨」，則未確。此處「黨」字，仍是「里黨」、「鄉黨」之「黨」。這裏是說，郵里之間之雞，雖被人亂逐，亦能各識其家而競入也。以「逐雞」取譬「御民」，《申鑒·政體》：「睹孺子之驅雞也，而見御民之方。孺子驅雞者，急則驚，緩則滯……迫則飛，疏則放……志安則循路而入門。」〔註98〕（P279）

按：郭沫若以「難」字屬上。王佩諍曰：「難疑爲儺。雞即難字之形近而衍者。《集韻》：『郵，田間舍也。』郵里逐儺，即《論語·鄉黨篇》之『鄉人儺』。黨讀爲當。此蓋言無道者雖逐疫，猶不得其當也。」陳直曰：「難疑夑字省文，即古『然』字也。」周乾濚謂「難」當作「然」，屬上句，「黨」訓「所」〔註99〕。今按王利器說「郵」字不必改，以「逐雞」取譬「御民」，王佩諍讀黨爲當，陳直疑「難」即古「然」字省文，是也，餘說皆非。「然」屬下爲句，轉折之辭。《白帖》卷77：「善理人如驅雞。」又「邑無喧鵲，術有驅雞。」〔註100〕《揮塵餘話》卷1引景煥《野人閑話》載蜀後主孟昶《頒令箋》：「驅雞爲理，留犢爲規。」皆其證。然雞亦無當，即指雞迫則飛、疏則放而言也。驅雞急、緩，皆不當也。

（4）和氏之璞，天下之美寶也，待礛諸之工而後明；毛嬙，天下之姣人也，待香澤脂粉而後容

校注：「礛諸」原作「鑑識」，今據張敦仁說校改。張云：「《淮南子·說山訓》：『玉待礛諸而成器。』《說林訓》：『璧瑗成器，礛諸之功。』此語出於彼。」（P279）

〔註98〕王氏引「入門」誤作「入路」，徑正。
〔註99〕周乾濚《〈鹽鐵論〉校釋一臠》，《古籍整理研究學刊》1991年第3期，第28頁。
〔註100〕宋紹興刻本題《白氏六帖事類集》在卷21。

按：徐德培、郭沫若、王佩諍、陳直、馬非百皆從張校。「鑑識」不煩改，《喻林》卷95引同。鑑識之工，猶言鑒賞之人。「工」讀如字。《淮南子》「礛諸之功」，猶言礛諸之力，二文固不同也。

（5）周公，天下之至聖人也，待賢師學問而後通

校注：《韓詩外傳》卷5：「周公學乎虢叔。」《新序・雜事五》：「周公學乎太公。」（P280）

按：《白虎通・辟雍》：「周公師虢叔。」說與《外傳》同。《潛夫論・讚學》：「周公師庶秀。」〔註101〕此又一說。

（6）今齊世庸士之人，不好學問，專以己之愚而荷負臣任

按：臣，當據四庫本、四部叢刊本作「巨」。

（7）內無其質，而外學其文

校注：王先謙曰：「《御覽》卷585引『質』作『實』。」案《御覽》卷584引也作「實」。但是《法苑珠林》卷67、《書鈔》卷83、135、《御覽》卷607引都作「質」，「質」字是對的。（P281）

按：《初學記》卷21、《錦繡萬花谷》後集卷19、《古今事文類聚》別集卷5引亦作「質」。《御覽》卷584未引此文，王氏失檢。

（8）故砥所以致於刃，學所以盡其才也

按：《說苑・建本》：「子思曰：『學，所以益才也；礪，所以致刃也。』」《孔叢子・雜訓》：「子思曰：『先人有訓焉，學必由聖，所以致其材也；厲必由砥，所以致其刃也。』」子思所引先訓，即此文所本。《人物志・體別》：「夫學，所以成材也；恕，所以推情也。」

《訟賢》第二十二

（1）剛者折，柔者卷

校注：《淮南子・氾論篇》：「太剛則折，太柔則卷。」《漢書・雋不疑傳》：

〔註101〕庶秀，《治要》卷44引同，《御覽》卷404引作「庶季」，蓋形之誤也。汪繼培、彭鐸《潛夫論箋校正》並失校，中華書局1985年版，第1頁。

「太剛則折，太柔則廢。」（P286）

按：諸書並本於《老子》第 76 章：「木強則折。」

（2）矜己而伐能，小知而巨牧

校注：「牧」原作「收」，義不可通，二字因形近而誤。（P286）

按：「收」字不誤。收，猶受也。馬非百舉《論語·衛靈公》「君子不可小知
而可大受也，小人不可大受而可小知也」，是也。孔子意謂小智者不可
大受，季由、宰我小智而大受，故不得其死也。

（3）欲人之從己，不能以己從人

按：《國語·晉語四》：「《禮志》有之曰：『欲人之從己也，必先從人。』」季
由、宰我不能先從人，故不得其死也。

（4）屠者持刀而睨之

按：睨，《類聚》卷 93、《御覽》卷 897、《事類賦注》卷 21 引同，《御覽》
卷 828 引作「脫」字，形近而誤。

（5）子路、宰我生不逢伯樂之舉，而遇狂屠，故君子傷之

按：林平和曰：「鍾惺本『君』作『屠』，作『屠』無義，當是涉上文而誤。」
林說非也，上文「騏驥之輓鹽車，垂頭於太行，屠者持刀而睨之」，此
文「屠」字正與之對應，言子路、宰我之不遇知之者。

（6）引之不來，推之不往

校注：《淮南子·脩務篇》：「引之不來，推之不往。」（P288）

按：《淮南子·主術篇》：「驅之不前，引之不止。」又《說林篇》：「驅之不
進，引之不止。」《新語·慎微》：「推之不往，引之不來。」《論衡·效
力》：「引之不能動，推之不能移。」諸書並本於《韓子·外儲說右上》：
「驅之不往，引之不前。」

（7）狡而以為知，訐而以為直，不遜以為勇

校注：張敦仁曰：「華本『狡』改『絞』，張本改『徼』。案《論語》《釋文》
云：『徼，鄭本作絞。』此蓋亦作『絞』，而在鄭前也。」案《論語·陽貨

篇》：「惡徼以爲知者，惡不遜以爲勇者，惡訐以爲直者。」即此文所本。（P289）

按：據文例，「不遜」下當補「而」字。盧文弨以「徼」字是。按作「狡」亦不誤。《文選·洞簫賦》李善注：「狡，急也。」《晏子春秋·問下》：「莊敬而不狡。」王念孫曰：「狡，急也。字通作絞，《論語·泰伯篇》鄭注曰：『絞，急也。』」〔註 102〕字亦作交、姣、佼、效、儌，急切、很戾之義〔註 103〕。《中論·覈辯》：「故孔子曰：『小人毀訾以爲辯，絞急以爲智，不遜以爲勇。』」此「絞」字當訓「急」之確證也。馬非百曰：「狡，狡猾，詭詐。」非也。遜，讀爲愻，《說文》：「愻，順也。」

（8）不避強禦

校注：《詩·烝民》：「不畏強禦。」強禦，強梁禦善之人。（P289）

按：《詩·蕩》：「曾是彊禦。」毛傳：「彊禦，彊梁禦善也。」此王說所本。毛傳非也。王念孫曰：「禦亦彊也。字或作『彊圉』，又作『強圉』。」〔註 104〕王念孫說是而未盡，字或作「強衙」，《隸釋》卷 6《北海相景君銘》：「強衙改節。」洪适曰：「碑以衙爲禦。」〔註 105〕倒言則作「衙彊」，《隸釋》卷 4《司隸校尉楊孟文石門頌》：「綏億衙彊。」王念孫曰：「衙與禦同。言能安彊禦之据各本人也。『禦彊』即『彊禦』，倒文協韻耳。」〔註 106〕

（9）夫公族不正則法令不行，肱肱不正則姦邪興起音扶

按：肱肱，當據各本作「股肱」。

（10）故君過而臣正，上非而下譏

按：正，讀爲証。《說文》：「証，諫也。」《廣雅》：「譏，讉也。」又「譏，

〔註 102〕王念孫《晏子春秋雜志》，收入《讀書雜志》卷 8，中國書店 1985 年版，第 130 頁。另參見臧琳《經義雜記》卷 2，收入《續修四庫全書》第 172 冊，上海古籍出版社 2002 年版，第 50 頁。
〔註 103〕參見蕭旭《淮南子校補》，花木蘭文化出版社 2014 年版，第 278～280 頁。
〔註 104〕王念孫說轉引自王引之《經義述聞》卷 7，江蘇古籍出版社 1985 年版，第 165 頁。
〔註 105〕洪适《隸釋》，中華書局 1986 年版，第 73 頁。
〔註 106〕王念孫《漢隸拾遺》，收入《讀書雜志》卷 15，中國書店 1985 年版，第 89 頁。

諫也。」馬非百曰：「正，糾正。」非也。

《遵道》第二十三

（1）文繁如春華，無効如抱風

校注：二「如」字原都作「於」，黃季剛曰：「『於』當作『如』。」今據改正。郭沫若讀「抱」爲「捕」。（P294）

按：於，猶如也〔註107〕，不煩改作。「抱」讀如字自通。

（2）飾虛言以亂實，道古以害今

校注：張敦仁曰：「『言』字當衍。」器案：《史記‧秦始皇本紀》：「李斯曰：『語皆道古以害今，飾虛言以亂實。』」張氏以爲「言」字是衍文，錯了。（P294）

按：李斯之語亦見《史記‧李斯傳》。本書《刺復》：「信往而乖於今，道古而不合於世務，意者不足以知士也，將多飾文誣能以亂實耶？」亦足參證。

（3）願無顧細故之語，牽儒、墨論也

按：據文例，「論」上當補「之」字。

（4）師曠之調五音，不失宮商；聖王之治世，不離仁義

按：《新語‧術事》：「立事者不離道德，調弦者不失宮商。」爲此文所本。《弘明集》卷1漢‧牟融《理惑論》：「立事不失道德，猶調弦不失宮商。」亦本之。

（5）故有改制之名，無變道之實

校注：「道」原作「通」，今據盧文弨說、楊沂孫說校改。《漢書‧董仲舒傳》：「仲舒對策曰：『故王者有改制之名，亡變道之實。』」就是此文所本，字正作「道」。（P296）

按：《四庫全書〈鹽鐵論〉考證》亦云：「刊本道訛通，據《漢書》改。」〔註108〕

〔註107〕 參見王引之《經傳釋詞》，嶽麓書社1984年版，第21～22頁。
〔註108〕 《四庫全書〈鹽鐵論〉考證》，收入景印文淵閣《四庫全書》第1499冊，臺灣商務印書館1986年初版，第10頁。

《白虎通義‧德論》:「王者有改道之文,無改道之實。」《漢紀》卷11:「王者有改制之名,無變道之實。」諸書皆本於《董子‧楚莊王》:「故王者有改制之名,無易道之實。」

(6)猶不言耕田之方,美富人之囷倉也

按:美,當作「羨」,字之譌也。

(7)欲粟者務時,欲治者因世

按:《商子‧壹言》:「故聖人之為國也,不法古,不修(循)今,因世而為之治,度俗而為之法。」此即「治者因世」之所本。

(8)文學可令扶繩循刻

按:《管子‧宙合》:「千里之路,不可扶以繩。」「扶繩」也作「輔繩」,《大戴禮記‧四代》:「巧匠輔繩而斲。」也稱「掩繩」,《淮南子‧道應篇》:「故大人之行,不掩以繩。」《集韻》:「掩,撫也。」《宋書‧顧覬之傳》《定命論》:「子可謂扶繩而辨,循刻而議。」即本此文。

(9)聖達而謀大,叡智而事寡

　　校注:「大」原作「小人」二字,一本作「大」,今據改正。(P298)

按:王校非也。盧文弨、張敦仁、王佩諍、郭沫若校作「聖達而謀小」,是也。「聖達而謀小」與「叡智而事寡」意近,二句與下文「知淺而謀大,羸弱而任重」對舉。

(10)是以功成而不隳,名立而不頓

按:《類聚》卷24楚‧宋玉《諷賦》:「功成而不墜,名立而不改。」即此文所本。

(11)小人知淺而謀大,羸弱而任重

按:《易‧繫辭下》:「子曰:『德薄而位尊,知小而謀大,力小而任重,鮮不及矣。』」即此文所本。《荀子‧儒效》:「故能小而事大,辟之是猶力之少而任重也,舍粹(碎)折無適也。」《漢書‧敘傳》:「智小謀大。」亦皆本之。

（12）無先王之法，非聖人之道，而因於己，故亡

按：無，讀為誣、侮，輕也〔註109〕。

《論誹》第二十四

（1）久喪以害生，厚葬以傷業

按：《淮南子·齊俗篇》：「崇死以害生，久喪以招行。」《史記·孝文本紀》：「厚葬以破業，重服以傷生。」即此文所本。

（2）稱往古而訾當世，賤所見而貴所聞

校注：「訾」上原有「言」字，據王先謙、俞樾說校刪。（P302）

按：《御覽》卷602引桓譚《新論》：「人貴所聞賤所見也。」《論衡·齊世》：「述事者好高古而下今，貴所聞而賤所見。」又《超奇》：「俗好高古而稱所聞。」皆足參證。徐復謂「『言』非衍文，當為『善』字之壞文」，則二句非對文，其說非也〔註110〕。

（3）以意阿邑順風

校注：「邑」原作「色」，今改。王念孫曰：「『阿邑』或作『阿匼』。」（P304）

按：王念孫說見《漢書雜志》〔註111〕。二王說是，楊樹達、馬非百亦校為「阿邑」。《新唐書·王璠傳》：「阿邑順旨。」正其比也。楊慎曰：「阿邑：阿匼。邑音匼。阿匼，諂諛迎合也。《張湯傳》。阿匼，同上，《唐書·蕭復傳》。」〔註112〕焦竑、方以智說並同〔註113〕。說皆早於王念孫，特為拈出。「阿邑」即「於邑」、「於悒」之音轉，鬱塞氣短貌，引申為不敢直言表達己見也。王觀國曰：「凡此言於邑者，於讀為烏，邑

〔註109〕參見蕭旭《國語校補》、《漢書校補》，收入《群書校補》，廣陵書社2011年版，第81、246頁。

〔註110〕張小平《〈後讀書雜志〉校釋商補》已及之，《東方論壇》2005年第3期，第103頁。

〔註111〕王念孫《漢書雜志》，收入《讀書雜志》卷6，中國書店1985年版，第91頁。

〔註112〕楊慎《古音駢字》卷5，收入《叢書集成新編》第39冊，新文豐出版公司1985年印行，第336～337頁。

〔註113〕焦竑《俗書刊誤》卷6《略記駢字》，收入景印文淵閣《四庫全書》第228冊，臺灣商務印書館1986年版，第568頁。方以智《通雅》卷7、10，收入《方以智全書》第1冊，上海古籍出版社1988年版，第280、391頁。

讀爲遏，其義則氣鬱而不舒之貌也……（阿邑）邑字讀音遏，其義則鬱塞也。」〔註114〕《光緒金華縣志》卷 16：「應之速曰唯，緩曰阿邑。」〔註115〕「阿邑」或倒言作「婠阿」、「婠娿」、「婠婀」、「讔阿」、「婠婀」〔註116〕。徐復曰：「作『阿色』是，謂阿諛承色，俯仰隨人。下可帶賓語，王念孫、楊樹達疑之，非也。」〔註117〕徐說轉爲失之。

（4）語曰：「未見君子，不知僞臣。」

按：《晏子春秋·內篇雜下》：「吾不見君子，不知野人之拙也。」蓋即此文所本。

（5）論者相扶以義，相喻以道

校注：「扶」就是「會」的意思。《史記·張儀傳》：「而儀振暴其短，以扶其說。」《索隱》：「扶，謂說彼之非，成我之是，扶會己之說辭也。」東方朔《答客難》：「與義相扶。」（P306）

按：扶，扶持、扶助也。下文「今子不聽正義以輔卿相」，即承此而言，輔亦助也。《史記·高祖本紀》：「不如更遣長者扶義而西。」《漢書》同。《正義》：「扶持仁義而西。」顏師古曰：「扶，助也，以義自助也。」《史記·太史公自序》：「漢乃扶義征伐。」《淮南子·兵略篇》：「以義扶之。」《三國志·諸葛亮傳》裴松之注引孫盛曰：「杖道扶義。」扶亦杖也。《晉書》卷 68：「扶義助強。」扶亦助也。皆其證。字亦作輔，《史記·張耳陳餘傳》：「扶以義。」《漢書》「扶」作「輔」〔註118〕。《後漢紀》卷 22：「以義相持。」正作「持」字。王謨本「扶」作「挾」，黃氏鈔本「扶」作「扙」，蓋不得其誼而妄改也。林平和但出異文，而無按斷，亦未知其誼也。

（6）從善不求勝，服義不恥窮

按：《孔叢子·連叢子》：「捨己從善，不恥服人；交友以義，不慕勢利。」

〔註114〕王觀國《學林》卷 9，中華書局 1988 年版，第 310 頁。

〔註115〕民國鉛印本。

〔註116〕參見蕭旭《敦煌寫卷〈碎金〉補箋》，收入《群書校補》，廣陵書社 2011 年版，第 1320 頁。

〔註117〕徐復《漢書雜志》，收入《後讀書雜志》，上海古籍出版社 1996 年版，第 45 頁。

〔註118〕參見蕭旭《漢書校補》，收入《群書校補》，廣陵書社 2011 年版，第 223 頁。

足以參證。

《孝養》第二十五

（1）夫洗爵以盛水，升降而進糗，禮雖備，然非其貴者也

校注：王先謙曰：「《御覽》卷852引『然』作『焉』，上屬爲句。」（P312）

按：宋本《御覽》引仍作「然」字。

（2）有詔公卿與斯議，而空戰口也

按：戰口，猶言鬭嘴。

《刺議》第二十六

（1）山陵不讓椒跬，以成其崇；君子不辭負薪之言，以廣其名

校注：張敦仁曰：「山林不讓椒桂，『林』當作『陵』，『桂』當作『跬』。椒跬，山巔之半步也。」器案：張說可從。《史記·李斯傳》李斯上書：「是以太山不讓土壤，故能成其大；河海不擇細流，故能就其深；王者不卻眾庶，故能明其德。」《索隱》：「《管子〔·形勢解〕》云：『海不辭水，故能成其大；泰山不辭土石，故能成其高。』《文子》曰：『聖人不辭負薪之言，以廣其名。』」（P319）

按：王佩諍申證張說，皆未確，馬非百已駁張說。《文子》見《自然篇》：「故海不讓水潦，以成其大；山林不讓枉橈，以成其崇；聖〔人〕不辭其負薪之言，以廣其名。」〔註119〕當引全，與此文尤近。《韓子·大體》：「太山不立好惡，故能成其高；江海不擇小助，故能成其富。」《淮南子·泰族篇》：「海不讓水潦，以成其大；山不讓土石，以成其高。」《韓詩外傳》卷3：「夫太山不讓礫石，江海不辭小流，所以成其大也。」亦皆爲此文所本。「林」、「陵」古通用，不煩改作。椒桂者，二樹名，以代草木之稱。《詩·南山有臺》鄭箋：「山之有草木以自覆蓋，成其高大。」正可移以證此文。《文子》之「枉橈」，亦指草木而言。

〔註119〕「人」字據《史記·李斯傳》《索隱》、《文選·上秦始皇書》李善註引補。

（2）距諫者塞，專己者孤

　　校注：《大戴禮記・子張問入官》：「距諫者，慮之所以塞也。」（P319）

按：《後漢書・申屠剛傳》《與隗囂書》：「愚聞專己者孤，拒諫者塞。孤、塞之政，亡國之風也。」即本此文。距，讀爲距，「拒」爲後出字。

（3）故謀及下者無失策，舉及眾者無頓功

　　校注：《淮南子・主術篇》：「萬人之眾無廢功，千人之眾無絕良。」頓，敗也。（P320）

按：張之象注：「頓，壞也。」皆是。《孟子・公孫丑上》趙岐章指：「故曰計及下者無遺策，舉及眾者無廢功也。」即本此文。又考《韓詩外傳》卷 8：「慮無失策，舉無敗功。」此頓訓敗、廢之確證也。王氏所引《淮南子》，見《呂氏春秋・用眾》高誘注所引《淮南記》，今本作「故千人之群無絕梁，萬人之聚無廢功」。《文子・下德》《纘義》本「梁」作「糧」，敦煌寫卷 P.4073《文子》作「粮」。王利器謂當作「良」字〔註 120〕。

（4）亦嘗傾耳下風

　　校注：「嘗」原作「當」，姚範曰：「『當』疑『嘗』。」案二字音形都相近，今據改正。（P320）

按：楊樹達、馬非百說同姚氏。不煩改字。當，讀爲嘗〔註 121〕。本書《國疾》：「孔子大聖也，諸侯莫能用，當〔居〕小位。」《御覽》卷 11、《事類賦注》卷 3 引「當」作「嘗」。

（5）攝齊句指

　　校注：楊樹達曰：「《淮南子・修務篇》：『今取新聖人書，名之孔、墨，則弟子句指而受者必眾矣。』」〔註122〕器案：《說苑・君道篇》：「北面拘指，逡巡而退以求臣，則師傅之材至矣。」「拘指」即「句指」。（P320）

按：陳直從楊說。劉台拱校《說苑》引《淮南》爲證，亦云：「拘指即句指。」

〔註120〕王利器《文子疏義》，中華書局 2000 年版，第 420 頁。另參見蕭旭《敦煌寫卷〈文子〉校補》，收入《群書校補》，廣陵書社 2011 年版，第 1258 頁。

〔註121〕參見裴學海《古書虛字集釋》，中華書局 1954 年版，第 833 頁。

〔註122〕原引脫「新」字，徑據原書補。

〔註123〕此說早於王氏也。《說苑》之「拘指」，《戰國策・燕策一》作「詘指」。詘、屈，句、拘，並正、假字。詘，曲也。句，亦曲也。句指，曲指，猶言折節。馬非百曰：「句，章句。指，指要。」非也。

（6）受業徑於君子之塗矣

校注：「業徑」連文不辭，疑「業」下本無「徑」字。（P320）

按：王說非也。塗，讀爲途，路也。「徑於君子之途」爲句。徑，動詞，走捷徑也。言受業於師，則徑入於君子之途也。「徑」與「途」相呼應。馬非百曰：「『受業』當在『徑』字下。徑，直接。」非也。

（7）使文學言之而是，僕之言有何害？使文學言之而非，雖微丞相史，孰不非也

校注：微，猶今言沒有。（P321）

按：雖微，猶今言豈但、豈特〔註124〕。王氏所引諸例皆不適當。《禮記・檀弓下》：「雖微晉而已？天下其孰能當之？」文例相同。馬非百曰：「微，無。」馬氏又解末「非」字爲「批評」，皆非也。

（8）夫怫過納善者，君之忠臣，大夫之直士也

校注：「怫」通「佛」，即輔弼的意思。（P321）

按：王說非也。馬非百曰：「怫，同『悖』，逆，不順從。」亦非是。怫，當讀爲弗。《爾雅》：「弗，治也。」《說文》：「弗，撟也。」矯正、糾正之義。字或作拂，此文黃氏鈔本作「拂」。《鶡冠子・道端》：「矯拂王過。」《賈子・保傅》：「潔廉而切直，匡過而諫邪者，謂之拂。拂者，拂天子之過者也。」又《過秦下》：「盡忠拂過。」《後漢書・呂強傳》：「競相放效，莫肯矯拂。」李賢注：「矯，正也。拂，戾也。」李氏未得「拂」字之誼。字亦作茀，《詩・生民》：「茀厥豐草。」毛傳：「茀，治也。」《釋文》：「茀，音拂，《韓詩》作拂。拂，弗也。」

〔註123〕劉台拱《劉氏遺書》卷2《經傳小記》，收入《叢書集成續編》第15冊，新文豐出版公司1991年印行，第470頁。

〔註124〕參見徐仁甫《廣釋詞》，四川人民出版社1981年版，第355頁；又參見王叔岷《古籍虛字廣義》，中華書局2007年版，第412頁。

《利議》第二十七

（1）不知**趨**舍之宜，時世之變

按：**趨**，《意林》卷 3 引同，《玉海》卷 181、《文章正宗》卷 9、《西漢年紀》卷 18 引作「取」。**趨**，讀爲趣。《莊子·天地》：「趣舍滑心，使性飛揚。」成疏：「趣，取也。」「趣舍」即「取舍」。《淮南子·要略》：「庶後世使知舉錯取捨之宜。」

（2）然未盡可**亶**用，宜若有可行者焉

校注：亶，盡也。（327）

按：四庫本、四部叢刊本「然」作「雖」，「若」作「略」。亶訓盡，與上「未盡」犯複。張之象注：「亶，信也。」亶訓信是誠信義，而非相信義，亦未得。亶，讀爲但，猶口語曰「只管」、「儘管」。「略」字誤。馬非百曰：「略，大致。」非也。

（3）沮事**隋**議

校注：隋，一本作「墮」，一本作「隳」。案三字古通。（P327）

按：隋，《文章正宗》卷 9、《文選補遺》卷 16 引作「墮」，《西漢年紀》卷 18 引作「隳」。「隳」、「墮」爲「陊」俗字，廢壞也，敗毀也。《說文》：「陊，敗城曰陊。」《廣韻》：「陊，毀也，墮，上同。隳，俗。」「隋」則爲借字，銀雀山漢簡《孫子兵法·九地》：「城可隋也。」今本《孫子》作「隳」。馬王堆帛書《經法·國次》：「隋其城郭。」整理者括注「隋」爲「墮」〔註125〕。皆其例也。楊樹達謂「墮」是，郭沫若謂「隳」是，皆未達通借也。

（4）此其所以多不**稱舉**

校注：稱舉，推薦。（P328）

按：王氏所舉四例「稱舉」，確爲「推薦」義，「稱」讀平聲，與此文不同，其說非也。張之象注：「稱，去聲。」不稱舉，不稱（去聲）其推舉也，指名實不副。《風俗通義·正失》：「是時，待詔賈山諫以爲『不宜數從郡國賢良吏出遊獵，重令此人負名，不稱其舉』。」〔註126〕《後漢書·

〔註125〕《馬王堆漢墓帛書〔壹〕》，文物出版社 1980 年版，第 45 頁。
〔註126〕王利器曰：「『舉』原作『與』，《拾補》曰：『孫改「舉」。』今從之。」王利

荀彧傳》：「彧又進操計謀之士從子攸，及鍾繇……等，皆稱其舉。」皆其例。

（5）以其首攝多端，迂時而不要也

　　校注：黃季剛曰：「攝與鼠、施聲轉。」楊樹達曰：「迂疑當作迀。」（P331）

按：張之象注：「攝，引持也。」《史記》、《後漢書》作「首鼠」、「首施」，楊樹達曰：「『首攝』與『首鼠』、『首施』同。」首，讀爲手。施、鼠，讀爲持〔註127〕。「迂」字不誤。迂時，猶言延時。首攝多端，遲疑不決，故迂時而不切其要也。馬非百解爲「見解迂腐，不合時代的要求」，非也。

《國疾》第二十八

（1）國有賢士而不用，非士之過，有國者之恥

按：《史記·太史公自序》：「且士賢能而不用，有國者之恥；主上明聖而德不布聞，有司之過也。」

（2）孔子大聖也，諸侯莫能用，當小位於魯，三月，不令而行，不禁而止

　　校注：王先謙曰：「《事類賦》引作『嘗居小位，相魯三月』，是也。『三月相魯』下屬爲義。『嘗』、『當』形近致誤。又脫『居』字。『於』與『相』形近而誤耳。《御覽》卷11引作『嘗居上位，相魯三月』，『上』字誤改。」（P335）

按：「當」、「嘗」古通用，非形近致誤，王氏餘說皆是也。《記纂淵海》卷29引作「孔子居小位，相魯三月」〔註128〕。《天中記》卷3引亦作「相魯三月」，《喻林》卷98引誤同今本。《孔叢子·陳士義》：「子順曰：『吾先君之相魯三月而後謗止。』」亦言孔子相魯三月。馬非百曰：「當小位，當作『小當位』。小，時間短，暫時。」非也。

器《風俗通義校注》，中華書局2010年版，第105頁。

〔註127〕參見蕭旭《「首鼠兩端」解詁》。

〔註128〕此據《北京圖書館古籍珍本叢刊》第71冊，書目文獻出版社1998年版，第138頁。四庫本在卷60，作「孔子居相位，相魯三月」。

（3）沛若時雨之灌萬物，莫不興起也

按：《淮南子・泰族篇》：「若春雨之灌萬物也，渾然而流，沛然而施，無
　地而不澍，無物而不生。」《說文》：「澍，時雨〔所以〕澍生萬物。」
　〔註129〕

（4）諸生若有能安集國中，懷來遠方，使邊境無寇虜之災，租稅盡為諸生除之，何況鹽鐵均輸乎

校注：「若」字原作「莫」，王先謙曰：「『莫』字衍。」郭沫若曰：「『莫』
　當作『若』。」案郭說是，今據改正。「懷」下原有「臧之」二字，今據盧
　文弨說校刪。（P338）

按：俞樾亦謂「『莫』字衍文」。「莫」字不誤，莫猶或，疑詞也。《莊子・
　則陽》：「曰：『莫為盜？莫為殺人？』」林希逸注：「言汝之所以被罪而
　囚者，或為盜乎？或為殺人乎？莫為，言莫是如此也。」劉淇、裴學
　海亦釋二「莫」為疑詞「或」〔註130〕。「之災」後當施問號。

（5）文學守死溟涬之語而終不移

校注：一本「溟涬」作「渣滓」。案《莊子・天地篇》：「豈兄堯、舜之教
　民，溟涬然弟之哉？」《淮南子・本經篇》：「江淮通流，四海溟涬。」高
　誘注：「溟涬，無岸畔也。」《玉篇》：「溟涬，水盛貌。」「溟涬」有不著
　邊際、大而無當之義。則作「溟涬」自通，無煩改作。明初本作「溟澤」，
　誤。（P340）

按：徐復謂「渣滓」近是〔註131〕，王佩諍辨「渣滓」誤。王說「溟涬」有
　不著邊際、大而無當之義是也。《集韻》：「涬，溟涬，自然氣也。」《御
　覽》卷1引《六韜》：「天之為天遠矣，地之為地久矣，萬物在其間各自
　利，何世莫之有乎？乃若溟涬濛鴻之時，故莫之能有七十六聖發其趣。」
　又引《三五曆記》：「未有天地之時，混沌狀如雞子，溟涬始牙，濛鴻滋

〔註129〕「所以」二字據《後漢書・明帝紀》、《鍾離意傳》李賢注、《文選・魏都賦》
　　　李善注、《玄應音義》卷1、6引補。
〔註130〕劉淇《助字辨略》，中華書局1954年版，第268頁。裴學海《古書虛字集釋》，
　　　中華書局1954年版，第865頁。
〔註131〕徐復《讀〈鹽鐵論〉札記》，收入《徐復語言文字學叢稿》，江蘇古籍出版社
　　　1990年版，第153頁。又徐復《校勘學中之二重及多重誤例》，收入《徐復
　　　語言文字學論稿》，江蘇教育出版社1995年版，第234頁。

萌，歲在攝提，元氣肇始。」「溟涬」乃狀渾沌未分之自然之氣，引申
之，故有無涯之義。梁・江淹《遂古篇》：「聞之遂古，大火然兮，水亦
溟涬無涯邊兮。」字或作「澒涬」，《廣韻》：「涬，澒涬，大水。」《龍
龕手鑑》：「澒，莫頂反，澒涬，大水貌也，又作溟，同。」倒言則作「涬
溟」，《莊子・在宥》：「大同乎涬溟。」郭注：「與物無際。」《釋文》引
司馬彪曰：「涬溟，自然氣也。」《御覽》卷 81 引《淮南子》亦作「涬
溟」。《莊子・天地》郭象注：「溟涬，甚貴之謂也。」成玄英疏同，此
即由大義引申而得。馬敘倫曰：「溟借爲㛥，《說文》：『㛥，嬰㛥也。』
《字林》：『㜳㛥，心態也。』朱駿聲曰：『心態當作小心。』其說是。《說
文》曰：『㜳，小心態也。』然則涬亦㜳之借。」王佩諍從馬說，解此
文爲「幼稚之態」。二氏說全失之。

（6）世人有言：「鄙儒不如都士。」

校注：楊慎《譚苑醍醐》卷 1：「都何以訓美？都者，鄙之對也……蓋天子
所居，輦轂之下，聲名文物之所聚，故其士女雍容閑雅之態生，今諺云京
樣，即古之所謂都……邊氓所居，蕞爾之邑，狐狸豺狼之所嗥，故其閭閻
嗇嗇村陋之狀出，今諺云野樣，即古之所謂鄙。」（P340～341）

按：唐・顏師古《匡謬正俗》卷 8：「或問曰：『愚陋之人，謂之鄙人，何
也？』答曰：『本字作否。否者，蔽固不通之稱爾，音與鄙同。』又問
曰：『鄙非邊鄙之謂邪？美好者謂之都，言習京華之典，則醜陋者謂之
鄙，謂守下邑之愚蔽不其然歟？』答曰：『非也，都者自是閑美之稱……
〔都〕皆非上京之謂也……〔鄙〕皆非田野之謂也……蹈道則爲君子，
違義則爲小人，豈必都邑之人，皆能賢智；邊鄙之士，悉皆頑劣？詳
而言之，則不通矣。」顏氏所辨，未得語源，「都」、「鄙」自由都邑、
邊鄙引申得義〔註 132〕。

（7）負迭群之任

校注：張之象注曰：「迭，通作軼，相過也。」毛晉曰：「迭，通作軼。」
王先謙曰：「迭爲佚之誤，佚、軼同字。」（P342）

按：《左傳・成公十三年》：「迭我殽地。」《釋文》：「迭，直結反，徐音逸。」

〔註 132〕參見劉曉東《匡謬正俗平議》，山東大學出版社 1999 年版，第 286～288 頁。

阮元曰：「迭者，軼之假借。」〔註133〕《文選·陽給事誄》：「軼我河縣。」李善注：「《左氏傳》呂相曰：『迭我殽地。』迭與軼古字通。」迭之言朕，猶言高出、突出。軼訓侵突，亦取突出爲義，諸氏未能會通也〔註134〕。

（8）酒足以合歡而不湛，樂足以理心而不淫

按：理，疑本作「治」，唐人避諱所改。治，讀爲怡。《玉篇》：「怡，悅也。」「怡心」亦即「合歡」之誼，對擧同義。《淮南子·齊俗篇》：「制樂足以合歡宣意而已。」黃氏鈔本「理心」作「快心」，義雖是而字則非。

（9）行即負嬴，止則鋤耘

校注：「嬴」原作「贏」，今據一本改。《文選·過秦論》：「嬴糧而景從。」李善注引《方言》曰：「嬴，擔也。」「則」原作「作」，今據楊樹達說校改。（P342）

按：嬴，《西漢年紀》卷18同，《文章正宗》卷9作「贏」，《文選補遺》卷16作「贏」。「贏」誤。《文選》之「嬴」，《漢紀》卷2同，《史記》、《漢書》、《賈子》作贏，古字通用。字或作攍，李善注所引《方言》，今本卷7作「攍，儋也」，郭注引《庄子》：「攍糧而赴之。」《玉篇》：「攍，擔也。《莊子》云：『攍糧而趣之。』本亦作嬴。」今本《莊子·胠篋篇》作「贏」，敦煌寫卷S.796亦誤作「贏」字〔註135〕。馬非百曰：「負嬴，當作『負籯』。嬴，同『籯』，箱籠。鋤耘，用鋤頭耘田。」以「嬴」、鋤爲名詞，失之。《西漢年紀》、《文章正宗》同，《文選補遺》作「則」。作，猶則也〔註136〕，不煩改字。楊樹達《要釋》已改正舊說，云：「『作』與『則』同。」馬非百說同，並是也。

（10）張大夫革令

校注：張大夫指張湯。謝孝苹曰：「『革令』疑『挈令』之譌。《漢書·張

〔註133〕阮元《十三經注疏》（附校勘記），中華書局1980年版，第1915頁。

〔註134〕參見蕭旭《〈說文〉「𦜕，映也」音義考》，《澳門文獻信息學刊》第9期，2013年10月出版，第99～105頁。

〔註135〕參見蕭旭《敦煌寫卷〈莊子〉校補》，收入《群書校補》，廣陵書社2011年版，第1223頁。

〔註136〕裴學海《古書虛字集釋》，中華書局1954年版，第638～639頁。

湯傳》：『上所是，受而著讞決法廷尉挈令，揚主之明。』『革』、『挈』形近。挈令，韋昭曰：『在板挈。』」器案：謝說是，當據改正。《史記・酷吏傳》「挈」作「絜」。《說文》：「絿，樂浪挈令。」段注：「挈當作絜，刻也。」（P344）

按：據諸家說，「挈令」即「絜令」，刻於板上之法令，「絜」、「挈」即俗作「契約」之「契」字。謝說非也，「挈」、「革」形聲俱遠，無緣致誤。且改作「挈令」，則是動名詞，句中缺動詞，不通。《西漢年紀》卷18、《文章正宗》卷9並作「革」字。革，更改也。《史記・平津侯主父傳》：「定令則趙禹、張湯。」又《酷吏傳》：「（趙禹）與張湯論定諸律令，作見知，吏傳得相監司。」又「（張湯）與趙禹共定諸律令，務在深文，拘守職之吏。」革令，改易舊法也。馬非百曰：「革令，改革法令，指張湯和趙禹共定律令而言。」是也。

（11）罰贖科適

按：馬非百曰：「科，判罪。適，同『讁』。」本書《擊之》：「甲士死於軍旅，中士罷於轉漕，仍之以科適，吏徵發極矣。」《釋名》：「科，課也，課其不如法者，罪責之也。」科讀爲課，《玉篇》：「課，議也。」今言考核、責罰。適讀爲讁，《說文》：「讁，罰也。」字或作讁，《玄應音義》卷1引《通俗文》：「罰罪曰讁。」《廣雅》：「讁，責也。」字或作讁，《小爾雅》：「讁，責也。」《方言》卷10：「讁，過也，南楚以南，凡相非議人謂之讁。」郭注：「讁，謂罪過也，音賾，亦音適，罪罰也。」

（12）當此之時，百姓不保其首領，豪富莫必其族姓

校注：《荀子・議兵篇》：「群下懍然，莫必其命。」《韓詩外傳》卷4作「莫冀其命」。（P344）

按：必亦保也，今言確保，保證。《漢書・匈奴傳》：「又況單于能必其眾不犯約哉？」顏注：「必，極也，極保之也。」《通鑑》卷29同，胡三省註引毛晃曰：「必，定辭也。」

（13）常民文杯畫案，机席緝蹋，婢妾衣紈履絲，匹庶粺飯肉食

校注：一本「机」作「几」，古通。黃季剛曰：「緝蹋猶雜沓。」《治要》本「蹋」作「蹀」。《御覽》卷493、710引「履絲」下、《類聚》卷69引

「肉食」下並有「所以亂治也」五字一句。（P345～346）

按：《書鈔》卷 133 引「畫案」下引有「所謂以治亂治也」七字。《治要》未引此文，王氏失檢。盧文弨本作「緝蹀」是也。蓋別本或「躡蹀」，脫「蹀」字，因誤合二本而作「緝躡」耳。「緝蹀」即「躡蹀」之音借字，亦作「蹀躞」、「躞蹀」，《集韻》：「躞、躡：躞蹀，行貌，或從習。」《楚辭・哀郢》：「眾踥蹀而日進兮。」《補注》：「踥，一作躞，一作踺，一作㦃。」此句又見《楚辭・九辯》，《補注》：「踥，一作躡，《釋文》作『嘯諜』。」又音轉作「躡蹀」、「儡慄」、「囁喋」，《文選・南都賦》：「脩袖繚繞而滿庭，羅襪躡蹀而容與。」《御覽》卷 816 引作「儡慄」。李善注：「躡蹀，小步貌。」《類聚》卷 91 晉・傅玄《鬥雞賦》：「或躑躅踟躕，囁喋容與。」「囁喋容與」即「躡蹀而容與」也，皆不可拘於字形。倒言則作「蹀踥」、「蹀躞」，《六書故》：「踥蹀、蹀躞、躞蹀，皆耆進連步之貌。」《宋書・樂志三》古詞《白頭吟》：「蹀踥御溝上，溝水東西流。」《玉臺新詠》卷 1、《御覽》卷 75 作「蹀躞」；《樂府詩集》卷 41 二見，一作「蹀躞」，一作「躞蹀」。《文苑英華》卷 201 梁武帝《江南弄》：「眾花雜色滿山林，舒芳搖綠垂輕陰，連手蹀躞舞春心。」《樂府詩集》卷 50 作「躞蹀」，《古詩紀》卷 151 作「躡蹀」。倒言亦作「蹀躞」〔註137〕，《後漢書・文苑傳》：「衡方為漁陽參撾，蹀躞而前。」躞蹀，小步連走貌，此文以狀舞步，與《南都賦》、《江南弄》義同。几席躞蹀者，言几席旁有舞女歌舞也。王佩諍曰：「蹀、屧同音通假，《說文》作『屨』，云：『履之薦也。』……机席緝屨，猶言綺席緣屨耳。」馬非百曰：「緝，把衣服的邊緣縫起來，這裏指几席縫有花邊。躡，當依盧文弨校作『蹀』，《說文》作『屨』，云：『履之薦也。』履薦，就是墊在鞋下的東西，這裏是說几席下面都縫有底墊的意思。」二氏拘於字形以釋之，胥失之。

（14）里有俗，黨有場

按：馬非百曰：「即《散不足篇》『往者民間酒會，各以黨俗』及『貧者雞豕五芳，衛保散臘，傾蓋社場』的意思。」馬說是也，本書《禁耕篇》：「夫秦、楚、燕、齊，土力不同，剛柔異勢，巨小之用，居句之宜，

〔註137〕此詞字形甚多，詳考參見蕭旭《王雲路〈中古漢語詞彙史〉補正》。

黨殊俗易，各有所便。」《玉篇》：「易，異也。」黨各有場，故黨殊也；里各有俗，故俗異也。正可相互印證。陳直曰：「『俗』疑『格』字之誤，格爲閣之假借。」郭沫若曰：「以意改作『里有浴，黨有湯』。」皆無據。

（15）秉耒抱耜，躬耕身織者寡；聚要斂容，傅白黛青者眾

校注：「聚」原作「娶」，「斂」下原有「從」字，今從張敦仁說校改。張云：「案『娶』當作『聚』，『從』字當衍。聚其要（要、腰同字），斂其容，傅以白，黛以青，凡四事，與上句對文也。張之象本不得其解，輒附會之云：『斂古作臉。』絕謬。」（P346～347）

按：徐復曰：「張說『聚要』是也。《說文》：『揫，聚也。』聚有遒緊義。又疑『聚斂』義近，後人旁注『斂』字於『聚』旁，寫者誤入正文耳。『從容』不誤，謂舉動也。」〔註138〕徐說「聚」義是，但「聚腰從容」不辭，張氏刪「從」字是也〔註139〕。姚範曰：「『聚要斂從容』句有脫誤，『要斂』或『纖腰』之義。」陳直改作「聚斂從容」，云：「謂從容聚斂財帛以廣蓄姬妾也。」皆未得厥誼也。

（16）生不養，死厚送，葬死殫家，遣女滿車

校注：一本「送」作「葬」，「葬」作「送」。（P347）

按：《西漢年紀》卷18引作「死厚葬，送死殫家」，與王氏所見一本合；《文章正宗》卷9引皆作「葬」字，《野客叢書》卷25引作「送死殫家，遣嫁滿車」。《文選補遺》卷16作「生不養，死厚葬，殫家遣女，繒紈滿車」，未知所據，蓋爲臆改。

（17）富者空滅，貧者稱貸

校注：一本「滅」作「藏」。（P347）

按：馬非百謂「空滅，當依盧文弨校作『空藏』，是也。《野客叢書》卷25

〔註138〕徐復《讀〈鹽鐵論〉札記》，收入《徐復語言文字學叢稿》，江蘇古籍出版社1990年版，第153～154頁。又徐復《校勘學中之二重及多重誤例》，收入《徐復語言文字學論稿》，江蘇教育出版社1995年版，第231頁。
〔註139〕張小平《〈後讀書雜志〉校釋商補》已及之，《東方論壇》2005年第3期，第104頁。

引此文作「空減」，是其字宋代已誤。《御覽》卷 147 引《燕丹子》：「欲收天下勇士，集海內英雄，破國空藏以奉養之。」上篇《利議》之「減驣」，孫詒讓訂作「臧驣」，亦其比也。

卷第六

《散不足》第二十九

（1）若胡車相隨而鳴

校注：姚範曰：「『胡車』未詳。」王佩諍曰：「本書《論功篇》：『匈奴車〔器〕無銀黃絲漆之飾。』則匈奴雖尙騎射，何嘗無車？」（P357）

按：「胡車」蓋即「胡奴車」之省。《釋名》：「胡車，車（東）胡以罪沒入爲官奴者引之，殷所制也。」《周禮・鄉師職》鄭注引《司馬法》：「夏后氏謂輦曰余車，殷曰胡奴車，周曰輜輦。」〔註 140〕孔疏：「胡則北狄是也。」是此車乃殷人傳自東胡也。

（2）諸生獨不見季夏之螇乎？音聲入耳，秋至而聲無

按：張之象本「秋」下有「風」字，《喻林》卷 78 引同。

（3）間者士大夫務於權利，怠於禮義

按：馬非百曰：「務，追求，致力。」非也。務，讀爲瞀，字或作牟，愚昧、昏亂。《集韻》：「務，昏也，古作瞀，或作牟。」《莊子・大宗師篇》：「務光。」又《讓王篇》作「瞀光」，《釋文》：「瞀，音務，又莫豆反，本或作務。」《商子・靳令》：「則君務於說言，官亂於治邪。」朱師轍曰：「務，借爲瞀，眩惑之意。」陶鴻慶曰：「務，當爲瞀，瞀亦亂也。」蔣禮鴻說同〔註 141〕。《漢書・敘傳上》：「而苟眛於權利，越次妄據。」眛亦昏惑之義。顏注：「眛，貪也。」失之。

〔註 140〕余車，《御覽》卷 773 引作「予車」，同；《南齊書・輿服志》引誤作「金車」。畢沅校「車胡」爲「東胡」。

〔註 141〕朱師轍《商君書解詁（定本）》，古籍出版社 1956 年版，第 47 頁。陶鴻慶《讀〈商君書〉札記》，收入《讀諸子札記》，浙江人民出版社 1998 年版，第 445 頁。蔣禮鴻《商君書錐指》，中華書局 1986 年版，第 79 頁。

（4）今富者逐驅殲罔罝，掩捕麑鷇

校注：一本「逐」作「遂」，郭沫若改作「迺」。黃季剛曰：「『殲』當作『纖』，『罝』羨，或『罔』羨。」（P359）

按：「逐」爲「遂」之誤。遂，猶乃也。郭改無據。驅，讀爲毆，俗作敺、摳。《說文》：「毆，捶毅（擊）物也。」《玉篇》：「毆，捶擊。」《慧琳音義》卷18引作「毆，捶擊」。《集韵》：「毆、敺、摳，《說文》：『捶擊物也。』或从攴、从手。」殲，讀爲櫼，楔也。字或作攕，《淮南子・要略》：「《氾論》者，所以箴縷繚繼之間，攕挶呃齵之郤也。」許慎注：「攕，薛也。挶，塞也。呃齵，錯梧也。」朱駿聲曰：「攕，叚借爲櫼。」〔註142〕吳承仕曰：「『薛』當據景宋本作『薜』。薜即櫼字之假。」〔註143〕櫼亦楔也。張之象本「罔」作「網」，同。「罔」、「罝」二者並列，無衍文。倒言則作「罝罔」、「罝網」，《墨子・尚賢上》：「文王舉閎夭、泰顛於罝罔之中。」《鬼谷子・反應》：「其張罝網而取獸也。」《呂氏春秋・尊師》：「結罝網。」又《上農》：「繯網罝罦不敢出於門，眾罟不敢入於淵。」末例「繯網罝罦」四者並列。毆櫼罔罝，指打楔子設置罔罝。黃說並非也。姚範曰：「『殲』下疑有脫文。」王佩諍乙「逐驅」爲「驅逐」，又疑「殲」當作「殄殲」或「殲滅」，馬非百謂「『逐』字當衍。驅殲，驅逐而殲滅之」，皆非是。

（5）皮黃口

校注：張敦仁曰：「黃口者，鳥之小者也……皮，剝也，見《廣雅》。」器按：皮謂食其皮，張以剝釋之，未達一間。（P360）

按：張說是也，楊樹達亦謂《戰國策・韓策》「皮面抉眼」「皮」字義同。《說文》：「皮，剝取獸革者謂之皮。」段玉裁注：「皮，柀。柀，析也。因之所取謂之皮矣。」〔註144〕字或作披、柀、剫、破、皵〔註145〕，《玉篇》：「剫，剝也。」陳直解爲「烤食未長成之鳥獸皮肉」，非也。

〔註142〕朱駿聲《說文通訓定聲》，武漢市古籍書店1983年版，第124頁。
〔註143〕吳承仕《淮南舊注校理》，北京師範大學出版社1985年版，第118頁。
〔註144〕段玉裁《說文解字注》，上海古籍出版社1981年版，第122頁。
〔註145〕參見蕭旭《〈莊子〉拾詁》，《中國語學研究・開篇》第30卷，日本好文2011年9月出版，第38～41頁。

（6）唐錦追人

校注：楊慎《秘林伐山》卷 10：「唐梯，空梯也。古訓謂唐曰空……唐梯，今之上高竿也。追人，追猶追琢，今割截易牛馬首。」方以智《通雅》卷 35：「唐梯，今之翻空梯也。追人，猶言繩人也。升菴以唐梯為上高竿，追人為割截人，易牛馬首，按此乃幻人也。今有繩人縮索而上，墜而復上且舞者，有人倒擲，以梯安足上，使一人上梯，從梯蹬中，翻轉蜿蜒而上。胡妲即漢飾女伎，今之裝旦也。」（P365）

按：明・顧起元《說略》卷 24：「唐梯，弄梯戲也，見《宛委》。」《正字通》：「唐梯，謂人倒擲，以梯置足掌上，一人上梯，從梯蹬中轉身蜿蜒，猶今戲家之翻空梯也。」「唐」疑讀為蕩，不取義於「空」。

（7）奇蟲胡妲

校注：陳遵默曰：「《說文》無『妲』字，徵之他書當作『但』，《賈子・匈奴篇》：『上使樂府幸假之但樂。』《淮南子・說林訓》：『使但吹竽。』『但』蓋優俳之類，胡但，胡人之為但者，其作女邊旦，乃俗人妄改……唯『但』之本義不為俳優，疑借『誕』字為之，嘲弄欺謾，正優俳所有事也。」王佩諍引吳梅《奢摩他室日記》未刻稿曰：「妲即唐、五代以後戲曲中之旦字，疑《鹽鐵論》之『胡妲』，即後人之花旦。」器按：陳說「妲」字之源，吳說「妲」字之義，皆是。《樂府詩集》卷 83：「復有但歌四曲，亦出自漢世，無弦節，作伎……」這也是當時作「但」的例證。不過也有作「妲」的。《文選・與魏文帝牋》：「騫妲名倡。」《集注》：「李善曰：『騫妲，蓋亦當時之樂人。《說文》曰：「媎，驕也，子庶反，字或作妲。」古字假借也。妲，子也切。』』《音訣》：「妲，蕭子也反，曹子預反。」案《文選》所存之「妲」字是，而注家以「子庶」、「子也」、「子預」音之，則其字從「且」非從「旦」也，此或以《說文》無「妲」字之故，因而以「媎」字解之，而不知其本為「但」字也。「但歌」者，猶徒歌。（P366～367）

按：諸說並非也。《賈子》之「但樂」、《樂府》之「但歌」，但者徒也，與此文無涉。《淮南子》之「但」字當據王念孫、陶方琦校作「佀」〔註146〕。

〔註146〕王念孫《淮南子雜志》，收入《讀書雜志》卷 14，中國書店 1985 年版，第 88～89 頁。陶方琦《許君〈說文〉多採用〈淮南〉說》，收入《漢學室文鈔二》，《清經解續編》，鳳凰出版社 2005 年版，第 7146 頁。

《文選》之「謇姐」，今各本皆作「謇姐」，宋・吳曾《能改齋漫錄》卷2「婦女稱姐」條引正文及注亦皆作「姐」，不誤；《文選》唐鈔本正文及注作「姐」，並誤。王氏據古注音「子庶」、「子也」、「子預」三反，亦知其字從「且」不從「旦」。此文之「姐」，亦是「姐」字形誤。敦煌寫卷P.2011 王仁昫《刊謬補缺切韻》：「姐，慈野反，嫚也。」本字當爲怚、嫭，《說文》：「怚，驕也。」又「嫭，嬌也。」「驕」同「嬌」。稱婦人爲「姐」、「小姐」者，取其嬌縱可愛之義，故樂人名爲「謇姐」也〔註147〕。胡姐，胡人爲樂之小姐也，正是優俳之類。王佩諍又引任善銘說，援《賈子》、《樂府》，謂「爲妝旦之遠源」；又引任二北說，引此文以證之，因云：「花旦與胡姐同源，師說（引者按：指吳梅說）可千古。」非爲碻論。陳直曰：「胡姐者謂胡姬之似姐己也。」尤爲望文生訓。

（8）古者椎車無柔，棧輿無植

校注：《說文》：「輮，車網也。」段注云云。《廣雅》：「簞謂之植。」《御覽》卷358引「植」作「軛」，或出別本。（P369）

按：《御覽》卷358引作「樵車無輪，棧車無軛」。「樵」即「椎」字之誤，作「輪」、「軛」皆妄改。《廣雅》：「輨轄、輮，輞也。」王念孫《疏證》引此文，云：「柔與輮通。」〔註148〕《淮南子・說林篇》：「古之所爲不可更，則推（椎）車至今無蟬匷。」本書《非鞅》：「推（椎）車之蟬攫，負子之教也。」「蟬匷」、「蟬攫」即「輨轄」，此椎車無輞之說也。「棧輿」字亦見《詛楚文》。《廣雅》：「簞謂之植。」《篆隷萬象名義》：「簞，植。」〔註149〕王念孫、錢大昭並云「未詳」；王樹枏疑「簞」爲「關」字之誤，「關」、「植」皆謂戶植、橫木；王士濂疑「簞」即「虧」，亦解爲戶植；陳邦福謂「植」爲養蠶器，「簞」同「蕑」，席類〔註150〕。諸說不一，其義待考。此文「植」疑當取《說文》「植，

〔註147〕以上參見蕭旭《〈荀子・大略〉「藍苴路作」解詁》。又參見蕭旭《淮南子校補》，花木蘭文化出版社2014年版，第409～410頁。

〔註148〕王念孫《廣雅疏證》，收入徐復主編《廣雅詁林》，江蘇古籍出版社1992年版，第609頁。

〔註149〕《玉篇》、《廣韻》、《龍龕手鑑》並云：「簞，損也。」「損」爲「植」形誤，胡吉宣《玉篇校釋》已據段玉裁說訂正，上海古籍出版社1989年版，第2812頁。

〔註150〕王念孫《廣雅疏證》，錢大昭《廣雅疏義》，王樹枏《廣雅補疏》，王士濂《廣

戶植」爲解。下文「大夫士則單榱木具」，與此對舉。洪頤煊校「單榱」爲「蟬攫」，是也。「木具」無義，疑即「木植」之脫誤。

（9）長轂數幅

校注：孫詒讓曰：「『幅』當爲『輻』。」（P370）

按：孫說是也，楊樹達說同。《御覽》卷358引正作「輻」字。

（10）珥靳飛軨

校注：《說文》：「靳，當膺也。珥，瑱也。」珥靳，蓋謂以玉瑱充於靳，如珥之爲也。（P372）

按：靳，《御覽》卷358引作「勒」。

（11）大夫士狐貉縫腋

校注：「縫腋」疑當作「逢掖」。《禮記・儒行》：「衣逢掖之衣。」鄭注：「逢，猶大也。大掖之衣，大袂襌衣也。」〔註151〕說略本楊樹達。謝孝苹曰：「狐貉縫腋，謂縫製狐貉之腋裘以爲衣。楊說似欠允。」（P373）

按：謝說望文生義，非也。「縫腋」不必改「逢掖」，古字通用，亦作「縫掖」。鄭注「襌衣」，即「單衣」，亦作借音字「丹衣」。《後漢書・王符傳》：「時人爲之語曰：『徒見二千石，不如一縫掖。』」《白帖》卷34、87引作「逢掖」，《御覽》卷474引作「縫腋」，李賢注引《禮記》鄭注作「單衣」。晉・王子年《拾遺記》卷9：「漢末〔羽山之民〕獻赤布，梁冀製爲衣，謂之丹衣，史家云單衣，今縫掖也。字異聲同，未知孰是？」〔註152〕宋・趙彥衛《雲麓漫抄》卷4：「或云古之中衣，即今僧寺行者直掇，亦古逢掖之衣。」明・方以智曰：「襌衣，單直身也……郭若虛《畫記》：『隋唐謂之馮翼，今呼直裰。』即縫掖也。」〔註153〕字亦作「縫被」，《廣韻》：「被，被縫。」《龍龕手鑑》：「被，

雅疏證拾遺》，陳邦福《廣雅疏證補釋》，並收入徐復主編《廣雅詁林》，江蘇古籍出版社1992年版，第645～646頁。
〔註151〕原引「襌」誤「褌」，逕正。
〔註152〕「羽山之民」四字據《御覽》卷691引補。
〔註153〕方以智《通雅》卷36，收入《方以智全書》第1冊，上海古籍出版社1988年版，第1102～1103頁。

音亦，袯縫也。」〔註154〕二書當乙作「縫袯」〔註155〕，敦煌寫卷 P.2011
王仁昫《刊謬補缺切韻》：「袯，縫袯，衣口。」是其證也。考《廣雅》：
「袯，袖也。」《玉篇》：「袯，之赤切，衣袯下也，袖也，又音亦。」
諸字當以「逢袯」爲正字，猶言大袖，故鄭注云「大袂襌衣也」，袂
亦袖也。又考《後漢書・輿服志》引《禮記》，並解釋云：「縫掖其袖，
合而縫大之，近今袍者也。」《慧琳音義》卷86：「縫腋：《廣雅》云：
『縫，會合也。』《禮記》云：『孔子少居魯，衣縫腋衣。』鄭注云：
『縫，紩也。』」以「縫」爲「縫合」，此又一說也。

（12）古者庶人賤騎繩控，革鞮皮薦而已

校注：孫詒讓曰：「案『賤』疑當作『俴』，《詩・小戎》：『俴駟孔群。』
《釋文》引《韓詩》云：『駟馬不著甲曰俴駟。』」器按：《事物紀原》卷
9引「控」作「鞚」。《說文》：「鞮，革履也。」（P374）

按：孫說是也，而猶未盡。《管子・參患篇》：「甲不堅密，與俴者同實。」
尹注：「俴謂無甲單衣者。」考《漢書・鼂錯傳》錯上言兵事曰：「兵
不完利，與空手同；甲不堅密，與袒裼同。」即本《管子》，是「俴」
猶袒裼，亦即不著甲之謂也。字或作躔，《玉篇》：「躔，初產切，騎
馬也。」胡吉宣曰：「《集韻》、《類篇》皆云『徒騎也』。徒騎，謂不
加鞍也。」〔註156〕桂馥曰：「騎無鞍馬曰躔。」〔註157〕俗字或作驏，
《字彙》：「驏，馬不施鞍轡爲驏。」《正字通》：「驏，鉏版切，棧上
聲，馬不施鞍轡爲驏。《吹萬集》：『驏，不鞍而騎也。』令狐楚《少
年行》：『少小邊州慣放狂，驏騎蕃馬射黃羊。』」翟灝曰：「驏，初限
切，不鞍而騎也。」〔註158〕趙翼曰：「不鞍而騎曰驏馬。」〔註159〕

〔註154〕此據高麗本，一本「縫」誤作「絳」。參見陳飛龍《龍龕手鑑研究》，文史哲
　　　　出版社1974年版，第143頁。
〔註155〕整理《廣韻》諸家皆未及之。黃侃《黃侃手批廣韻》，中華書局2006年版，
　　　　第601頁。趙少咸《廣韻疏證》，巴蜀書社2010年版，第3484頁。周祖謨《廣
　　　　韻校本》，中華書局2004年版，第519頁。余迺永《新校互注宋本廣韻》，上
　　　　海辭書出版社2000年版，第517頁。蔡夢麒《廣韻校釋》，嶽麓書社2007
　　　　年版，第1218頁。
〔註156〕胡吉宣《玉篇校釋》，上海古籍出版社1989年版，第1436頁。
〔註157〕桂馥《札樸》卷9《鄉言正字・雜言》，中華書局1992年版，第390頁。
〔註158〕翟灝《通俗編》卷36，收入《續修四庫全書》第194冊，上海古籍出版社2002
　　　　年版，第636頁。

《山西志書・臨晉縣》：「馬不鞁而騎曰騾。」〔註 160〕《元史・太宗本紀》：「妁者，乘以騾牛徇部中。」俗字或作剗、剳、撏、鏟〔註 161〕，《南寧府部雜錄》：「剗馬賊種出五山，一曰剗者，產也，五山爲賊馬出產之處，人與馬狎習，不須鞍轡，而罄身光脊可騎；又曰剗而去之也。」〔註 162〕惟「不須鞍轡」之說爲得，餘說皆失之。丁惟汾曰：「剗馬，倓馬也。馬不著鞍謂之剗馬。剗字當作倓，《韓詩》、《管子》云云。」〔註 163〕唐無名氏《醉公子》：「門外猧兒吠，知是蕭郎至，剗襪下香階，冤家今夜醉。」南唐・李煜《菩薩蠻》：「花明月暗籠輕霧，今宵好向郎邊去，剗韈步香階，手提金縷鞋。」沈兼士曰：「詳其詞意，知剗襪即徒跣而不納屨之謂。今北平人謂不襯而箸衣履猶曰剗穿。」〔註 164〕字亦省作產，《脈望館》本《尉遲恭鞭打單雄信》：「兀那廝尒風魔九伯產馬單鞭來意若何。」〔註 165〕控，《書鈔》卷 126、《御覽》卷 358、359 引同，《初學記》卷 22 引作「輯」，古字通用；《御覽》卷 472 引誤作「校」。革鞮，《書鈔》卷 126 引作「革提」，《初學記》卷 22、《御覽》卷 358、359、472、《事物紀原》卷 9 引作「草鞮」。《路史》卷 10：「服牛乘馬，草鞮皮蒙。」「草」爲「革」字形誤。《玉篇》：「鞻，革鞮也，革底麻枲。」亦言「韋鞮」，銀雀山漢簡《守法守令等十三篇》：「非甲戟矢弩及兵縶韋鞮（鞻）之事。」

（13）及其後，革鞍鞪成，鐵鑣不飾

校注：王先謙曰：「《御覽・兵部》引『鞪』作『攻』。」器案：「鞪成」謂

〔註 159〕趙翼《陔餘叢考》卷 43，中華書局 1963 年版，第 976 頁。
〔註 160〕《古今圖書集成・字學典》卷 145《方言部彙考三・山西志書・臨晉縣》，中華書局民國影本。
〔註 161〕參見顧學頡、王學奇《元曲釋詞（一）》，中國社會科學出版社 1983 年版，第 223～224 頁；胡竹安《水滸詞典》漢語大詞典出版社 1989 年版，第 52 頁。
〔註 162〕《古今圖書集成・方輿彙編・職方典》卷 1446《南寧府部雜錄》，中華書局民國影本。
〔註 163〕丁惟汾《俚語證古》卷 12，齊魯書社 1983 年版，第 264 頁。引文中「云云」者，以其文字已見上文，故略去。
〔註 164〕沈兼士《袒裼・但馬・剗襪》，收入《沈兼士學術論文集》，中華書局 1986 年版，第 291 頁。
〔註 165〕以上參見陳敏《〈西遊記〉俗語詞俗字研究》，廈門大學 2012 年博士學位論文。這裏有所補充。

以氀織成之物也。（P375）

按：《初學記》卷22引無「氀成」二字，《御覽・兵部》卷358、359二引，並作「攻成」。「氀成」當讀爲「毛成」，言其物革製，成而尙有毛，亦即「不飾」之誼。「氀」脫誤爲「攻」。姚範曰：「『成』字誤。」非也。

（14）罽繡弇汗

校注：《御覽》卷359引「弇」下有「音奄」二字。「弇汗」就是「鞈」，《說文》：「鞈，防汗也。」又叫做「鄣汗」。（P375）坊

按：罽，《御覽》卷359、472引作「劂」，並讀爲䋩，《說文》：「䋩，西胡毊布也。」弇汗，孔廣陶本《書鈔》卷126、《初學記》卷22、《御覽》卷359引同，陳禹謨本《書鈔》引作「弇汗」，《御覽》卷472引作「掩汗」，又卷816引作「掩汗」。「汗」爲形誤字。考《方言》卷4：「汗襦，江淮南楚之閒謂之禪，自關而西或謂之祇裯。」郭注：「祇，音氏。裯，丁牢反。亦呼爲掩汗也。」《廣雅》：「防汗謂之鞈。」又稱「障汗」者，同義替換也。《玉篇》：「防，障也。」也稱作「障泥」、「韝泥」、「蔽泥」，《初學記》卷22：「障泥、障汗。」注：「亦曰弇汗。」《廣韻》：「韝，韝泥，鞍飾。」明・胡侍《眞珠船・障泥》：「障泥，一名障汗，一名弇汗，一名蔽泥。」襯衣謂之掩汗，馬鞈謂之弇汗，其義一也。《說文》「鞈」訓防汗，《集韻》引同。高麗本《玄應音義》卷5：「鞈，橐也，亦防汗也。」高麗本、獅谷蓮社刻本《慧琳音義》卷34轉錄《玄應音義》誤作「防汗」，《玄應音義》之磧砂本、永樂南藏本、海山仙館本並誤作「防捍」。《初學記》卷22、《御覽》卷359引《東觀〔漢〕記》：「賜馬二疋，并鞍勒、防汗。」亦作「防汗」。《玉篇》：「鞈，橐也，以防捍也。」《廣韻》、《可洪音義》卷25、《龍龕手鑑》並云：「鞈，防捍。」「防捍」即「防汗」，同音借字。《說文》：「汗，人液也。」《廣雅》：「汗，濁也。」指污濁，故防汗一名障泥，又名障汗也。《集韻》：「鞈，一曰捍防也。」此則誤以「捍」爲「捍衛」義，又倒作「捍防」也。王念孫據《玉篇》、《廣韻》改「汗」作「扞」〔註166〕，段玉裁曰：「此當作所以防捍也，轉寫奪誤。巾部曰：『幊，

〔註166〕王念孫《荀子雜志》，收入《讀書雜志》卷11，中國書店1985年版，第49

馬纏鑣扇汗也。』與此無涉。《篇》、《韻》皆曰防捍，是相傳古本捍亦作扜，故譌汗。」〔註167〕朱駿聲曰：「汗亦當作扜。」〔註168〕朱起鳳曰：「扜即捍之省，汗字當作仟。」〔註169〕錢桂森曰：「疑此字當從于作汙，讀烏路切。不當從干讀何且切也。」〔註170〕諸說皆非是。徐德培曰：「『弅汗』疑即『扇汗』也。」其說尤誤，「扇汗」是「幘」，「弅汗」是「鞈」，判然二物。其未讀段注乎？王佩諍駁徐說，是也，而又謂「『弅汗』疑當作『弅汙』」，則非也。

（15）古者，汙尊抔飲

校注：「抔」原作「坏」，《御覽》卷472引作「杯」，俱「抔」之誤，今改。《禮記‧禮運》：「汙尊而抔飲。」鄭注：「汙尊，鑿地爲尊也。抔飲，手掬之也。」

按：《御覽》卷472引作「古者盂樽杯飲」，又卷759引作「古者，汙樽杯飲」。「汙」與「洼」通，窊下也。《雲笈七籤》卷56：「抔飲窊樽。」「窊」亦同。「盂」、「杯」並形聲之譌。

（16）蓋無爵觴樽俎

校注：王先謙曰：「《御覽》卷759引作『蓋無爵樽觴豆』。」（P376）

按：宋本《御覽》卷472引作「蓋無爵無觴」，又卷759引作「蓋每爵樽觴豆」。「每」爲音誤字。

（17）今富者銀口黃耳，金罍玉鍾

按：《御覽》卷759引「罍」作「壘」，借字；又卷472引作「銀劍黃耳，罍樽玉鋪」。「鋪」疑讀爲「敷」。

（18）中者野王紵器，金錯蜀杯

校注：「野王」原作「舒玉」，今據王先謙說校改。王云：「『舒玉』二字

頁。
〔註167〕段玉裁《說文解字注》，上海古籍出版社1981年版，第110頁。
〔註168〕朱駿聲《說文通訓定聲》，武漢市古籍書店1983年版，第109頁。
〔註169〕朱起鳳《辭通》，上海古籍出版社1982年版，第1992頁。
〔註170〕錢桂森《錢辛伯讀說文段注札記》，《國學輯林》第1期，1926年版，第57頁。錢桂森字辛白，號犀庵。

無義，與『紵器』亦不相屬。《御覽》引作『野王紵器』，蓋此器出於野王，與下『蜀杯』爲對。」（P377）

按：《御覽》卷759引作「中者野玉紵器，金錯屬杯」，實作「玉」字，王先謙失檢。舒，疑讀爲塗，亦作鍍，《集韻》：「鍍，以金飾物，通作塗。」字亦作劇、斁、斁，《爾雅》：「象謂之鵠，角謂之觷，犀謂之剒，木謂之劇，玉謂之雕。」五者對文則異，散文則通。「剒」同「錯」。《書‧梓材》：「若作梓材，既勤樸斲，惟其塗丹雘。」孔疏本作「斁」，云：「即古塗字。」《說文》「雘」字條引作「斁」。《集韻》：「斁，塗也。《周書》：『斁丹雘。』」此文「舒玉」、「金錯」對舉，謂飾以金玉也。「屬」則「蜀」之譌。陳直曰：「舒玉謂舒展其玉。」蓋亦未得。

（19）夫一文杯得銅杯十，賈賤而用不殊

按：張之象注：「賈，通作價。」《御覽》卷759引作「失一杯得銅杯十，價錢而用不殊」。「失」、「錢」並字之譌。

（20）古者，燔黍食稗，而捭豚以相饗

校注：案「捭」原作「燀」，今改。王先謙曰：「《御覽》卷849引『燀』作『捭』。」案《禮記‧禮運》：「燔黍捭豚。」即此文所本。《廣雅》：「焷謂之烇（烇）。」〔註171〕「捭」就是「焷」的借用字。（P378）

按：孔廣陶本《書鈔》卷142、《御覽》卷849引作「燔黍而食，捭豚相享」，陳禹謨本《書鈔》引同今本。《禮記》《釋文》：「捭，卜麥反，注作擗，又作擘，皆同。」《家語‧問禮》作「燔黍擘豚」，王注：「古未有釜甑，燔米擘肉加於燒石之上而食之。」唐‧神清《北山錄》卷1引《禮記》作「燔黍擗豚」。是唐以前人俱讀「捭」爲「擗（擘）」也。王念孫曰：「捭者焷之借字，焷與燔一聲之轉，皆謂加於火上也。」並引此文，逕改作「焷」字〔註172〕。王氏校注即本王念孫說也。「燀」讀爲焷，不煩改字。古從畢從卑之字通用。《淮南子‧人間篇》：「卑辭而不能得也。」《御覽》卷55引作「畢辭」，《呂氏春秋‧必己》亦作「畢辭」。《史記‧

〔註171〕 王氏引《廣雅》「焷」誤作「燀」，逕正。
〔註172〕 王念孫《廣雅疏證》，收入徐復主編《廣雅詁林》，江蘇古籍出版社1992年版，第621頁。說又見王引之《經義述聞》卷15，江蘇古籍出版社1985年版，第349頁。

吳太伯世家》：「子句卑立。」《吳越春秋・吳太伯傳》作「句畢」。《呂
氏春秋・樂成》：「黂裘而韠，投之無戾。」《資治通鑑外紀》卷 8「韠」
作「韗」。皆其例也。

（21）古者君子夙夜孳孳思其德，小人晨昏孜孜思其力

按：《意林》卷 3、《御覽》卷 364 引作「古者君子思德，小人思利」，林平
和據以校「力」作「利」，是也。

（22）〔今〕世俗……堅額健舌，或以成業致富

校注：「今」字原無，今補。（P383）

按：《意林》卷 3、《御覽》卷 364 引作「今人堅額健舌，或以致業」〔註 173〕，
正有「今」字。本書《貧富》：「浸以致富成業。」

（23）古者無杠橫之寢，牀杫之案。及其後世，庶人即采木之杠，牒樺
之橫

校注：《說文》：「杠，牀前橫木也。」《廣雅》：「㔯，几也。」「杫」同「㔯」。
「牒樺」原作「葉華」，今改。《方言》卷 5：「牀……其杠……東齊、海、
岱之間謂之樺；其上板，衛之北郊，趙、魏之間謂之牒。」（P383）

按：王氏謂「杫」同「㔯」，說本王念孫、錢繹，二氏皆引此文以說之〔註 174〕。
考字書，「橫」為木名，非此文之誼。橫，疑讀為襺。《說文》：「襺，
以毳為繡，色如虋，故謂之襺。虋，禾之赤苗也。《詩》曰：『毳衣如
襺。』」今《詩・大車》作「璊」，亦借字。《廣韻》：「襺，赤色罽名。」
若此，則王氏改「葉華」為「牒樺」失當也。葉華之襺，蓋謂繡有花
葉之紅色毛毯也。且《方言》之「樺」亦是誤字，當從戴震據《玉篇》、
《廣韻》、《初學記》卷 25 所引訂為「椑」〔註 175〕，《集韻》引亦作「椑」。
這也不支持王氏的改字。孫詒讓曰：「『葉華之橫』不知何物，疑『葉
華』當作『素桑』……蓋『素桑』傳寫或誤作『華葉』，又倒其文作『葉
華』。」臆測之辭，不可信從。馬非百曰：「橫，牀板。華，當作樺。

〔註 173〕《道藏》本、《四庫》本《意林》引「或」並誤作「代」。

〔註 174〕王念孫《廣雅疏證》，收入徐復主編《廣雅詁林》，江蘇古籍出版社 1992 年版，
　　　　第 676 頁。錢繹《方言箋疏》，上海古籍出版社 1984 年版，第 352 頁。

〔註 175〕戴震《方言疏證》，收入《戴震全集（5）》，清華大學出版社 1997 年版，第
　　　　2371 頁。

葉樺之橌，以尙未落葉的白樺樹爲牀板。」橌訓牀板，不知所據，其說亦非。陳直曰：「《說文》：『橌，松心木。』本文謂用松心木做成之牀杠，上面加以花葉之彩畫。」亦頗迂曲。

（24）大夫士復薦草緣

按：緣，緣飾。草，《書鈔》卷 133、《御覽》卷 709 引同，此卷用爲「皂（皁）」的本字，指黑色。王觀國曰：「《說文》曰：『草，自保切，櫟實。』可以染帛爲黑，故黑色曰草。後世既用皁字，故草字用爲草木之字。」〔註 176〕草緣，黑色的緣飾。《後漢書・禮儀志上》：「皆服都紵大袍、單衣，皁緣領袖中衣。」又《禮儀志中》：「京都百官皆衣白，施皁領緣中衣，迎氣於白郊。」又《輿服志下》：「皆通制袍、單衣，皁緣領袖中衣。」皆其證也。楊樹達曰：「『草緣』爲不可通，疑當作『革緣』，謂以革緣飾其邊也。」馬非百曰：「草緣，以草緣飾席邊。」二說皆非也。

（25）今富者者繡茵翟柔，蒲子露牀

校注：孫詒讓曰：「翟當作瞿，形近而誤。瞿柔即氍毹也……瞿、裘一聲之轉，柔、㲲、毹、毺音並相近。」「露牀」原作「露林」，今改。《史記・滑稽列傳》：「席以露牀。」露牀蓋牀之不施帷幕者。（P384～385）

按：（a）孫氏校作「瞿柔」是也，而謂「柔、㲲」與「毹、毺」音近則失之。「毺」當是「毹」之形誤〔註 177〕。（b）王氏校作「露牀」亦是也，而所釋則失之。「牀」字或省作「**牀**」形〔註 178〕，因以致譌。孔廣陶本《書鈔》卷 133 引作「霧秋」，亦是形譌。「露牀」是富者的奢侈生活品，露當指交露，即用交錯的珠串組成的帷幔，其狀若露珠，故有此稱。字亦省作「路牀」，《史記・滑稽傳》：「楚莊王之時，有所愛馬，衣以文繡，置之華屋之下，席以露牀，啗以棗脯。馬病肥死。」《左傳・昭公二十九年》孔疏引作「路牀」。《御覽》卷 913 引《異物志》：「麠狼狀似鹿而角前向，入林挂角，故恒在平淺草中。肉肥脆香美，逐入林則得之。皮

〔註 176〕王觀國《學林》卷 9，收入《叢書集成新編》第 12 冊，新文豐出版公司 1985 年版，第 81 頁。
〔註 177〕參見蕭旭《古國名「渠搜」名義考》。
〔註 178〕參見黃征《敦煌俗字典》，上海教育出版社 2005 年版，第 62 頁。

可作履襪，角正，西（四）據，南人因以作路牀。」〔註179〕「鼉角」
亦爲路牀之飾物。《漢語大詞典》釋「露牀」爲鋪設竹席的涼床〔註180〕，
亦非是。

（26）中者貘皮代旃，闌坐平筦

校注：一本「貘」作「漢」。疑是「灘」字，四川稱青海羊皮爲灘皮。
（P385）

按：王佩諍曰：「貘，疑爲貛字之誤。」陳直曰：「『貘』字不見於字書，以
聲義求之，疑爲犴字同聲之假借。」余則以形求之，疑「貘」爲「獏」
之形譌。「獏」同「貘」。《爾雅》：「貘，白豹。」郭注：「皮辟濕。」《埤
雅》卷4：「貘獸……皮辟溫濕，以爲坐毯臥褥，則消膜外之氣，字從
膜省，蓋以此也。」《爾雅翼》卷18：「貘……皮辟濕，寢其皮，可以
驅瘟癘。」貘皮代旃，謂貘獸之皮，代地之旃也。

（27）楊豚韭卵

校注：「楊」字無義，疑「煬」之誤。煬，炙也。（P385）

按：陳直謂「楊爲煬字之假借」。馬非百曰：「楊豚，可作兩種解釋：一爲
楊姓所製之豚肉，二爲出自楊地之豚肉。」此皆不從。余疑「楊」當
作「羔」，「羔」脫誤爲「羊」，又易作「楊」。

（28）匹夫無貌領，桐人衣紈綈

校注：張敦仁曰：「『貌』當作『繞』。繞領，幬也。《拾補》改作『無完領』，
非。」（P390）

按：陳直從盧校。「貌」、「繞」形聲俱遠，張說無據。《廣雅》：「幗謂之幝。」
《玉篇》：「幗，幝也，覆髮上也，或作幗。」「幝」即「幗（幗）」，婦
人之首飾。《說文》無「幝」字，「貌」即「幝」本字，束髮之巾，取義
於飾形貌也。紈綈，《御覽》卷552引作「綈紈」。

〔註179〕《後漢書·西南夷傳》李賢注引「西」作「四」，無「路」字。《書鈔》卷133、
《初學記》卷25、《御覽》卷706、《錦繡萬花谷》續集卷6引「西」作「四」，
「路」作「踞」。「踞」爲「路」形誤。
〔註180〕《漢語大詞典》（縮印本），漢語大詞典出版社1997年版，第6818頁。

（29）及其後，則封之，庶人之墳半仞，其高可隱

校注：《禮記·檀弓下》：「既葬而封，廣輪揜坎，其高可隱也。」鄭注：「隱，據也。封可手據，謂高四尺所。」〔註181〕《漢書·劉向傳》用之，注：「臣瓚曰：『謂人立可隱肘也。』」（P390～391）

按：《漢書·劉向傳》顏注又引孟康曰：「隱蔽之，財可見而已。」顏氏斷之云：「瓚說是也。」《後漢書·范冉傳》：「墳封高下，令足自隱。」李賢注引《漢書音義》：「謂人立可隱肘也。」鄭注隱訓據，則讀爲㝬，《說文》：「㝬，所依據也。」疑「手據」、「隱肘」之說非是。《禮記》「揜」、「隱」對舉同義，孟康說是也。孟康注之「財」，同「纔」，猶僅也。言封墳之，其大僅足以掩坎，其高僅足以蔽體，既不太大，也不太高，薄葬之旨也。故《後漢書》云「自隱」，其義至顯。覆宋本《家語·曲禮子貢問》：「其高可時隱也。」四庫本、四部備要本、同文本皆改「時」作「肘」。「時」或「肘」爲衍文，《御覽》卷518引正無此字。

（30）古者，事生盡愛，送死盡哀

按：《晏子春秋·內篇諫下》：「且古聖王，畜私不傷行，斂死不失愛，送死不失哀。」

（31）故黎民相慕效，至於發屋賣業

校注：一本「發」作「廢」。案《野客叢書》卷25引仍作「發」，作「廢」者明人所改。（P393）

按：《文章正宗》卷9、《文選補遺》卷16引作「發」，《西漢年紀》卷18引作「廢」。是宋人已有作「廢」字之本，不可謂明人所改。

（32）古者，凶年不備，豐年補敗

按：《穀梁傳·莊公二十八年》：「古者稅什一，豐年補敗，不外求而上下皆足也。」范甯注：「敗謂凶年。」《公羊傳·莊公二十九年》：「脩舊不書。此何以書？譏。何譏爾？凶年不脩。」《董子·竹林》：「且春秋之法，凶年不修舊，意在無苦民爾。」此文「備」當作「脩」，同「修」。馬非百解爲「儲備」，非也。「備」俗字作「俻」，與「脩」形近致譌也。「修」

謂修治宮室也。《金樓子・立言篇下》：「世莫學馭龍，而學馭馬，莫學治鬼，而學治人，先其急脩也。」「脩」則爲「備」字之誤。

（33）黎民泮汗力作

校注：「泮汗」猶「畔岸」，有勤勞義。說略本陳遵默。（P395）

按：陳說是也，「泮汗」、「畔岸」與「蹣跚」亦音之轉〔註182〕，故有力作義。王佩諍引朱起鳳《駢雅識餘》謂「泮汗」即「泮奐」、「伴奐」，「閒適之義」，云「終歲勤動，勞苦不息，而曰優遊力作，蓋反文生訓……若望文生義，以霑體塗足爲泮汗，以血汗辛勞爲伴汗，不足與語考據矣。」朱氏說是也，「盤跚」之本義當爲迴旋貌，訓閒適、勤勞，一義之兩面。王佩諍又謂「泮汗」即「泮合」、「胖合」、「判合」、「半合」，「是百姓夫婦勤動之意」，則誤。馬非百曰：「泮，散。汗，汗水。」非也。

（34）古者庶人鹿菲草芰，縮絲尚韋而已

校注：張敦仁曰：「鹿當作麤（俗作麄，《說文》：『𪋮，草履也。』麤、𪋮同字。），芰、屨同字。」王先謙曰：「《初學記》、《書鈔》、《御覽》並引作『麄屝草履』，是也。皆以形近致誤。」《急就篇》：「裳韋不借爲牧人。」顏注：「韋，柔皮也。裳韋，以韋爲裳也。」孫詒讓曰：「裳韋，皇象本作『尚韋』。顏不得其說，改『尚』爲『裳』。」器案：孫說是，《玉篇》：「𩉾，音掌，扇安皮也。」今尚云「𩉾鞋」，「尚」即「𩉾」字。（P395）

按：《御覽》卷 697 引作「鹿菲草履」，王氏失檢。「菲」、「屝」古通用，非誤字，例多不煩舉證。《玉篇》「𩉾」訓「扇安皮」者，《五音集韻》、《改併五音類聚四聲篇海》同，《重訂直音篇》、《字彙》、《正字通》作「扇鞍皮」，《篇海類編》作「扇馬鞍皮」，蓋不得其誼，而妄改「安」作「鞍」、「馬鞍」。胡吉宣《玉篇校釋》無說〔註183〕，今謂「安」即「安置」、「安裝」義；扇，動詞，擊打也，俗作搧、搹；扇安皮者，謂敲打而安裝皮革，猶俗言釘皮也。明・李實《蜀語》：「縫皮曰𩉾。𩉾音掌。」〔註184〕是其誼也。𩉾之言戳（㪬）也，字亦作撐、㪬、

〔註182〕參見蕭旭《〈說文〉「蹣跚」疏證》。
〔註183〕胡吉宣《玉篇校釋》，上海古籍出版社 1989 年版，第 5260 頁。
〔註184〕明・李實《蜀語》，收入《叢書集成初編》第 1182 冊，中華書局 1985 年影印，第 23 頁。

縠、敞、敦（敦）、殼、棠、橖、椖、捵、幰、幒、釘、幀、槙、搷、侲、捯、碾、根，並爲同源詞，俗作「撐（撑）」字〔註185〕。《玄應音義》卷 3：「牢敽（敞）：又作敦、亭二形，同。《三蒼》：『敞，橖也。』《通俗文》：『撞出曰打。』今之以木若鐵撞出孔中物更補之謂之敞。經文作棠，非體也。」《龍龕手鑑》：「殼，直耕反。《字書》：『橖也。』郭迻又俗昌兩反。」又「縠，俗，正作敦。」又「敞，俗，昌兩反。」《龍龕手鑑》未指出「敞」的正字，亦無釋義。今之治疑難俗敞字者，亦未見有人考辨。「敞」當即「鞝」，是給鞋子釘皮的專字，指把皮革繃緊而釘上去，取義於撐開、張緊。尙韋，即釘皮、縫皮，指給鞋子釘皮底。民國《定海縣志》：「鞝，諸兩切，俗讀若尙，謂靴鞋配皮底曰鞝。」〔註190〕俗記作同音字「綃」或「上」。此篇上文「今富者連車列騎，驂貳輻軿；中者微輿短轂，煩尾掌蹄」，「掌蹄」指給馬蹄釘上鐵片，「掌」與「尙」其義一也。孫人和曰：「掌讀爲堂，《說文》：『堂，拒也。』堂蹄，以物䩞遮其蹄也。」孫說是也，「堂」訓拒，即抵拒二頭而撐開義。蒲松齡《日用俗字·皮匠章第十六》：「靴匠又爲燹皮勒，股子做頭䩞皮緣。鞢腳偏韁割劂眼，韁頭結罷又攇鞭。剩下碎皮還打鞝，鈒鞋也要細剓鑽。紉上針時揗一揗，線粗針密始牢堅。」〔註191〕碎皮打鞝，謂以碎皮納鞋底也。陳直引《居延漢簡》「常韋萬六千八百」，又引《敦煌漢簡》「尙韋二兩」，「常韋」亦即「尙韋」。王氏引方言「鞝鞋」說之，得之矣。馬非百曰：「尙韋，加之以皮。」裘錫圭曰：「『尙』當『加在上面』講……『尙韋』應指加在鞋襪上防髒防損的皮罩。」〔註192〕皆未得「尙」字之義，且亦非指「皮罩」，而是指「鞋底」。《佩文韻府》卷 5：「縮絲尙韋，謂風俗淳朴，省絲而用韋也。」尤爲望文生訓。

〔註185〕參見蕭旭、趙鑫曄《〈捉季布傳文〉校補》「腰下狼牙椖四羽」條，《中國語學研究·開篇》第 28 卷，2009 年 4 月日本好文出版；收入蕭旭《群書校補》，廣陵書社 2011 年版，第 1144 頁。

〔註190〕《定海縣志》，民國鉛印本第 5 冊。

〔註191〕蒲松齡《日用俗字》，收入《蒲松齡集》（路大荒整理），上海古籍出版社 1986 年版，第 756 頁。

〔註192〕裘錫圭《閱讀古籍要重視考古資料》，收入《古代文史研究新探》，江蘇古籍出版社 1992 年版，第 69 頁。

（35）越端縱緣

　　校注：孫詒讓曰：「『越』與『絾』聲同字通。」（P396）

按：孫說是也，方以智曰：「絾（音越），織綵爲之。《說文》：『絾，采章
也。』《廣韻》：『絾，紵布也。』則《潛夫論》『葛子升越』之『越』
矣。」〔註193〕《潛夫論》見《浮侈篇》。楊慎曰：「越亦草名，蒲屬，
可緝爲布。《文選》：『葛越。』注：『草布也。』《後漢·馬后傳》：『白
越三千端。』《潛夫論》：『葛子升越，筒（箇）中女布。』盛弘之《荊
州記》：『秭歸縣室多幽閒，其女盡織布，至數十升。』謂之升越。字
一作絾，陶隱居《本草》注：『天門多，一名浣草，以浣布，白如絾。』」
〔註194〕《文選》見《爲石仲容與孫皓書》，注爲呂延濟注；《荊州記》
見《後漢書·王符傳》李賢注引。

（36）目脩於五色，耳營於五音

　　校注：「脩」原作「修」，今據張敦仁說校改。張云：「按『修』當作『脩』，
　　《集韻》、《類篇》皆云：『脩，目不明。』」（P400）

按：陳直、馬非百亦取張說。考「脩」當訓目不正〔註195〕，非此文之誼，
張說非也。《莊子·盜跖》：「今富人耳營鐘鼓管籥之聲，口嗛於芻豢
醪醴之味，以感其意，遺忘其業，可謂亂矣。」《淮南子·泰族篇》：
「目悅五色，口嚼滋味，耳淫五聲。」文義相近。營，讀爲熒，迷惑。
「修」、「熒」對舉，疑「修」爲「誘」音誤，《淮南子·說林篇》：「蘭
芝（芷）欲脩，而秋風敗之。」《御覽》卷4、《記纂淵海》卷59引作
「叢蘭欲秀」，是其相通之證。字或作𢞑，睡虎地秦簡《日書》甲種：
「人毋故而鬼惑之，是𢞑鬼，善戲人。」整理者注：「𢞑，讀爲誘，
迷惑。」〔註196〕又疑「修」讀爲「逐」。宋·林之奇《周禮講義序》：
「耳營鐘鼓管籥之音，目逐青黃黼黻之美。」可助校。《易·頤》：「其

〔註193〕方以智《通雅》卷36，收入《方以智全書》第1冊，上海古籍出版社1988
　　　　年版，第1117頁。
〔註194〕楊慎《譚苑醍醐》卷3，收入《叢書集成新編》第39冊，新文豐出版公司1985
　　　　年印行，第39頁。
〔註195〕參見蕭旭《〈說文〉「脩，昳也」音義考》，《澳門文獻信息學刊》第9期，2013
　　　　年10月出版，第99～105頁。
〔註196〕睡虎地秦簡《日書》甲種，收入《睡虎地秦墓竹簡》，文物出版社1990年版，
　　　　第216頁。

欲逐逐。」《釋文》：「逐逐，《子夏傳》作『攸攸』，《志林》云：『攸當爲逐。』荀作『悠悠』，劉作『跾』。」《漢書・敍傳》：「六世耽耽，其欲浟浟。」顏注引《易》作「浟浟」。此其相通之證也。

（37）體極輕薄，口極甘脆

校注：盧文弨曰：「『薄』疑『煖』。」一本下「極」字作「窮」。（P400）

按：盧說非也，《西漢年紀》卷 18、《文章正宗》卷 9、《文選補遺》卷 16 並作「體極輕薄，口窮甘脆」。

《救匱》第三十

（1）蓋橈枉者以直，救文者以質

校注：「橈枉者以直」原作「橈枉者過直」，與此文義不合。橈枉者以直，猶言矯枉者以直。《淮南子・本經篇》：「矯枉以爲直。」《春秋繁露・玉杯》：「以矯枉世而直之，矯者不過其正弗能直。」此文所本。《漢書・諸侯王表》：「可謂撟枉過其正矣。」《後漢書・仲長統傳》：「逮至清世，則復入於矯枉過正之檢。」〔註 197〕（P402）

按：橈，《喻林》卷 61 引作「撓」。宋・張方平《原蠹》：「蓋撓枉者過直，救文者以質。」即本此文。橈、撓，並讀爲矯。《淮南子・俶眞篇》：「禍福弗能撓滑。」《文子・九守》作「矯滑」，是其證也。張之象注：「橈，通作撓，屈也。」非也。「過」字不誤，王改非也。王氏所引《董子》及二《漢書》，亦足證明「過」字不誤也。《漢書・外戚傳》：「吏拘於法，亦安足過？蓋矯枉者過直，古今同之。」顏師古曰：「矯，正也。枉，曲也。言意在正曲，遂過於直。」《越絕書・敍外傳記》：「矯枉過直。」《後漢書・黨錮列傳》：「夫上好則下必甚，矯枉故直必過，其理然矣。」又《馬武傳》李賢注引《孟子》：「矯枉者過其正。」〔註 198〕「矯枉過正」即「矯枉過直」。《鬼谷子・磨篇》：「正者直也。」下文所舉「晏子相齊，一狐裘三十載，故民奢示之以儉，民儉示之以禮」，即矯枉過正之例，與《漢書・王莽傳》

〔註 197〕王氏引脫「復」字，逕補。
〔註 198〕今本《孟子》無此語。

「故國奢則視之以儉，矯枉者過其正」所言正同。矯枉必須過其正，否則達不到矯枉的效果。《董子·王道》：「此春秋之救文以質也。」爲此文下句所本。王佩諍引《史記·高祖本紀》「敬之敝小人以鬼，故周人承之以文」云云，未切。

（2）故民奢，示之以儉；民儉，示之以禮

校注：《禮記·檀弓下》：「曾子曰：『國奢，則示之以儉；國儉，則示之以禮。』」即此文所本。（P402）

按：《晏子春秋·外篇》：「仲尼曰：『景公奢，晏子事之以恭儉。』」亦此文所本。《新語·無爲》：「故君子之御下也，民奢應之以儉，驕淫者統之以理。」《御覽》卷556引《楚國先賢傳》：「韓暨將終，遺言曰：『夫俗奢，示之以儉；儉，則節之以禮。』」皆足參證。

（3）率以敦朴

按：《小爾雅》：「率，勸也。」馬非百曰：「率，表率。」非也。

（4）何散不足之能治乎

按：馬非百謂「散」當據上篇「治聚不足奈何」作「聚」，是也。《文章正宗》卷9、《西漢年紀》卷18、《文選補遺》卷16引正作「聚」字。上文「無聚不足之病」，亦作「聚」字。

（5）自此之後，多承意從欲，少敢直言面議而正刺

按：從欲，讀爲「從諛」。字或作「從容」，《史記·儒林傳》：「寬在三公位，以和良承意從容得久，然無有所匡諫。」王念孫曰：「案：從容者，從諛也。」〔註199〕字或作「屬臾」，《淮南子·氾論篇》：「而乃始服屬臾之貌，恭儉之禮，則必滅抑而不能興矣。」高注：「屬臾，謹也。」「承意從欲」即「承意從容」也〔註200〕。字或作「慫慂」，《集韻》：「慂，勸也，《方言》：『南楚凡己不欲喜怒而旁人說者，謂之慫慂。』或作容、臾。」

〔註199〕王念孫《史記雜志》，收入《讀書雜志》卷3，中國書店1985年版，第44頁。
〔註200〕參見蕭旭《淮南子校補》，花木蘭文化出版社2014年版，第404頁。

（6）夫九層之臺一傾，公輸子不能正；本朝一邪，伊、望不能復

按：《文章正宗》卷 9、《西漢年紀》卷 18、《文選補遺》卷 16、《喻林》卷 30 引同今本，《意林》卷 3、《子略》卷 4 引無「一」字，「本」作「大」。「本」疑「大」之誤。

《箴石》第三十一

（1）賈生有言曰：「懇言則辭淺而不入，深言則逆耳而失指。」

按：賈生之言，陳直、馬非百引賈山《至言》「臣聞忠臣之事君也，言切直，則不用而身危。不切直，則不可以明道」，近之。《後漢書・隗囂傳》光武賜囂書：「深言則似不遜，略言則事不決。」意亦近，蓋亦自賈子語化出也。

（2）故曰「談何容易」，談且不易，而況行之乎

校注：《文選・非有先生論》：「談何容易。」李善注：「言談說之道，何容輕易乎？」《漢書・東方朔傳》注，師古曰：「不見寬容，則事不易，故曰何容易也。」（P408）

按：《易林・解之蒙》：「朽輿瘦駟，不任銜轡。君子服之，談何容易。」也作「言何容易」，《類聚》卷 72 魏・曹植《酒賦》：「噫，夫言何容易！」「談（言）何容易」乃漢魏成語。觀此文賢良以「談且不易，而況行之乎」解之，固謂言談之難也。此漢人解漢人語，必不會誤解。何，猶言豈。「容易」為詞。《舊唐書・元行沖傳》《釋疑》：「答曰：『是何言歟？談豈容易？』」「談（言）何容易」，謂言談豈為容易，謂其不易也。胡鳴玉曰：「何容猶言豈可也。容字不連易字讀，《後漢・何進傳》：『國家之事，亦何容易，覆水不收，宜深思之。』觀此益信。後人輒曰容易，非也。」〔註201〕楊樹達曰：「顏訓容為寬容，其說非也。容與可義近，談何容易猶言談何可易耳。」〔註202〕顏氏固為失之，胡、楊說本李善，亦未得也。與《後漢書・何進傳》之例無涉。錢鍾書指出此文「釋義視

〔註201〕胡鳴玉《訂譌雜錄》卷 7，商務印書館中華民國 25 年版，第 78 頁。
〔註202〕楊樹達《漢書窺管》，收入《楊樹達文集》之十，上海古籍出版社 1984 年版，第 512 頁。

善注更爲明鬯」〔註203〕，尙不悟李善注之非是也。

（3）狼跋其胡，載疐其尾

校注：《毛詩》「疐」作「疐」〔註204〕，朱熹《集傳》：「跋，躐也。胡，頷下懸肉也。載，則。疐，跲也。老狼有胡，進而躐其胡，退則跲其尾。」（P409）

按：疐，紛欣閣本、龍谿精舍本同，張之象本、涂本（四部叢刊本）作「疐」，《文章正宗》卷9引亦作「疐」。「疐」乃「疐」誤字，「疐」乃「疐」俗字。《文選・運命論》李善注引《毛詩》作「躓」，字同。《說文》：「跲，躓也。」《詩》《釋文》：「疐，本又作疌，跲也。」唐《石刻十二經》《釋文》作「疐，本又作疌，《說文》作躓」〔註205〕。「疌」乃「疐」誤字。

《除狹》第三十二

（1）賢者處大林，遭風雷而不迷

按：《書・舜典》：「納于大麓，烈風雷雨不迷。」《說文》：「麓，一曰林屬於山爲麓。」《水經注・濁漳水》引應劭曰：「鹿者，林之大也。」《漢書・地理志》顏師古注引同。「鹿」即「麓」之省，《御覽》卷57、《路史》卷36引應劭語正作「麓」，《路史》卷36引《隋國經》：「麓、鹿通用也。」《御覽》卷161引《十三州志》：「鉅鹿，唐虞時大麓之地。《尙書》：『堯試舜百揆，納于大麓。』麓則林之大者。」「麓」爲山林之專名。楊樹達、陳直謂此文「林」爲「麓」之脫誤，非也。

（2）疏遠無失士，小大無遺功

校注：「失」讀爲「軼」，《淮南子・泰族篇》：「無隱士，無軼民。」（P412）

按：楊樹達讀失爲佚，引《說文》「佚，佚民也」，是也。軼亦讀爲佚。字或作逸，隱逸。《治要》卷41引《淮南子》「軼」作「逸」，《文子・精誠篇》亦作「逸」。

〔註203〕錢鍾書《管錐編》，中華書局1986年版，第576頁。
〔註204〕原文「疐」作「跋」，手民之誤，徑正。
〔註205〕唐《石刻十二經》，收入王昶《金石萃編》卷110，《續修四庫全書》第889冊，上海古籍出版社2002年版，第429頁。

（3）是以賢者進用，不肖者簡黜

按：簡，輕棄之也〔註206〕。馬非百解爲「檢查」，非也。

（4）今吏道雜而不選，

校注：「雜」原作「壅」，盧文弨曰：「壅，《意林》『雜』。」（道藏本《意林》
仍作「壅」。）器案：作「雜」是，《史記・平準書》正作「吏道益雜不選
而多賈人」。（P412）

按：《四部叢刊》本《意林》卷 3 引作「雜」，周廣業校注：「案：道藏本作
『壅』。」道藏本《意林》卷 3 引作「雜」〔註207〕，不作「壅」，周氏
失檢，王氏從之而誤。《文章正宗》卷 9、《西漢年紀》卷 18、《文選補
遺》卷 16 引作「壅」，是誤自宋、元也。

（5）垂青繩，擐銀龜

校注：盧文弨曰：「『繩』或作『綬』。」張敦仁曰：「『繩』當作『純』，《續
漢書・輿服志》作『淳』，《漢官儀》作『純』。『純』、『淳』同字。《拾補》
改『繩』爲『綬』，非。」（P413）

按：陳直謂「繩」當作「綬」，是也，張說失之。《意林》卷 3 引正作「青綬」。
《漢書・百官公卿表》：「御史大夫，秦官，位上卿，銀印青綬，掌副丞
相。」《御覽》卷 819 引應璩《報燕中尉樊彥皇書》：「方當化銀龜以爲
黃，變青組以爲紫。」金印紫綬，銀印青綬，故作「青綬」爲確。「銀
龜」即「銀印」，「青組」即「青綬」也。《說文》：「組，綬屬，其小者，
以爲冕纓。」《御覽》卷 682 引董巴《輿服志》：「秦乃以采組連結於襚，
光明章表，轉相結綬，故謂之綬……二千石青綬。」

（6）夫輔主德，開臣途，在於選賢而器使之

校注：「輔」原作「傅」，於文不詞，案當作「輔」，形聲俱相近，今改。
（P414）

按：《說文》：「傅，相也。輔，人頰車也。」訓「輔助」義的本字是「傅」，
「輔」轉是借字，故不煩改作。《大戴禮記・保傅》：「傅，傅其德義。」

〔註206〕參見宗福邦主編《故訓匯纂》，商務印書館 2003 年版，第 1691 頁。
〔註207〕道藏本《意林》，《正統道藏・正一部》，文物出版社、上海書店、天津古籍出
版社 1988 年版影印本第 32 冊，第 499 頁。

也用本字。

《疾貪》第三十三

（1）官庭攝追

校注：攝追，蓋謂以士兵追求。《漢書・司馬相如傳》師古注：「攝謂張弓注矢而持之也。」（P417）

按：王引師古注，非也。官庭，猶言官府。《國語・吳語》：「攝少司馬茲與王士五人。」韋昭注引賈、唐二君曰：「攝，執也。」攝，收捕、拘捕也。攝追，猶言追捕。馬非百曰：「攝追，代爲向民間追索財用。」亦非是。

（2）小計權吏，行施乞貸

校注：《說文》：「蝨，蟲食苗葉者，吏乞貸則生蝨。」惠棟曰：「吏乞貸者，《周書》所謂『奸吏乞貸』也。」（P417）

按：王氏說本桂馥《說文解字義證》〔註208〕，所引惠棟說見《毛詩古義》〔註209〕。《逸周書・柔武解》作「奸吏濟貸」，孔晁注：「濟貸，成其貸也」。桂引《周書》誤作「乞貸」，王未核檢原文。

（3）政教闇而不著，百姓顛躓而不扶

按：「顛」字衍，《西漢年紀》卷18、《文章正宗》卷9、《文選補遺》卷16、《經濟類編》卷35皆無「顛」字。

（4）夫上之化下，若風之靡草，無不從教

校注：《新語・無爲》：「故上之化下，猶風之靡草也。」《說苑・貴德篇》：「上之變下，猶風之靡草也。」靡，披靡。（P419）

按：《書・君陳》：「爾惟風，下民惟草。」《論語・顏淵》：「子曰：『君子之德風，小人之德草，草上之風必偃。』」《文子・上禮》：「其於化民，若風之靡草。」皆足參證。

〔註208〕桂馥《說文解字義證》，齊魯書社1987年版，第1153頁。
〔註209〕惠棟《九經古義》卷6《毛詩古義》，收入《叢書集成新編》第10冊，新文豐出版公司1985年版，第180頁。

《後刑》第三十四

（1）家之有姐子，器皿不居，況姐民乎

校注：「姐」原作「鉏」，今改正。陳遵默曰：「《潛夫論・述赦篇》：『孺子可令姐。』與此同義。」「姐」就是「嫭」的省文，「鉏」又是「姐」的訛字。（P420～421）

按：姚範曰：「語疑誤。」皆未得。俞樾謂「鉏」爲「鉐」誤，讀爲「惡」；陳直謂「鉏」爲「敗」誤。其說雖通，不如陳遵默說爲長。「居」疑當作「具」。器皿不具，猶言器皿不完也。

（2）是猶開其闌牢，發以毒矢也

校注：《韓詩外傳》卷3：「夫散其本教，而施之刑辟，猶決其牢而發以毒矢也。」《漢書・王莽傳》：「與牛馬同蘭。」師古曰：「蘭謂遮闌之，若牛馬蘭圈也。」「闌」是正字，「蘭」是假借字。（P421）

按：校注是也，專字作「欄牢」，《廣雅》：「欄，牢也。」《慧琳音義》卷32引作「蘭，牢也。」《墨子・天志下》：「踰人之欄牢，竊人牛馬。」《晏子春秋・諫篇》：「今公之牛馬老於欄牢。」

《授時》第三十五

（1）大夫曰：「共其地，居是世也，非有災害疾疫，獨以貧窮，非惰則奢也；無奇業旁入，而猶以富給，非儉則力也。」

校注：《韓非子・顯學》：「今夫與人相若也，無豐年旁入之利，而獨以完結（給）者，非力則儉也；與人相若也，無饑饉疾疚禍罪之殃，獨以貧窮者，非侈則墮也。」（P424）

按：林平和於「獨」上補「而」字，又據《韓子》校「猶」爲「獨」，皆是也，《太白陰經・國有強富篇》正作「獨」字。

（2）故妄予不爲惠，惠惡者不爲仁

按：此二句是對上文「施惠悅爾」的反駁，「予」即「施」。《晏子春秋・內篇雜上》：「晏子曰：『不〔可〕！君以歡予之地，而賀其辭，則交不親，

而地不爲德矣。』」〔註210〕《越絕書・越絕請糴內傳》：「與之不爲德，不若止。」德亦惠也。

（3）故禮義立，則耕者讓於野

校注：《史記・周本紀》：「西伯陰行善……乃如周，入界，耕者皆讓畔，民俗皆讓長。」（P425）

按：「耕者相讓」之事，除王氏所引的文王外，尚有二說。一以爲黃帝，《文子・精誠》：「昔黃帝之治天下……田者讓畔，道不拾遺，市不預賈。」一以爲舜，《史記・五帝本紀》：「舜耕歷山，歷山之人皆讓畔。」《正義》引《韓非子》：「歷山之農相侵略，舜往耕，朞年，耕者讓畔。」〔註211〕《新序・雜事一》：「（舜）耕於歷山，歷山之耕者讓畔」

（4）坐而委蛇，起而為非，

校注：《文選・琴賦》注：「委蛇，委曲自得之貌。」（P425）

按：「委蛇」即「委隨」之聲轉，本訓下垂之貌，引伸形容懶散、軟弱〔註212〕。《文選・七發》：「四支委隨，筋骨挺解。」李善注：「委隨，不能屈伸也。」呂延濟注：「委隨，不相着也。」字或作「委惰」、「委㑞」，《楚辭・哀時命》：「欲愁悴而委惰兮，老冉冉而逮之。」王逸注：「委惰，懈倦也。」《釋文》作「委㑞」。馬非百曰：「委蛇，敷衍，應付，這裏是苟安、偷生的意思。」亦未得。

（5）夫居事不力，用財不節，雖有財如水火，窮乏可立而待也

按：居，讀爲舉。《韓詩外傳》卷6：「居事力者。」《說苑・脩文》同，《類聚》卷71、《御覽》卷815引《尚書大傳》作「舉事力者」。舉事，今言辦事、幹事〔註213〕。馬非百曰：「居事，處事。」未達通假之指。

〔註210〕「可」字據于鬯《晏子春秋校書》說補，收入《香草續校書》，中華書局1963年版，第112頁。

〔註211〕今本《韓子・難一》作「歷山之農者侵畔，舜往耕焉，期年，甽畝正」。

〔註212〕參見蕭旭《〈說文〉「委，委隨也」義疏》，收入《群書校補》，廣陵書社2011年版，第1414頁。

〔註213〕參見蕭旭《〈韓詩外傳〉補箋》，收入《群書校補》，廣陵書社2011年版，第457～458頁。

（6）發春而後，懸青幡而策土牛，殆非明主勸耕稼之意，而春令之所
謂也

校注：《書鈔》、《御覽》引「策」作「築」。《後漢書·禮儀志上》：「立春之
日，夜漏未盡五刻，京師百官皆衣青衣，郡國縣道官，下至斗食令史，皆
服青幘，立〔青〕幡，施土牛耕人於門外，以示兆民。」（P428）

按：《御覽》卷341引「所謂」作「論」。「策」爲「築」形誤。《論衡·亂
龍》：「立春東耕，爲土象人，男女各二人，秉耒把鋤；或立土牛，
〔象人、土牛〕，未必能耕也，順氣應時，示率下也。」〔註214〕《隋
書·禮儀志二》：「立春前五日，於州大門外之東，造青土牛兩頭，耕
夫犁具。立春，有司迎春於東郊，豎青幡于青牛之傍焉。」「築土牛」
即「施土牛」，亦即「立土牛」、「造土牛」也。

《水旱》第三十六

（1）當此之時，雨不破塊，風不鳴條，旬而一雨，雨必以夜，無丘
陵高下皆熟

按：旬而一雨，《編珠》卷1、《治要》卷42、《類聚》卷2、《書鈔》卷15、
《御覽》卷11、《玉海》卷195、《困學紀聞》卷3引同，《書鈔》卷156
引作「旬爲陰雨」，臆改。《御覽》卷872引《符瑞圖》亦云「旬而一雨，
雨必以夜」。《論衡·是應》云「風不鳴條，雨不破塊，五日一風，十日
一雨」，尤爲今本不誤之確證。無，馬非百解爲不管、無論，是也。《書
鈔》卷156、《御覽》卷11、35引無「無」，臆刪。《治要》卷42引有
「無」字。

（2）《孟子》曰：「野有餓殍，不知收也。」

校注：「收」疑當作「牧」。（P432）

按：王說本於陳邦懷〔註215〕，其說非也。《治要》卷42引亦作「收」。《孟
子·梁惠王上》作「塗有餓莩，而不知發」，趙注：「道路之旁有餓死
者，不知發倉廩以用賑救之也。」「殍」同「莩」。收，讀爲救。《廣

〔註214〕「象人土牛」四字據《類聚》卷39、《御覽》卷20、537引補。
〔註215〕陳邦懷說轉引自王佩諍《鹽鐵論校記》，商務印書館1958年版，第155頁。

雅》：「收，振也。」振亦救也，救謂賙恤之。《漢書・王莽傳》：「收贍名士。」《漢紀》卷 26「收」作「救」〔註216〕。馬非百曰：「收，收養。」未洽。

（3）器用便利，則用力少而得作多

按：《漢書・王褒傳》：「器用利，則用力少而就效眾。」

（4）家人相一，父子戮力，各務為善器，器不善者不集

校注：楊沂孫曰：「『集』當是『售』。」（P434）

按：楊說未必是。《廣雅》：「集，取也。」不集，謂棄之也。

（5）棄膏腴之日，遠市田器，則後良時

按：「日」當作「田」，字之誤也。

（6）貧民或木耕手耨，土耰淡食

校注：「淡」原作「啖」，今據張敦仁、楊沂孫、姚範說校改。（P435）

按：《文章正宗》卷 9、《西漢年紀》卷 18 作「啖」，《文選補遺》卷 16 作「淡」，二字通用，不煩改作。

（7）鐵官賣器不售，或頗賦與民

校注：「與」通「于」，華氏本改「於」。（P435）

按：與，《文章正宗》卷 9、《文選補遺》卷 16 同，《西漢年紀》卷 18 作「於」。是宋代已有作「於」之本，非華氏本改之也。

（8）古者，千室之邑，百乘之家，陶冶工商，四民之求，足以相更

按：楊樹達曰：「更，償也。」字或作庚、賡，《廣韻》：「庚，償也。」又「賡，償也。」

（9）故農民不離畦畝而足乎田器，工人不斬伐而足乎材木，陶冶不耕田而足乎粟米

校注：張敦仁曰：「（工人不斬伐而足乎）此下有脫文。」郭沫若補「材木」

〔註216〕參見蕭旭《漢書校補》，收入《群書校補》，廣陵書社 2011 年版，第 421 頁。

二字，今據訂補。盧文弨以「陶冶」二字上屬爲句，云：「脫『商人』二字。」郭沫若以「陶冶」屬下爲句，今從之。（P436）

按：《荀子·王制》：「故澤人足乎木，山人足乎魚，農夫不斲削、不陶冶而足械用，工賈不耕田而足菽粟。」《韓詩外傳》卷3：「使澤人足乎木，山人足乎魚，餘衍之財有所流。」爲此文所本。郭補「材木」，可備一通。當言「陶冶不口口而足乎口口」，盧文弨以「陶冶」二字上屬爲句，肯定錯了。「不耕田」上盧補「商人」二字，陳直說同，則是也；亦可補「商賈」二字。

卷第七

《崇禮》第三十七

（1）王者崇禮施德，上仁義而賤怪力

按：張之象注：「上，通作『尚』。」《治要》卷42引作「尚」。

（2）故設明堂、辟雍以示之，揚干戚、昭雅頌以風之

校注：王先謙曰：「《治要》『故』作『宜』。」案《治要》是。（P440）

按：「案治要是」四字亦王先謙語，標點誤。故，猶當也，宜也，字亦作固〔註217〕。

（3）南越以孔雀珥門戶

按：《祖庭事苑》卷5引此文，有注：「珥，音餌，飾也。」王佩諍曰：「珥，插也。」尚未得其本字。珥，讀爲毦。《玄應音義》卷2、8並引《通俗文》：「毛飾曰毦。」〔註218〕《玉篇》：「毦，以毛羽爲飾。」敦煌寫卷P.2011 王仁昫《刊謬補缺切韻》：「毦，氀毦。」《廣韻》：「毦，氀毦，羽毛飾也。」《宋書·武三王傳》：「有司奏……劍不得鹿盧形，槊毦不得孔雀白氀。」〔註219〕《南齊書·東南夷傳》：「獻十二隊純銀兜鍪及

〔註217〕參見裴學海《古書虛字集釋》，中華書局1954年版，第324～325頁。又參見王叔岷《古書虛字新義》，聯經出版事業公司1978年版，第45頁。

〔註218〕《海山仙館叢書》本《玄應音義》卷2引「毦」誤作「眊」，《御覽》卷341引誤同。

〔註219〕《南史·宋宗室及諸王傳》同。

孔雀眊。」又《輿服志》:「雜色眞孔雀眊。」《新唐書・儀衛志》:「孔雀爲眊。」此皆以孔雀毛羽爲飾稱爲「眊」的確證。以毛羽飾之稱「眊」,所飾之物亦稱「眊」,名、動固相因也。《逸周書・王會》:「解樓煩以星施,星施者珥旄。」孔晁注:「珥旄,所以爲旄羽耳。」亦讀珥爲眊。

（4）崑山之旁,以玉璞抵烏鵲

校注:《白帖》卷 29 引作「崑崙之下以玉璞抵鵲」,《祖庭事苑》卷 5 引作「崐山之旁以玉璞抵鵲」,俱無「烏」字。《御覽》卷 38 引《論衡》:「鍾山之上,以玉抵鵲。」(P442)

按:《類聚》卷 83、92、《初學記》卷 27、《御覽》卷 921、《事類賦注》卷 19、《錦繡萬花谷》後集卷 31、《古今事文類聚》續集卷 26、《記纂淵海》卷 97、《續博物志》卷 10 引作「抵烏鵲」,《治要》卷 42、《類聚》卷 91、《御覽》卷 805、《事類賦注》卷 9、《埤雅》卷 7、《古今合璧事類備要》外集卷 62 引作「抵鳥鵲」。王先謙曰:「『鳥』字蓋誤。」考《爾雅翼》卷 13:「今烏之類,亦逐鵲而居其巢,鵲能知人之吉凶,故自啄其足,則行人至;或曰:其聲接接,令接來者也。南人以其聲爲吉,以烏爲凶,北人反之。崑崙之下,以玉璞抵鵲,蓋惡之也。」可知「烏」字是,「鳥」爲「烏」形誤。《古今事文類聚》後集卷 44、《華嚴原人論發微錄》卷 1 引亦無「烏」字,省之也。《發微錄》有注:「抵,擊也。」

《備胡》第三十八

（1）鄙語曰:「賢者容不辱。」

按:《吳越春秋・勾踐入臣外傳》:「越王曰:『任人者不辱,身自用者危其國。』」容,讀爲用。賢者容,猶言賢者被用、任用賢者也。賢者用不辱,亦即任人者不辱之誼。馬非百曰:「容,應當。」失之。

（2）利則虎曳,病則鳥折

按:「曳」同「拽」,拖也。《通典》卷 194、《太平寰宇記》卷 190「虎曳」誤作「武卑」〔註220〕。

〔註220〕《通典》據東京大學藏嘉靖十八年西樵方獻夫刊本,四庫本作「武奮」,亦誤。

（3）辟鋒銳而取罷極

校注：「取」原作「牧」。張敦仁曰：「『牧』當作『收』。」俞樾說同。郭沫若曰：「『牧』殆『攻』字之誤。」器案：「牧」當作「取」，形近之誤。（P451）

按：陳直從張說。郭說是也，《通典》卷194、《太平寰宇記》卷190正作「攻」字。《寰宇記》「辟」作「避」。

（4）少發則不足以更適，多發則民不堪其役

按：馬非百曰：「更，替代。適，歸也。」馬氏釋「更」是，釋「適」則非。陳直曰：「適謂謫卒。」適，讀爲謫、讁。漢代多以罪人戍邊。

（5）此秦之所以失民心、隕社稷也

校注：「以」字原無，今補。（P452）

按：郭沫若、馬非百亦補「以」，是也，《通典》卷194、《太平寰宇記》卷190正有「以」字。隕，《通典》、《寰宇記》作「霣」，並有注：「霣，音殞。」

（6）老母垂泣，室婦悲恨，推其饑渴，念其寒苦

按：「推」當作「惟」，字之誤也。惟亦念也。《爾雅》：「惟，思也。」敦煌寫卷P.3893《呪願女壻文》：「從茲已後，景福推辛。」黃征、吳偉校作「惟新」〔註221〕。P.2497《書儀》：「朋儕許氣，閭里惟奇。」「惟奇」即「推奇」。此二字互譌之例。馬非百曰：「推，推想，懸揣。」未得。

《執務》第三十九

（1）先生之道，軼久而難復

校注：「久」原作「人」，今據一本校改。（P456）

按：生，各本作「王」，是。《玉海》卷181、《西漢年紀》卷18、《文章正宗》卷9、《大學衍義》卷26、《文選補遺》卷16引「生」作「王」，「人」作「久」。是宋、元人所見，固不誤也。

〔註221〕黃征、吳偉《敦煌願文集》，嶽麓書社1995年版，第403頁。

（2）夫婦不失時，人安和如適

按：如，讀爲「而」。

《能言》第四十

（1）去權詭，罷利官

校注：利官，猶言貪官。（P461）

按：王說非也。本書《本議》：「……立鹽鐵，始張利官以給之，非長策也。」「利官」即指鹽鐵之官，主管財貨之官。

《取下》第四十一

（1）古者，上取有量，自養有度

按：《淮南子·主術篇》：「故有仁君明王，其取下有節，自養有度。」《文子·上仁》「古者明君，取下有節，自養有度。」此文「取」下脫「下」字。取下者，取於民也。

（2）衛靈公當隆冬興眾穿池

按：當，讀爲嘗，曾也。不作介詞用。

（3）公曰：「天寒哉，我何不寒哉？」

校注：王先謙曰：「《治要》作『天寒乎哉』，『寒乎哉』下，又有『海春曰』三字，此脫。」（P465）

按：檢《治要》卷 42，「我何不寒哉」五字《治要》引作「寒乎哉」。王先謙語當點作「《治要》作『天寒乎哉，寒乎哉』，下又有『海春曰』三字，此脫。」

（4）夫高堂邃宇、廣厦洞房者，不知專屋狹廬、上漏下濕者之癉也

校注：原作「瘤」，一本作「溜」，《治要》作「痛」，一本作「瘤」。張敦仁曰：「『瘤』當作『病』。」器案：當是「癉」字形近之誤。癉，痛也。亦或是「瘤」之誤，《廣雅》：「瘤，病也。」（P465～466）

按：《廣雅》「瘤」訓病，指肉腫之疾病，非病痛義，是王氏後說非也；前說改作「癉」，無有所據。《治要》作「痛」，蓋亦臆改。郭沫若從張

校，「廇」、「病」形聲俱遠，其說非也。陳直曰：「『廇』爲『溜』字之假借，謂溜雨也。」與上下文其義不類，其說亦非也。此字疑讀爲惆，《玉篇》：「惆，怨也。」字亦作懰，《玉篇》：「懰，怨也。」《集韻》：「懰、惆：一曰怨也，或從留。」《廣韻》：「懰，烮也。」〔註222〕懰訓烮，是憂怨之義〔註223〕；趙少咸改「烮」作「怨」，〔註224〕非也。《龍龕手鑑》：「懰，愁也，怨也。」字亦作�，《篆隸萬象名義》：「劉，烮。」字亦作懰，《廣韻》：「懰，悲恨也。」《龍龕手鑑》：「懰，音流，悲恨也。」

（5）廣第唐園、良田連比者，不知無運踵之業、竄頭宅者之役也

校注：「竄頭宅」疑當作「竄頭冤頸」。（P466）

按：姚範疑「『宅』上脫『之』字」，王佩諍疑「宅」字衍，亦皆不通。「竄頭宅」存疑待考。「役」與上下文「急」、「愁」、「苦」、「勞」、「難」等對舉，其義當相類。馬非百曰：「役，勞苦。」役，謂役心，專字則改從心旁作「伇」。《玉篇》：「伇，用心也。」

（6）高枕談臥

按：談，讀爲倓、憺。《說文》：「倓，安也。讀若談。」又「憺，安也。」《玉篇》：「倓，靜也，恬也。」字亦作惔，《修行本起經》卷2：「古有眞道佛所行，恬惔爲上除不祥。」惔亦恬也。《巢氏諸病源候總論》卷5：「惔臥者無外想。」《外臺秘要方》卷11作「倓臥」。字亦作淡、澹，例略。談臥，猶言恬臥。馬非百曰：「談臥，臥在床上談笑著。」非也。

（7）搏粱齧肥

校注：搏，一本作「搏」。案作「搏」義較長，以手搏食，是周、秦風俗。

〔註222〕此據澤存堂本、四部叢刊巾箱本、古逸叢書覆宋重修本作「烮」，符山堂藏板誤作「烈」，敦煌寫卷P.2011王仁昫《刊謬補缺切韻》、《鉅宋廣韻》亦誤作「烈」。

〔註223〕《廣雅》：「烮烮，憂也。」《玉篇》：「烮，憂貌。」《篆隸萬象名義》：「烮，怨也。」《廣韻》：「烮，憂心。」《龍龕手鑑》：「烮，音列，憂心也。」

〔註224〕趙少咸《廣韻疏證》，巴蜀書社2010年版，第1258頁。

《史記・蔡澤傳》「持粱齧肥。」「齧」原誤分爲「刺齒」二字，從《集解》、《索隱》說校改；即此文所本。（P467）

按：《御覽》卷 383、729、《記纂淵海》卷 87 引《史記》皆作「齧肥」，《集解》：「持粱，作飯也。」《索隱》：「持粱，謂作粱米飯而持其器以食也。」王引之引此文作「摶」，曰：「摶粱即摶飯也。」〔註 225〕此即《校注》所本。王佩諍、馬非百亦謂當作「摶粱」，即「摶飯」。諸說並非也。「搏」字是，「搏粱」即《史記》之「持粱」。搏，手執也。《說文》：「搏，索持也。」《慧琳音義》卷 79 引《考聲》：「搏，撮也，持也。」《呂氏春秋・異用》：「搏杖而揖之。」《御覽》卷 710 引作「持杖」。盧文弨曰：「摶，涂作『搏』，似俱『持』之誤。」亦爲失考。

（8）從容房闈之間、垂拱持案食者，不知蹠耒躬耕者之勤也

校注：「蹠」疑當作「摭」。（P467）

按：王佩諍曰：「疑『蹠耒』爲『摭耒』之譌，『摭耒』即『執耒』也。」此《校注》所本。二王說非也。《文選・七命》李善注引作「蹠耒」。本書《未通》：「民蹠耒而耕，負簷而行。」蹠，踏也。《文子・上仁》：「一人蹠耒而耕，不益十畝。」字亦作跖，《淮南子・主術篇》：「一人跖耒而耕，不過十畝。」高注：「跖，蹈也。」又《齊俗篇》：「脩脛者使之跖钁。」《治要》卷 41 引作「踏钁」，《御覽》卷 37、764 引並作「跖鏵」。《劉子・適才》：「長脛者使之蹋鍤。」「钁」當作「耀」，字或作櫂。《集韻》：「耀、櫂：耜也，或從木。」《類篇》：「櫂，耜也。」「耜」爲「梠」俗字。《說文》：「梠，臿也。」《六書故》：「耜，耒下刺土臿也。」指犁上的鏵。故諸書易以同義的「鏵」或「鍤（臿）」。跖耀，猶言跖耒〔註 226〕。以耒耕地，須手扶其柄，足踏其鍤，故古書言「蹠耒」，亦言「執耒」。

（9）乘堅驅良、列騎成行者，不知負檐步行之勞也

按：堅，《治要》卷 42 引同，道藏本《意林》卷 3 引誤作「肩」〔註 227〕。

〔註 225〕王引之《經義述聞》卷 21，江蘇古籍出版社 1985 年版，第 513 頁。
〔註 226〕參見蕭旭《淮南子校補》，花木蘭文化出版社 2014 年版，第 314 頁。
〔註 227〕四庫全書本、四部叢刊本、指海本《意林》不誤，蓋後人已訂其誤。

（10）衣輕暖，被美裘

校注：「美」原作「英」，古無「英裘」之說，當作「美裘」。（P468）

按：王說未是。陳直、馬非百解「英」爲「華美」，亦非也。《詩·羔羊》：「羔羊之皮，素絲五紽。」毛傳：「古者素絲以英裘，不失其制。」又《羔裘》：「羔裘晏兮，三英粲兮。」《初學記》卷 26「三英千鎰」條引郭璞《毛詩拾遺》：「英謂古者以素絲英飾裘，即上素絲五紽也。」朱熹注：「三英，裘飾也，未詳其制。」宋·吳仁傑曰：「此謂英爲裘飾，如上文羔裘豹飾耳。毛公以三英爲三德，其說恐誤。」〔註 228〕「英裘」即以素絲英飾之裘也。

（11）文王作刑，國無怨獄

按：怨，讀爲冤。《太白陰經·子卒篇》引《經》正作「冤」字。

《擊之》第四十二

（1）沮心內解

校注：此文言歸心沮壞，解散內向之意。（P473）

按：馬非百曰：「沮心，失意。解，離散。內解，內叛。」二氏所解雖不同，然皆以「沮心內解」指匈奴而言，皆非也。解，讀爲懈。沮心內懈，指漢朝在征討匈奴，取得初步勝利的情況下，失去決心，懈怠其事也。下文「終日逐禽，罷而釋之」，即以喻此。

（2）地廣而不德者國危，兵強而凌敵者身亡

校注：「德」原作「得」，今據《治要》改訂。（P476）

按：得，《太平寰宇記》卷 190 引同，《通典》卷 194 作「德」，二字古同，不煩改作。凌，《治要》卷 42 引同，《通典》、《寰宇記》作「陵」，古亦通。強，《治要》、《通典》引同，《寰宇記》誤作「驅」。

（3）兩敵相抗，而匹夫乘間

校注：「抗」原作「機」，今據陳遵默說校改。（P476）

〔註 228〕吳仁傑《離騷草木疏》卷 1，收入《叢書集成新編》第 44 冊，新文豐出版公司 1985 年版，第 12 頁。

按：陳直亦從陳遵默說改。《治要》卷 42 引亦作「機」，疑本作「机」，讀
爲機，《爾雅》：「機，柱也。」俗亦作搘、支、歧。《玉篇》：「歧，搘
也。」兩敵相機，猶言兩敵相拒也。《史記·殷本紀》：「西伯伐飢國，
滅之。」《集解》引徐廣曰：「飢，一作阢，又作耆。」又《周本紀》：
「敗耆國。」徐廣曰：「耆，一作阢。」此其相通之證。

卷第八

《結和》第四十三

（1）漢興以來，修好結和親，所聘遺單于者甚厚，然不紀重質厚賂
之故改節，而暴害滋甚

校注：紀，記也，錄也。姚範以爲「紀」字誤者，非也。（P482）

按：王佩諍解「不紀」爲「不理不顧」，馬非百曰：「紀，記錄，記識。」
並非也。《通典》卷 194、《太平寰宇記》卷 190 引「所」下有「以」
字，「紀」作「爲」，「暴害」上有「爲」字。楊樹達曰：「『紀』當作『以』，
蓋『以』或作『已』，因譌爲『紀』也。」其說至確，「以……之故」
即「爲……之故」，是固定格式。

（2）先帝覩其可以武折，而不可以德懷，故廣將帥，招奮擊，以誅
厥罪

校注：《大論篇》亦云：「折之以武。」（P482）

按：折，讀爲制，服也。《通典》卷 194、《太平寰宇記》卷 190 引「廣將
帥」作「屬將卒」，無「招」字。《寰宇記》引「覩」作「觀」。「廣」
當作「屬」，字之誤也，諸家並失校。屬，讀爲勸，勸也。《說文》：「勸，
勉力也。」字或作勵，《小爾雅》：「勵，勸也。」又「勵，勉也。」「奮
擊」指士卒，則上句作「將帥」是。二書引脫「招」字。《玉海》卷
166 引同今本，是宋代已誤作「廣」也。《漢書·東方朔傳》《非有先
生論》：「進不稱往古以屬主意。」《文選》、《類聚》卷 24「屬」作「廣」。
又《儒林傳》：「以屬賢材焉。」《史記》作「廣」。《史記·平津侯主
父傳》：「屬賢予祿。」《集解》引徐廣曰：「屬，一作廣也。」「廣」

皆「屬」之形誤〔註229〕。此其相譌之例。馬非百曰：「廣，擴充。」非也。

（3）何命亡十獲一乎

校注：王先謙曰：「命猶名。」一本「命」作「有」，一本作「言」，俱臆改。（P482）

按：命，《通典》卷194、《太平寰宇記》卷190引作「論」。「命」疑即「論」脫誤。

（4）故民可以觀成，不可以圖始

按：觀，讀爲歡，樂也。二語與秦、漢常用語「民可與樂成，不可與慮始」同義。《書・無逸》：「則其無淫于觀、于逸、于遊、于田。」楊筠如曰：「觀，疑爲歡之假。」〔註230〕

（5）此有司所獨見，而文學所不覩

按：《通典》卷194、《太平寰宇記》卷190引作「此固有司所獨見，而文學不睹也」，宜據補「固」、「也」二字。

（6）反賂遺而尚踞敖

校注：《韓詩外傳》卷9：「孟子妻獨居踞。」《漢書・高帝紀上》：「不宜踞見長者。」蓋古以踞爲怠傲，故云踞傲。（P484）

按：踞，讀爲倨。《說文》：「倨，不遜也。」《廣韻》：「倨，傲也。」本書《論功》：「倨強倨敖。」正作「倨」字。「倨」、「踞」二字雖同源，而具體所指自有分別。

（7）登得前利，不念後咎

校注：洪頤煊曰：「『登得』即『貪得』。」一本「登」作「豈」，一本作「言」，俱臆改。（P487）

按：《韓詩外傳》卷10：「此皆言前之利，而不顧後害者也。」《書鈔》卷

〔註229〕參見蕭旭《漢書校補》，收入《群書校補》，廣陵書社2011年版，第314、390～391頁。
〔註230〕楊筠如《尚書覈詁》，陝西人民出版社1959年版，第239頁。

124引「言」下有「貪」字，《類聚》卷60、《御覽》卷350引「言」作「貪」。言，猶欲也，貪也〔註231〕。《說苑‧正諫》云：「此三者，皆務欲得其前利，而不顧其後之有患也。」《吳越春秋‧夫差內傳》：「但貪前利，不覩後患。」皆可互證。《戰國策‧魏策一》：「偷取一旦之功，而不顧其後。」意亦同。《毛詩名物解》卷8、《埤雅》卷6引此文作「登得前利，無蹈後害」。馬非百曰：「登，進。登得，進取。」非也。

（8）故吳王知伐齊之便，而不知干遂之患

校注：《史記‧春申君傳》：「吳見伐齊之便，而不知干隧之敗。」即此文所本。「干隧」即「干遂」。（P487）

按：《史記》本於《戰國策‧秦策四》，《新序‧善謀》「干隧」作「干遂」。姚範曰：「未詳。」則失考也。

《誅秦》第四十四

（1）南取陸梁，北卻胡、狄

校注：《史記‧秦始皇本紀》：「略取陸梁地爲桂林。」《索隱》：「謂南方之人，其性陸梁，故曰陸梁。」《正義》：「嶺南之人，多處山陸，其性強梁，故曰陸梁。」《通鑑》卷7注：「班《表》漢高帝功臣有陸量侯須無……如淳曰：『陸量，《秦始皇本紀》所謂陸梁地也。』」（P490）

按：《索隱》說是，《正義》望文生義〔註232〕。

（2）力多則人朝，力寡則朝於人矣

按：二語出《韓子‧顯學》。

（3）夫禮讓爲國者若江海，流彌久不竭，其本美也

校注：「美」疑當作「羨」，長也，饒也。（P491）

〔註231〕《史記‧管晏列傳》：「管仲貧困，常欺鮑叔，鮑叔終善遇之，不以爲言。」《索隱》引《呂氏春秋》：「管仲與鮑叔同賈南陽，及分財利，而管仲常欺鮑叔，多自取，鮑叔知其有母，不以爲貪。」下文「管仲曰：『吾始困時，嘗與鮑叔賈分財利，多自與，鮑叔不以我爲貪，知我貧也。』」

〔註232〕參見蕭旭《古地「陸梁」名義考》。

按：「美」字不誤。「本」可以「美」字形容之，《家語·致思》：「文王以王季爲父，以太任爲母，以太姒爲妃，以武王、周公爲子，以太顛、閎夭爲臣，其本美矣。」《說苑·君道》同。美，猶茂也。《太玄·養》：「藏心於淵，美厥靈根。」范望注：「美，茂也。」本美，猶言根茂也。

（4）內外之相勞，非相爲賜也

校注：「賜」原作「助」，形近而誤。《公羊傳·僖公二年》：「虞郭之相救，非相爲賜。」何休注：「賜，猶惠也。」《穀梁傳·僖公五年》、《新序·善謀》亦同。（P491）

按：王說同楊樹達，是也。《意林》道藏本引無此二句，四庫全書本、四部叢刊本、指海本引有此二句，蓋後人以今本補之也。

《西域》第四十六

（1）往者，匈奴據河山之險，擅田牧之利，民富兵強，行入爲寇，則句注之內驚動，而上郡以南咸城

按：行入，《通典》卷194引作「衍行」，皆誤，當據《太平寰宇記》卷190引訂作「往往」。馬非百曰：「行入，猶言侵入。」順文而解，未得。「咸城」下《通典》、《寰宇記》引皆有「守」字，當據補。

（2）隔絕羌胡，瓜分其援

按：援，《通典》卷194、《太平寰宇記》卷190引作「國」。

（3）是以西域之國，皆內拒匈奴，斷其右臂

按：當據《通典》卷194、《太平寰宇記》卷190作「是以西域之國皆爲內臣，匈奴斷右臂」。「拒」爲「臣」形誤，「內臣」屬上爲句。

（4）夫以弱越而遂意強吳，才地計眾非鈞也，主思臣謀，其往必矣

校注：《孟子·公孫丑上》：「雖千萬人，吾往矣。」此用其文。（P503）

按：馬非百說同。此非用《孟子》文，「往」當讀爲「王」。《呂氏春秋·順說》：「其霸猶少，桓公則難與往也。」高注：「往，王也。言其難與致於王也。」亦其例。

（5）茫茫乎若行九皋未知所止，皓皓乎若無網羅而漁江海

校注：王先謙曰：「『皓皓』當作『浩浩』。」張之象注云：「古本作『浩浩』。」
（P504）

按：《喻林》卷49引作「浩浩」。「皓」爲「澔」之省文，《集韻》：「浩、澔，或從皓。」

（6）役不可數行

校注：《文選·爲石仲容與孫皓書》：「役不再舉。」《集注》引李善曰：「《六韜》：『太公謂武王曰：聖人舉兵馬，爲天下除患去賊，非利之也，故役不再籍，一舉而畢也。』」（P504）

按：《孫子·作戰》：「善用兵者，役不再籍。」《漢書·馮奉世傳》：「臣聞善用兵者，役不再興。」

《世務》第四十七

（1）夫漢之有匈奴，譬若木之有蠹，如人有疾，不治則浸以深

按：《戰國策·秦策三》：「秦之有韓，若木之有蠹，人之病心腹。」《史記·范雎傳》：「秦之有韓也，譬如木之有蠹也，人之有心腹之病也。」爲此文所本。

（2）事不豫辦，不可以應卒；內無備，不可以禦敵

校注：《墨子·七患篇》：「心無備慮，不可以應卒。」《史記·仲尼弟子列傳》：「子貢謂晉君曰：『臣聞之，慮不先定，不可以應卒。』」又《范雎蔡澤列傳》：「夫物不素具，不可以應卒。」（P509～510）

按：所引《墨子》，其上句「城郭不備全，不可以自守」亦當引徵；所引《史記》子貢語，其下句「兵不先辨，不可以勝敵」亦當引徵，《越絕書·內傳陳成恒》同，《吳越春秋·夫差內傳》引子貢語作「臣聞慮不預定，不可以應卒；兵不預辦，不可以勝敵」。張之象引《說苑·叢談》：「兵不豫定，無以待敵；計不先慮，無以應卒。」考《鄧子·無厚篇》：「慮不先定，不可以應卒；兵不閑習，不可以當敵。」《漢書·辛慶忌傳》引《司馬法》：「夫將不豫設，則亡以應卒；士不素厲，則難使死敵。」

亦可參證。

（3）昔宋襄公信楚而不備，以取大辱焉，身執囚而國幾亡

　　校注：「信」原作「倍」，今據張敦仁說校改。（P510）

　按：張說是也，《穀梁傳·僖公二十二年》何休注：「今宋襄公身傷耳……傳所以言敗，眾敗身傷焉者，疾其信而不道，以取大辱。」

（4）匈奴貪狼

　　校注：《淮南子·要略篇》：「秦國之俗貪狼。」許愼注：「狼，荒也。」《史記·項羽本紀》：「貪如狼。」《漢書·董仲舒傳》注，師古曰：「狼性皆貪，故謂貪爲貪狼也。」一本作「貪狼」，不可從。（P510）

　按：盧文弨亦指出當作「貪狼」。《喻林》卷49引作「貪狼」。本書《論葘》：「智伯以貪狼亡其身。」是本書自作「貪狼」也。許愼注「狼，荒也」者，以聲爲訓。王氏引《史》、《漢》，皆非是。《廣雅·釋詁三》：「狼、戾，很也。」又《釋詁四》：「狼、很，譺也。」「貪狼」即「貪很」，「狼」爲「很」俗字，「很」謂不聽從也。王雲路謂「貪狼」爲「貪婪」音轉〔註233〕，臆說耳，此亦濫說音轉之一例。

（5）飇舉電至

　　校注：《漢書·刑法志》：「猋起雲合。」師古曰：「猋，疾風也。猋音必遙反。」猋借飇字，《說文》：「飇，扶搖風也。」（P510～511）

　按：飇，四庫本、紛欣閣叢書本、龍谿精舍叢書本同，四部叢刊本作「飈」，皆當爲「飇」字形誤。張之象注：「飇，音標。」《可洪音義》卷27「飇舉」、「飇舉」二出，注音皆爲必遙反，「飇」、「飈」亦「飇」形誤。《文選·曹植·雜詩》：「何意回飇舉，吹我入雲中。」李善注：「《爾雅》曰：『扶搖謂之猋。』飇與猋同。」《御覽》卷997引作「飇舉」，亦其比。

（6）是猶親蹠蹻而扶猛虎也

　按：張之象注引《周書》：「毋爲虎傅翼，將飛入邑，擇人而食之。」按《逸

〔註233〕王雲路《望文生訓舉例與探源》，《古漢語研究》1990年第2期；收入《詞彙訓詁論稿》，北京語言文化大學出版社2002年版，第158～159頁。

周書・寤敬解》「無〔為〕虎傅翼」云云〔註234〕，《文選・東京賦》：「嬴氏搏翼。」薛綜注引《周書》作「搏翼」，云：「搏翼謂著翼也，搏與附同。」《周書》之「傅（搏）」讀為附，是附著義。此文之「扶」讀為附，是親附、親近義，與「傅翼」無涉。張引《周書》，非其誼也。王佩諍採張說，而莫辨其誤。馬非百曰：「扶，助。」非也。

（7）布心腹

> 校注：《史記・蔡澤傳》：「披心腹。」（P511）

按：《書・盤庚下》：「今予其敷心腹腎腸，歷告爾百姓于朕志。」孔傳：「布心腹，言輸誠於百官以告志。」

《和親》第四十八

（1）其後王恢誤謀馬邑，匈奴絕和親

按：《史記・平準書》：「及王恢設謀馬邑，匈奴絕和親。」〔註235〕為此文所本。「誤」疑「設」形譌。漢伏兵馬邑之旁，誘單于而擊之，此謀乃王恢所設，故曰設謀馬邑也。本書《刺復》：「當公孫弘之時，人主方設謀垂意於四夷。」亦「設謀」為文。

（2）禍紛拏而不解，兵連而不息

按：《史記・平準書》：「兵連而不解。」

（3）自春秋諸夏之君，會聚相結，三會之後，乖疑相從，伐戰不止

按：乖疑相從，各本作「乖離相疑」，是。

（4）詰鮎之會書公

> 校注：盧文弨曰：「詰鮎，《左傳》作『皋鮎』，《公羊》作『浩油』。」案見《定公四年》。（P517）

按：詰，各本作「誥」，是。誥、皋、浩，古音相同。惠棟曰：「古讀皋為

〔註234〕「為」字據《韓子・難勢》、《韓詩外傳》卷4、《漢書・賈誼傳》應劭注、《文選・東京賦》薛綜注引補。
〔註235〕今本《漢書・食貨志》脫「設」字，《治要》卷14引不脫。

浩，舳爲油。《鹽鐵論》又作『詰舳』。《爾雅・釋訓》云：『皋皋玾玾，刺素食也。』樊光本〔作〕『浩浩玾玾』。」〔註236〕

（5）長詐之國也

按：各本「詐」下有「謀」字，此脫。

卷第九

《繇役》第四十九

（1）舜執干戚而有苗服，文王底德而懷四夷

校注：王先謙曰：「《書鈔》引『底』作『宣』。」（P522）

按：《韓子・五蠹》：「當舜之時，有苗不服，禹將伐之。舜曰：『不可！上德不厚而行武，非道也。』」《賈子・匈奴》：「臣聞彊國戰智，王者戰義，帝者戰德。故湯祝網而漢陰降，舜舞干羽而三苗服，今漢帝中國也，宜以厚德懷服四夷，舉明義博示遠方，則舟車之所至，人迹之所及，莫不爲畜。」「宣」疑「厚」之誤。「底」則後人妄改，「底德」不辭。馬非百曰：「底德，修德。」未洽。

（2）故畫地為境，人莫之犯

校注：沈本「境」作「禁」。（P522）

按：沈本臆改。《書鈔》卷157引作「境」，又「人莫之犯」作「人莫犯之也」。

（3）故善攻不待堅甲而克，善守不待渠梁而固

校注：《淮南子・兵略篇》：「莫不設渠壍，傅堞而守。」又《泰族篇》：「故守不待渠壍而固，攻不待衝隆而拔。」（P522）

按：《六韜・武韜・發啟》：「故無甲兵而勝，無衝機而攻，無溝壍而守。」〔註237〕銀雀山漢簡《六韜》：「毋（無）甲兵而勝，毋（無）衝龍（隆）而功（攻），毋（無）渠詹（壍）而守。」《尉繚子・武議》：「古人曰：

〔註236〕惠棟《九經古義》卷14《公羊古義》，收入《叢書集成新編》第10冊，新文豐出版公司1985年版，第203頁。

〔註237〕《長短經・懼誡》引「衝」誤作「衡」，《治要》卷31引不誤。《長短經》、《治要》引「溝壍」作「渠壍」。

『無蒙衝而攻，無渠答而守。』」《淮南子・氾論篇》：「晚世之兵，隆衝以攻，渠幨以守。」

（4）故四支強而躬體固，華葉茂而本根據

校注：《左傳・僖公五年》注：「據，盛也。」《漢書・霍光傳》：「根據於朝廷。」與此文「據」字義同。（P523）

按：王氏「據」訓盛非也，引《漢書》則是。馬非百曰：「據，安穩。」亦失之。據，謂其根四布、交錯盤曲也。字或作枸、攑、欋、衢，《山海經・海內經》：「建木有九欋，下有九枸。」郭璞注：「欋，枝回曲也，枸，根盤錯也。《淮南子》曰：『大木則根欋。』音劬。」《記纂淵海》卷1引《山海經》「枸」作「衢」，郭注所引《淮南子》，今本《說林篇》作「木大者根欋」，《文子・上德》作「根瞿」。徐復曰：「欋，木根盤錯……又欋通作枸。」〔註238〕字亦作拘、駒、劇〔註239〕。字或作遽，王家臺秦簡《歸藏》：「昔者赤烏止木之遽，初鳴曰鵲，後鳴曰舄。」「遽」與「據」、「劇」同源，是旁出分歧之義，用爲名詞，指四出之樹枝。

《險固》第五十

（1）秦所以超諸侯、吞天下、并敵國者，險阻固而勢居然也

校注：張敦仁曰：「『超』當作『招』。招猶舉也。」（P527）

按：超，讀爲朝。本書《論鄒》：「（秦）牧胡而朝萬國。」

（2）故龜猖有介，狐貉不能禽

校注：一本「猖」作「倡」。張敦仁曰：「案『龜猖』當作『鼈猖』。『狐貉』二字必有誤，未詳。」徐友蘭曰：「『狐貉』當爲『猵獺』。」俞樾曰：「『猖』疑『瑁』字之誤。瑁即玳瑁也。」案：介，甲也。（P527）

按：猖，四庫本作「蜉」，《喻林》卷38引作「倡」。郭沫若、馬非百、陳直並從張校，竊疑當作「龜鼉」。《史記・司馬相如傳》《子虛賦》：「其中

〔註238〕徐復《淮南子臆解》，收入《徐復語言文字學晚稿》，江蘇教育出版社2007年版，第265頁。

〔註239〕參見蕭旭《敦煌寫本〈莊子〉校補》「若撅株拘」條校補，收入《群書校補》，廣陵書社2011年版，第1229～1230頁。

則有神龜蛟鼉。」《正義》：「鼉，似蜥蜴而大，身有甲，皮可以冒鼓。」
「鼉」字或作「蠯」，形誤爲「蝐」，復易爲「猖」、「倡」。

（3）故有備則制人，無備則制於人

校注：《荀子·王制篇》：「善擇者制人，不善擇者人制之。」（P528）

按：《淮南子·主術篇》：「是故有術則制人，無術則制於人。」《文子·上
義》：「故有道以御人，無道則制於人矣。」

（4）以爲雖湯武復生，蚩尤復起，不輕攻也

按：《戰國策·魏策三》：「臣以爲雖湯武復生，弗易攻也。」爲此文所本。

（5）然戍卒陳勝無將帥之任，師旅之眾，奮空拳而破百萬之師

校注：《文選·報任少卿書》：「更張空拳。」李善注引「拳」作「捲」。注
又云：「李登《聲類》云：『拳或作捲。』此言兵曰盡，但張空拳以擊耳。
何晏《白起故事》：『則前驅空捲，猶可畏也，況三十萬被堅執銳乎？』師
古曰：『讀爲拳者謬矣，拳則屈指，不當言張。陵時矢盡，故張弩之空弓，
非手拳也。』李奇曰：『拳者，弩弓也。』」器案：「捲」即「拳」，《史記·
孫子傳》：「夫解雜亂紛糾者不控捲。」《索隱》：「按謂解雜〔亂〕紛糾者，
當善以手解之，不可控捲而擊之。捲即拳也。」（P529）

按：任，《文選·報任少卿書》李善注引誤作「兵」。《漢書·李陵傳》：「士
張空拳。」文穎曰：「拳，弓弩拳也。」顏師古曰：「拳字與絭同。」
《漢書·司馬遷傳》：「張空弮。」李奇曰：「弮，弩弓。」三氏說同，
皆以「拳」爲「弮」或「絭」，指弓弦，陳直從其說，非也。「拳」讀
如字。張，當從李周翰訓舉，不是「張開」義。《論衡·儒增篇》：「以
勇夫空拳而暴虎者。」《爾雅》舍人注：「暴虎，無兵空手搏之也。」
空手搏虎爲暴虎，故言空拳也。本書《論勇》：「使專諸空拳，不免於
爲禽。」《易林·乾之履》：「空拳握手，倒地更起。」《後漢紀》卷 24：
「雖童兒可使奮空拳以致力，女子可使褰裳以用命。」四例皆「拳」
讀如字之確證。字或作「控拳」，《史記》之「控捲」，《長短經·格形》、
《白帖》卷 48、《通鑑》卷 2 並作「控拳」，胡三省註引《索隱》，又
引康曰：「拳與絭同。」斷之云：「余謂當從《索隱》說，康說非。」
胡說是也。

（6）故在德不在固

按：下文云：「非以險，以德也。」義同。《史記‧吳起傳》：「武侯浮西河而下，中流顧而謂吳起曰：『美哉乎！山河之固，此魏國之寶也。』起對曰：『在德不在險。』」《說苑‧貴德》同。《法言‧寡見篇》：「魏武侯與吳起浮於西河，寶河山之固，起曰：『在德不在固。』」固，險固。《周禮‧夏官‧序官》鄭注：「國曰固，野曰險。」

（7）誠以仁義為阻，道德為塞，賢人為兵，聖人為守，則莫能入

校注：「仁」原作「行」，今據太玄書室本改正。（P529）

按：徐復曰：「《意林》引作『仁義』，是也。本書《論勇篇》云：『以道德為城，以仁義為郭。』亦以『仁義』與『道德』並言，可證。」《新語‧本行》：「治以道德為上，行以仁義為本。」《潛夫論‧敘錄》：「明王統治，莫大身化，道德為本，仁義為佐。」《漢書‧東方朔傳》：「以道德為麗，以仁義為準。」本書《論勇》：「以道德為軸，以仁義為劍。」文例同，皆以「仁義」與「道德」對舉。《玉海》卷 174 引作「行義」，是宋代已誤。

（8）非以險，以德也

按：《通典》卷 194、《太平寰宇記》卷 190 作「非以阻險，以文德也」。

（9）吳有三江、五湖之難，而兼於越

校注：難，《拾補》作「險」。（P531）

按：《通典》卷 194、《太平寰宇記》卷 190 作「難」。

（10）楚有汝淵、滿堂之固，而滅於秦

校注：盧文弨曰：「『滿堂』疑『兩棠』，見《呂氏春秋》。」器案：見《呂氏春秋‧至忠篇》，《新書‧先醒篇》同，《說苑‧尊賢篇》作「兩堂」，「棠」、「堂」同音通用，「滿」當是「兩」字形近錯了的。（P531）

按：《通典》卷 194、《太平寰宇記》卷 190 作「兩棠」，又「汝淵」作「汝泉」，是避唐諱所改。《呂氏春秋‧至忠》：「荊興師，戰於兩棠，大勝晉。」《賈子‧先醒》：「（楚）乃與晉人戰於兩棠，大克晉人。」《說苑‧尊賢》：「是為兩堂之戰。」「兩棠（堂）」即「狼湯」之音轉，指

《漢書‧地理志》的「狼湯渠」，亦作「浪湯」、「滰蕩」〔註240〕。字又作「浪湯」、「浪蕩」、「滰薚」、「莨菪」等〔註241〕。王佩諍亦云：「『滰薚』、『兩棠』音近。」

（11）秦有隴阺、崤塞，而亡於諸侯

按：阺，《通典》卷194作「阨」，《太平寰宇記》卷190作「汧」。

（12）晉有河、華、九阿，而奪於六卿；齊有泰山、巨海，而脅於田常

校注：「九阿」原作「九河」，今據《御覽》卷96引改。（P531）

按：《御覽》見卷56。《御覽》、《記纂淵海》卷56引作「河華九阿」。《通典》卷194、《太平寰宇記》卷190作「太華九河」。太華即西嶽華山。

（13）齊有泰山、巨海，而脅於田常

校注：「脅」原作「負」，今據《御覽》卷96引改。（P531）

按：《御覽》見卷56。《記纂淵海》卷56、《通典》卷194、《太平寰宇記》卷190引亦作「脅」。

（14）桀紂有天下，兼有鎬、亳

校注：「鎬」原作「濟」，今據孫詒讓說校改。孫云：「濟，疑當爲『鎬』。《荀子‧議兵篇》：『古者，湯以薄，武王以鎬。』」器案孫說是，《荀子‧王霸篇》也說：「湯以亳，武王以鄗。」（531）

按：《通典》卷194作「紂以天下，兼於薄、鄗」，《太平寰宇記》卷190作「紂以天下，兼於亳、鄗」。有，猶以也〔註242〕，下文「秦王以六合，困於陳涉」，正作「以」字。

（15）釋邇憂遠，猶吳不內定其國，而西絕淮水與齊、晉爭強也

校注：「水」原作「山」，陳遵默曰：「『山』疑當作『水』。」今據改正。

〔註240〕參見孫人和《左宧漫錄‧兩棠考》，《文史》第2輯，中華書局1963年版，第45頁。

〔註241〕參見蕭旭《「郎當」考》，《中國語學研究‧開篇》第29卷，2010年9月日本好文出版，第59～64頁。

〔註242〕參見吳昌瑩《經詞衍釋》，中華書局1956年版，第52～53頁。又參見裴學海《古書虛字集釋》，中華書局1954年版，第152頁。

（P531）

按：《通典》卷194、《太平寰宇記》卷190「釋邇」上有「今」字，仍作「淮山」。

（16）越因其罷，擊其虛

按：因，《通典》卷194、《太平寰宇記》卷190作「乘」。

（17）使吳王用申胥，修德，無恃極其眾，則勾踐不免為藩臣海崖，何謀之敢慮也

按：《通典》卷194、《太平寰宇記》卷190「王」作「任」，無「恃」、「海崖」。「王」疑「任」脫誤，「恃」字衍。極，疲也。

《論勇》第五十一

（1）秦王憚於不意，列斷賁、育者，介七尺之利也

按：《廣雅》：「憚，驚也。」《玄應音義》卷3引《通俗文》：「旁驚曰憚。」《史記・刺客傳》《集解》引「憚」作「操」，蓋形之譌。馬非百謂當作「操」，解為「抓在手中」，非也。列，讀為裂。

（2）世言強楚勁鄭，有犀兕之甲，棠谿之鋌也

校注：《史記・蘇秦傳》《正義》引「鋌」作「劍」。案《一切經音義》卷29引《淮南子》許慎注：「鋌者，金銀銅鐵等未成器，鑄作兵，名曰鋌。」《文選・七命》注：「鋌，銅鐵璞也。」又下文作「吳越之鋌」，前《殊路》作「干越之鋌」。（P538～539）

按：「鋌」指銅鐵之樸，即生銅生鐵；因此所鑄之劍亦得稱鋌。《淮南子・脩務篇》：「苗山之鋌（鋋），羊頭之銷。」〔註243〕指以苗山之鋌製成的劍，以羊頭之銷製成的刀〔註244〕。《御覽》卷339引「鋌」作「捷」，形之譌也。

（3）舞利劍，蹶強弩

按：舞，《御覽》卷339引作「儛」，字同。《史記・蘇秦傳》：「韓卒超足

〔註243〕《文選・七命》、《七發》李善注二引並作「鋌」，《玉海》卷151引亦作「鋌」。
〔註244〕參見蕭旭《淮南子校補》，花木蘭文化出版社2014年版，第666～668頁。

而射，百發不暇止。」《索隱》：「超足，謂超騰用埶，蓋起足蹋之而射也。故下云『蹶勁弩』是也。」《正義》：「超足，齊足也。夫欲放弩，皆坐，舉足踏弩，兩手引揆機，然始發之。」「超」同「越」、「跳」〔註245〕，《正義》訓「齊足」，非也。蹶之本字爲趉，《說文》：「趉，蹶也。」又「蹶，楚人謂跳躍曰蹶。」又「跳，蹶也，一曰躍也。」又「蹶，一曰跳也。」「蹶強弩」即「蹶勁弩」，亦即「超足而射」也。蹶、蹋、超，皆跳躍之誼。蹶強弩，謂取起跳之勢，以助力量，踏弩機而發射之也。《史記・張丞相傳》：「申屠丞相嘉者，梁人，以材官蹶張。」《集解》引如淳曰：「材官之多力，能腳蹋強弩張之，故曰蹶張。律有蹶張士。」《漢書・申屠嘉傳》顏師古注：「今之弩，以手張者曰擘張，以足蹋者曰蹶張。」《通鑑》卷2：「蹶勁弩。」胡三省註：「蹶，踏也。」

（4）夫如此，則貉無交兵，力不支漢，其勢必降

按：「貉無交兵」前各本有「胡無守谷」四字，此脫。四庫本、四部叢刊本「貉」誤作「谿」。「貉」、「胡」對舉，即指上文「貉虜」，參見王佩諍說。

（5）專諸手劍摩萬乘，刺吳王

校注：「摩」原作「歷」，今改。摩，切也，近也。（P540）

按：「摩」、「歷」確實形近易譌，然疑此文不誤。歷，讀爲攊，《廣韻》：「攊，擊口也。」《五分戒本》卷1：「以指相擊攊。」《十誦律》卷16：「用指擊攊。」《根本說一切有部戒經》卷1：「殺傍生故惱，擊攊水同眠。」上三例，宋本皆作「擊歷」。《四分律疏》卷5：「過洗擊歷。」字或作攊、攦，《集韻》：「攊、攦、攊：《博雅》：『擊也。』或從麗從歷。」此文爲擊刺之義。陳直曰：「歷爲瀝字省文，瀝血也。」亦通。手劍，猶言提劍。

（6）荊軻提匕首入不測之強秦，秦王惶恐失守備，衛者皆懼

按：王佩諍、郭沫若、林平和、馬非百亦以「備」字屬上，非也。「備」字屬下句，「備衛」爲詞，本書《備胡》：「然猶修城郭，設關梁，屬武士，

〔註245〕參見黃侃《說文同文》，收入黃侃《說文箋識》，中華書局2006年版，第7頁。

備衛於宮室。」亦其例。四庫本脫「備」字。

（7）聶政自衛，由韓廷刺其主

按：由，猶在也，於也。王佩諍解爲「經歷」，楊樹達疑爲「遊」之誤，皆
非也。

（8）推鋒折銳

校注：「折」原作「拊」，洪頤煊《管子義證》引王引之曰：「《鹽鐵論》今
本『折』譌『拊』。」案王說是，今據改正。《漢書・南粵王趙佗傳》：「以
推鋒陷堅爲將梁侯。」（P541）

按：王引《漢書》「推鋒」，非其誼也。此文「推」當作「摧」，亦折也。《楚
辭・惜賢》：「折銳摧矜。」注：「摧，挫也。」是其比也。

（9）穹廬擾亂，上下相遁

校注：《史記・秦始皇本紀》：「然後姦僞並起，而上下相遁。」《漢書・酷
吏傳》：「上下相遁，至於不振。」《廣雅》：「遁，欺也。」（P541）

按：《漢書・酷吏傳》顏師古注：「遁，避也。言吏避於君，民避於吏，至
乎喪敗，不可振救也。」《後漢書・杜林傳》：「至於法不能禁，令不能
止，上下相遁，爲敝彌深。」李賢注：「遁，猶回避也。《前書》曰：『上
下相匿，以文避法焉。』〔註246〕」王念孫謂遁當訓欺〔註247〕，此蓋
《校注》所本。王說是也，除王氏所舉的證據，補證如下：《漢書・食
貨志》：「政令不信，上下相詐。」與《杜林傳》文義正同，詐亦欺也。
又《貨殖傳》：「禮誼大壞，上下相冒。」冒猶蒙，亦欺也。

（10）故義之服無義，疾於原馬良弓

校注：俞樾曰：「『原』當作『騵』。」（P542）

按：本書《取下》作「原馬」，又《力耕》作「騵馬」。原、騵古通，王佩諍
指出不必改字，是也。《淮南子・主術篇》：「騎騵馬。」《治要》卷 41
引作「原馬」，亦其例。

〔註246〕今本《漢書・酷吏傳》誤倒作「以避文法」，《史記》作「以文辭避法」。
〔註247〕王念孫《漢書雜志》、《管子雜志》、《淮南內篇雜志》，收入《讀書雜志》卷 6、
7、13，中國書店 1985 年版，第 87、76、85 頁；又王念孫《廣雅疏證》，收
入徐復主編《廣雅詁林》，江蘇古籍出版社 1992 年版，第 183 頁。

《論功》第五十二

（1）匈奴車器無銀黃絲漆之飾，素成而務堅；絲（衣）無文采裙褘曲襟之制，都成而務完

校注：《文選・東京賦》注：「都謂聚會也。」都成，蓋謂以整幅布匹為之。（P546）

按：都，《通典》卷194誤作「睹」，《太平寰宇記》卷190誤作「覩」。絲漆，《通典》同，《寰宇記》誤作「絲染」，本書《散不足》誤作「染絲」。裙，《通典》同，《寰宇記》作「裾」。裙謂下裳，裾指衣服的前後襟，褘指蔽膝。似「裾褘」為得。考《散不足》：「中者長裾交褘。」正作「裾褘」。「完」、「堅」同義對舉，完亦堅也，牢也，已詳《非鞅篇》校補。馬非百解「完」為「完美無缺」，非也。周乾濚謂當作「裙褘無文采曲襟之制」〔註248〕，亦失之。

（2）女無綺繡淫巧之貢，纖綺羅紈之作

按：《通典》卷194、《太平寰宇記》卷190「貢」作「制」，「纖綺」作「織纊」。當作「纖纊」，各誤一字，可據互訂。《書・禹貢》：「厥篚纖纊。」孔傳：「纊，細綿。」《文選・廣絕交論》李善注引誤作「織纊」。《漢書・地理志》：「貢漆、枲、絺、紵、萊纖纊。」顏師古曰：「纖纊，細綿也。」《類聚》卷61魏・劉邵《趙都賦》：「輕綃啟繒，纖纊絺紈。」〔註249〕王佩諍曰：「此句『綺』字複種，疑上句為『織繡』或『黹繡』之誤，『絺』、『繡』字形尤近。『黹』本字，『絺』假字。又疑或為『組繡』。」皆未得。

（3）因山谷為城郭，因水草為倉廩

按：郭，《通典》卷194、《太平寰宇記》卷190、《御覽》卷190引作「池」。廩，《御覽》引同，《通典》、《寰宇記》作「庫」。《御覽》引脫下「因」字。

〔註248〕周乾濚《〈鹽鐵論〉校釋一臠》，《古籍整理研究學刊》1991年第3期，第29頁。

〔註249〕此據宋紹興本，四庫本誤作「織纊」。

（4）法約而易辦，求寡而易供，是以刑省而不犯，指麾而令從

按：求，《通典》卷 194 同，《太平寰宇記》卷 190 作「用」。《管子·桓公問》：「法簡而易行，刑審而不犯，事約而易從，求寡而易足。」《淮南子·主術篇》：「故聖人事省而易治，求寡而易贍。」《文子·精誠》：「聖人事省而治，求寡而贍。」爲此文所本。本書《結和》：「求寡而易澹。」

（5）故雖無禮義之書

按：「之書」當據《通典》卷 194、《太平寰宇記》卷 190 作「文書」。《漢書·匈奴傳》：「無文書，以言語爲約束。」尤爲確證。

（6）刻骨卷木

校注：「木」原作「衣」，今改。盧文弨曰：「衣，《大典》『木』。」（P546）

按：「木」字是，《通典》卷 194、《太平寰宇記》卷 190 皆作「木」。「刻骨」謂若甲骨文字之類，參見王佩諍說。陳直校「卷木」爲「栔木」，其義近之，然「卷」、「栔」形聲俱遠，無由致譌。疑「卷」爲「剟」脫誤，「剟」同「劀」。《說文》：「剟，判也。」《廣韻》：「劀，剖破。」《龍龕手鑑》：「劀，剖判屠破也。剟，同上。」周學鋒讀卷爲劵，訓契刻〔註250〕。二漢前「劵」無動詞用法。

（7）其以強爲弱，以存爲亡，一朝爾也

按：一朝爾也，《通典》卷 194、《太平寰宇記》卷 190 作「非一朝爾」，衍「非」字。

《論鄒》第五十三

（1）猶無準平而欲知高下，無規矩而欲知方圓也

按：《呂氏春秋·自知》：「欲知平直，則必準繩；欲知方圓，則必規矩。」

（2）戰國信嘉言

校注：郭沫若讀「嘉」爲「訛」。（555）

按：嘉，讀爲加。《說文》：「誣，加也。」《玄應音義》卷 11 引作「誣，加

〔註250〕周學鋒《〈鹽鐵論〉校詁商補》，曲阜師範大學 2010 年碩士學位論文，第 16 頁。

言也」。「加言」即「誣言」，指虛言。或讀爲假，亦通。陳直曰：「『嘉言』疑有誤字。」未得。馬非百解爲「好聽的話」，未洽。

《論菑》第五十四

（1）智伯以貪狠亡其身

校注：「貪狠」原作「貪狼」，今改。（P559）

按：不必改作，已詳《世務篇》校補。

（2）聖人法之，厭而不陽

校注：一本「陽」作「揚」。王先謙曰：「《御覽》卷 271 引『不陽』作『不傷』。」（P561）

按：當以作「揚」爲正字。厭，即「壓」之本字。《漢書·馮奉世傳》：「獨抑厭而不揚。」又《昭帝紀》、《霍光傳》並有「抑而不揚」之語。抑厭猶言壓抑，與「不揚」正相應。馬非百曰：「不陽，不使陰變爲陽。」非也。陳直曰：「漢居延木簡有函何陽即函何傷也，此本書古字之留存者，正不必更改原文。」以「陽」爲「傷」古字，尤失厥誼。

（3）天道好生惡殺，好賞惡罪

按：罪，各本作「罰」，此誤。

卷第十

《刑德》第五十五

（1）道逕眾，人不知所由；法令眾，人不知所辟

校注：「逕」原作「德」，《治要》作「徑」，今據改正。（P569）

按：王先謙曰：「『德』字誤，《治要》作『徑』。」王佩諍從之，非也。「道德」、「法令」對舉，不當改作。《鶡冠子·學問》：「龐子曰：『何謂九道？』鶡冠子曰：『一曰道德，二曰陰陽，三曰法令，四曰天官……道德者操行所以爲素也，陰陽者分數所以觀氣變也，法令者主道治亂國之命也……』」《管子·君臣上》：「道德出於君，制令傳於相。」「制令」亦即「法令」也。張之象注：「辟，音避。」紛欣閣叢書本、龍

恬精舍叢書本、四部叢刊本作「避」，《治要》卷 42 引亦作「避」。

（2）室女童婦，咸知所避

校注：《治要》「室」作「愚」，義較勝。「愚女」與「童婦」對言。「童」和「憧」義同，就是愚昧無知的意思，說略本陳遵默。（P570）

按：《治要》卷 42 引作「愚婦童婦」，義雖較然，恐爲臆改。室，讀爲𡐩，《說文》：「𡐩，忿戾也。」字或作恎、痓、窒、駤、詄、跮〔註251〕。今吳語謂之「恎頭」，亦凶頑、很戾、愚蠢之誼也。馬非百曰：「室女，處女。童婦，幼婦。」並失之。

（3）昔秦法繁於秋荼，而網密於凝脂，然而上下相遁，姦僞萌生

校注：《治要》引作「奸宄並生」。（P570）

按：林平和指出《治要》卷 42、《類聚》卷 54、《御覽》卷 638 引同今本，《意林》卷 3 引作「姦僞並生」，王氏失檢。《魏書·刑罰志》：「法繁於秋荼，網密於凝脂，姦僞並生，赭衣塞路。」即本此文，亦作「並」字，與《意林》合。

（4）若救爛撲焦

按：撲，林平和指出《治要》卷 42 引作「捌」。蓋「撲」同「扑」，「捌」同「扒」，形近致譌。《集韻》：「扒，救也。」本字蓋爲拔，謂引而出之也。馬非百曰：「撲焦，撲滅烈火。」非也。

（5）方今律令百有餘篇，文章繁，罪名重，郡國用之疑惑

按：郡，《玉海》卷 65 引同，《治要》卷 42 引誤作「群」。

（6）律令塵蠹於棧閣，吏不能徧覩

校注：正嘉本等刪此二句。（P571）

按：《治要》卷 42、《玉海》卷 65 引有此二句。唐·白居易《論刑法之弊》：「律令塵蠹於棧閣，制勑堆盈於案几。官不徧覩，法無定科。」即本此文，正嘉本等刪去，非也。

〔註251〕參見蕭旭《淮南子校補》，花木蘭文化出版社 2014 年版，第 643～645 頁。

（7）故盜馬者死，盜牛者加，所以重本而絕輕疾之資也

按：《意林》卷3引作「秦法：盜馬者死，盜牛者刑，苟也。」「加」當
作「刑」，字之誤也。下文云：「今盜馬者罪死，盜牛者加。」「加」
字亦誤。盜牛者比盜馬者罪輕，故僅刑之。睡虎地秦簡《法律答問》：
「甲盜牛，盜牛時高六尺，𣪏（繫）一歲，復丈，高六尺七寸，問
甲可（何）論？當完城旦。」〔註252〕此盜牛者判刑之實例。《晉書·
四夷傳》：「殺人及盜馬者罪至死，他犯則徵物以贖。」《魏書·吐谷
渾傳》：「其刑罰：殺人及盜馬者死，餘則徵物以贖罪，亦量事決杖。」
《新唐書·西域傳》：「凡殺人若盜馬者死，它罪贖以物。」亦其比，
是除殺人及盜馬者為死罪外，它罪皆可以物贖之。陳直曰：「下句盜
牛比盜馬加罪，或指族刑而言。」馬非百曰：「加，同『枷』。」皆
非也。

（8）身幽囚

校注：張敦仁曰：「『身』下脫一字，未詳。」（P578）

按：「身」下疑脫「見」字，表被動。

《申韓》第五十六

（1）故曲木惡直繩，姦邪惡正法

校注：劉歆《遂初賦》：「曲木惡直繩兮，亦小人之誠也。」即本此文。（P582）

按：此蓋秦、漢諺語。《韓子·有度篇》：「繩直而枉木斲。」《淮南子·說山
篇》：「眾曲不容直，眾枉不容正。」《潛夫論·考績》：「諺曰：『曲木惡
直繩，重罰惡明證。』」〔註253〕本書《箴石篇》：「語曰：『五盜執一良
人，枉木惡直繩。』」

（2）若檃栝輔檠之正弧刺也

校注：「弧」原作「弧」，今據盧說改正。（P583）

按：「弧」、「弧」通用，「刺」當作「刺」，已詳《非鞅篇》校補。

〔註252〕《睡虎地秦墓竹簡》，文物出版社1990年版，第95頁。
〔註253〕《意林》卷3引「證」作「政」。

（3）故水者火之備，法者止姦之禁也

按：「火」上當脫「救」或「禦」、「防」一類的動詞。「禁」疑「術」之誤。

（4）是以孔子倡以仁義而民從風，伯夷循首陽而民不可化

校注：張敦仁曰：「『從』上脫『不』字，『風』字當衍，『可』字亦當衍。」（P583）

按：「以」字亦當衍。循，各本作「遁」，此誤。遁，隱也，逃也。

（5）今之所謂良吏者，文察則以禍其民，強力則以厲其下

按：「文」當作「大」，字之譌也。《漢書・匡衡傳》：「蓋聰明疏通者戒於大察，寡聞少見者戒於雍蔽，勇猛剛強者戒於大暴……」此文「強力」，即指大暴而言。《治要》卷 42 引已誤。《玉篇》：「厲，虐也。」

（6）所貴良吏者，貴其絕惡於未萌，使之不為，非貴其拘之囹圄而刑殺之也

按：「非」字各本皆重，此脫，「使之不爲非」句。《治要》卷 42 引亦有二「非」字。

（7）《詩》云：「舍彼有罪，淪胥以鋪。」

按：各本引《詩》皆作「舍彼有罪，既伏其辜；若此無罪，淪胥以鋪」，《治要》卷 42 引同，此脫二句。

（8）痛傷無罪而累也

按：《治要》卷 42 引無「痛」字。

（9）非患銚耨之不利，患其舍草而芸苗也

校注：「芸」原作「去」，今據《治要》改。（P583）

按：「去」當作「云」，字之譌也。云，讀爲耘，芸亦借字。

《周秦》第五十七

（1）《春秋》無名號，謂之云盜

按：各本「無名號」上有「罪人」二字，此脫。

（2）循逃相連

按：循，各本作「遁」，此誤。

（3）犯公法以相寵

按：張之象注：「寵，古本作籠。籠，包舉也。」非是。《說文》：「寵，尊居
也。」故引申有尊貴、尊崇義。馬非百曰：「寵，偏愛。」非也。

（4）故今自關內侯以下，比地于伍，居家相察，出入相司

校注：《淮南子·泰族篇》：「使民居處相司，有罪相覺。」（P587）

按：《鶡冠子·王鈇》：「居處相察，出入相司。」爲此文所本。張家山漢簡
《二年律令·戶律》：「自五大夫以下，比地爲伍，以辨□爲信，居處相
察，出入相司。」〔註254〕正可印證本文。《韓詩外傳》卷 4：「令民相
伍，有罪相伺，有刑相舉。」亦可參證。關，各本作「關」，此誤。「家」
當爲「處」之誤。

（5）雖有慶忌之捷，賁育之勇

校注：「捷」原作「健」，今據張敦仁說校改。張云：「『健』當作『捷』，司
馬相如《諫獵》亦云：『捷如慶忌。』」器案：張說是，《漢書·東方朔傳》：
「捷若慶忌。」（P591）

按：郭沫若亦從張說。徐復曰：「『健』字不誤。《廣雅》：『捷，健也。』
王念孫疏證：『《漢書·東方朔傳》云：「捷若慶忌。」皆健之義也。』」
徐說是也，《家語·五儀解》：「無取捷捷。」《荀子·哀公》、《韓詩外
傳》卷 4、《說苑·尊賢》作「無取健」。《慧琳音義》卷 1「健行」條
引《集訓》：「健，勁健也。」《通鑑》卷 76 胡三省註：「遣健步齎書
至兗州。」胡三省註：「健步，能疾走者，今謂之急腳子，又謂之快
行子。」又卷 229：「遣健步出城覘賊。」胡三省註：「健步，今之急
腳子是也。」《後漢書·方術傳》：「惟文公大小負糧捷步，悉得完免。」
李賢注：「捷，健也。」《慧琳音義》卷 1 引《韻英》、卷 12 引《考聲》
並云：「捷，健也。」又卷 54 引《方言》：「捷亦健也。」〔註255〕是

〔註254〕朱紅林《張家山漢簡〈二年律令〉集釋》，社會科學文獻出版社 2005 年版，
第 194 頁。
〔註255〕今本《方言》及郭注皆無此語。

「健」、「捷」同義，今尚有「健步如飛」之語。馬非百曰：「健，強壯有力。」未洽。《後漢書・鄭太傳》：「未有孟賁之勇，慶忌之捷。」《文選・吳都賦》：「捷若慶忌，勇若專諸。」《抱朴子外篇・酒誡》：「貞良者流華督之顧眄，怯懦者效慶忌之蓄捷。」《御覽》卷 330 崔鴻《十六國春秋》：「吾聞伊餘有專諸之勇，慶忌之捷。」諸書皆作「捷」字，同義替換也。

（6）方此之時，豈特冒蹈刃哉

按：各本「冒」下有「火」字，《治要》卷 42 引同，此脫。

（7）父子相背，兄弟相嫚

校注：「嫚」原作「漫」，今據《治要》引校改。（P592）

按：各本作「慢」，讀爲謾，嫚亦借字，不煩校改。字亦作漫，《莊子・知北遊》：「天知予僻陋慢訑。」《書鈔》卷 133、《白帖》卷 88 引作「漫誕」，《玉篇殘卷》引作「謾誕」。《荀子・儒效》：「行不免於汙漫。」楊注：「漫，欺誑也。」馬非百曰：「慢，傲慢。」非也。

（8）故政寬則下親其上，政嚴則民謀其主

按：民，《治要》卷 42 引作「臣」。

《詔聖》第五十八

（1）故衣弊而革才，法弊而更制

校注：盧文弨曰：「『才』當作『裁』。涂：『才』通。」一本作「裁」，一本作「財」。《淮南子・泰族篇》：「故聖人事窮而更爲，法弊而改制。」（P597）

按：當點作「涂『才』，通」，指涂本作「才」，字與「裁」通用。《詩・緇衣》：「緇衣之宜兮，敝予又改爲兮。」《文選・西征賦》李善註引「敝」作「弊」。即此爲所本。《文子・上禮》：「故聖人治弊而改制，事終而更爲。」「治」當作「法」，「終」當作「窮」，形、聲之誤也，《治要》卷 35 引已誤。

（2）夫少目之網不可以得魚

校注：《淮南子・說林篇》：「一目之羅，不可以得鳥。」《申鑒・時事》：「今

爲一目之羅，則無時得鳥矣。」義與此同。（P598）

按：《申鑒》文同《淮南子‧說山篇》、《文子‧上德》。諸書並本於《鶡冠子‧
世兵》：「一目之羅，不可以得雀。」

（3）今之治民者，若拙御之御馬也，行則頓之，止則繫之

按：頓，讀爲抽，引也，拉也〔註256〕。今吳語猶然。

（4）夫爍金在爐，莊蹻不顧；錢刀在路，匹婦掇之

按：張之象注：「掇，拾取也。」掇，《喻林》卷 102 引同，《御覽》卷 836
引作「撥」。「撥」乃形之譌也。

（5）高牆狹基，不可立也

校注：《韓詩外傳》卷 2：「高牆豐上激下，未必崩也，降雨興，流潦至，則
崩必先矣。」（P600）

按：引《外傳》與「狹基」不切。《淮南子‧泰族篇》：「不益其厚而張其廣
者毀，不廣其基而增其高者覆。」《文子‧上義》同。《潛夫論‧班祿》：
「此猶薄趾而望高牆，驥癃而責遠道，其不可得也必矣。」「狹基」即
「薄趾」，亦即「不廣其基」也。《新語‧道基》：「殖不固本而立高基者
後必崩。」殖，讀爲植，立也，建也。亦可參證。

（6）二世信趙高之計，渫篤責而任誅斷

校注：《治要》「渫」作「深」，「篤」作「督」。案：「篤」、「督」古通。「渫」
字不誤，「渫」有繁重意。凡從枼得聲之字，都有累積、重疊之意。（P601）

按：馬非百謂「渫」當作「深」。考《史記‧李斯傳》：「李斯恐懼，重爵
祿，不知所出，乃阿二世意，欲求容，以書對曰：『夫賢主者，必且
能全道而行督責之術者也。督責之，則臣不敢不竭能以徇其主
矣。』……書奏，二世悅，於是行督責益嚴。」《法言‧重黎》：「（李）
斯以留客，至作相，用狂人之言，從浮大海，立趙高之邪說，廢沙丘
之正，阿意督責，焉用忠？」是此計乃李斯上書所獻，文學誤記爲趙
高。「渫」疑當據《史記》作「行」，「行」、「任」對舉。上文云：「聞
禮義行而刑罰中，未聞刑罰任而孝悌興也。」本書《除狹》：「非仁人

〔註256〕參見王念孫《讀書雜志》卷 10，中國書店 1985 年版，第 42 頁。

不能任，非其人不能行。」《論勇》：「欲任匹夫之役，而行三尺之刃。」
亦其例也。《李斯傳》斯上書又云：「明主聖王之所以能久處尊位，長
執重勢，而獨擅天下之利者，非有異道也，能獨斷而審督責，必深罰，
故天下不敢犯也。」又「故明主能外此三者，而獨操主術以制聽從之
臣，而修其明法，故身尊而勢重也。」疑「誅斷」當作「獨斷」，即
「獨操主術」之誼，《治要》卷42引已誤。

（7）刑者半道，死者日積。殺民多者為忠，厲民悉者為能

校注：《治要》「厲」作「斂」。案《孟子・滕文公上》：「是厲民而以自養也。」
即此文所本。悉，盡也。（P601）

按：《孟子》非此文所本。《史記・李斯傳》：「於是行督責益嚴，稅民深者爲
明吏，二世曰：『若此則可謂能督責矣。』刑者相半於道，而死人日成
積於市，殺人眾者爲忠臣，二世曰：『若此則可謂能督責矣。』」爲此文
所本。「悉」疑「深」之譌。「厲民深者」即「稅民深者」。《治要》卷
42引作「斂民悉者爲能」，「斂民」即「稅民」，以意改也；而所見已誤
作「悉」字。

（8）當此之時，天下俱起，四面而攻秦

校注：「四面」原作「方面」，今改。《漢書・賈山傳》：「天下四面而攻之。」
（P601）

按：上文「故過任之事，父不得於子；無已之求，君不得於臣」，本《戰國
策・趙策二》。此文亦本《策》「六國并力爲一，西面而攻秦」。「方面」
當校作「西面」。面，向也。《史記・蘇秦傳》：「六國爲一，并力西鄉而
攻秦。」鄉讀爲向。

《大論》第五十九

（1）是猶遷延而拯溺，揖讓而救火也

校注：《抱朴子・用刑》：「揖讓以救火災……未見其可也。」即本此文。
（P607）

按：《論衡・自紀》：「救火拯溺，義不得好。」亦足參證。

（2）湯武非得伯夷之民以治，桀紂非得蹠蹻之民以亂也

校注：出《慎子》逸文。（P607）

按：得，讀爲待〔註257〕。下文「故爲治者不待自善之民，爲輪者不待自曲之木」，文例相同，正作「待」字。《韓子·顯學》：「夫必恃自直之箭，百世無矢；恃自圜之木，千世無輪矣。」爲此文所本，「恃」亦讀爲待，《意林》卷1、《御覽》卷952引《韓子》正作「待」字；《記纂淵海》卷151引作「俟」〔註258〕，唐·劉禹錫《答連州薛郎中論書儀書》：「語曰：『俟自直之箭，則百代無一矢；俟自圜之木，則千歲無一輪。』」俟亦待也。陳啓天曰：「『恃』是。」〔註259〕陳奇猷曰：「恃形誤爲待，劉引蓋恃音誤爲俟也。」〔註260〕皆非也。

（3）不治其本而事其末

按：《淮南子·泰族篇》：「今不知事修其本，而務治其末，是釋其根而灌其枝也。」又《主術篇》：「不務反道，矯拂其本，而事修其末。」又《兵略篇》：「今夫天下皆知事治其末，而莫知務修其本，釋其根而樹其枝也。」諸書並本《鄧子·無厚》：「不治其本而務其末。」

（4）故公輸子因木之宜，聖人不費民之性

校注：費讀爲拂，即違戾之意。（P608～609）

按：楊樹達、馬非百說同，並本張敦仁也，王佩諍申證之。諸家皆得，而猶未盡。本字爲咈，《說文》：「咈，違也。」《廣雅》：「咈，盭也。」《集韻》：「咈，通作拂。」字或作怫，《文子·自然》作「因其性，即天下聽從；怫其性，即法度張而不用。」《治要》卷35引作「咈」，《淮南子·泰族篇》作「拂」。此文「費」、「因」對文，猶《文子》、《淮南》之「怫（拂）」、「因」對文也。因，猶順也。

〔註257〕參見裴學海《古書虛字集釋》，中華書局1954年版，第448頁。蕭旭《古書虛詞旁釋》有補證，廣陵書社2007年版，第194～195頁。

〔註258〕此據《北京圖書館古籍珍本叢刊》影印本，書目文獻出版社1998年版，第631頁；四庫本在卷62，「俟」誤作「候」。

〔註259〕陳啓天《韓非子校釋》，收入《民國叢書》第5編，上海書店民國29年版，第20頁。

〔註260〕陳奇猷《韓非子新校注》，上海古籍出版社2000年版，第1143頁。

（5）故士因士，女因媒，至其親顯，非媒士之力

校注：張之象注：「子路曰：『士因中，女因媒。』疑下『士』字乃『中』之駁文。」器案：此文不誤。《御覽》卷 402 引《韓詩外傳》：「士不中間而見，女無媒而嫁，非君子之行也。」又見《說苑・尊賢篇》、《家語・致思篇》。（P610）

按：引證不切。《淮南子・說山篇》：「因媒而嫁，而不因媒而成；因人而交，不因人而親。」《韓詩外傳》卷 7：「夫薑桂因地而生，不因地而辛；女因媒而嫁，不因媒而親。」《新序・雜事五》：「夫薑桂因地而生，不因地而辛；婦人因媒而嫁，不因媒而親。」《說苑・善說》：「縷因針而入，不因針而急；嫁女因媒而成，不因媒而親。」〔註 261〕王佩諍亦引張之象校語，四庫本無此語。

（6）灼頭濡足，庶幾世主之悟

按：灼，讀爲燋，傷火也。《集韻》：「灼，《說文》：『炙也。』或作燋。」《類聚》卷 50 北齊・邢子才《冀州刺史封隆之碑》：「濡足焚首，念在一匡。」即本此文。

（7）夫欺害聖人者，愚惑也；傷毀聖人者，狂狡也。

按：狡，切直、急切，引申爲很戾、傲慢也，字或作交、絞、姣、佼、效〔註 262〕。《後漢書・寇恂傳》：「故狂狡乘間相詿誤耳。」李賢注：「狡，猾也。」馬非百曰：「狂狡，瘋癲，詭詐。」皆非也。《論語・陽貨》：「好直不好學，其蔽也絞；好勇不好學，其蔽也亂；好剛不好學，其蔽也狂。」邢昺疏：「絞者，切也。」「狂狡」即「狂絞」。

《雜論》第六十

（1）觀公卿賢良文學之義

校注：「義」通作「議」。（P615）

按：《西漢年紀》卷 18、《文章正宗》卷 9、《文選補遺》卷 16 引作「議」，《漢

〔註 261〕《類聚》卷 94、4、《御覽》632 引「親」作「畜」。畜讀爲嬌，《説文》：「嬌，媚也。」《廣雅》：「嬌，好也。」參見蕭旭《説苑校補》，收入《群書校補》，廣陵書社 2011 年版，第 514 頁。
〔註 262〕參見蕭旭《淮南子校補》，花木蘭文化出版社 2014 年版，第 278～280 頁。

書》卷 66 同。

（2）直而不徼，切而不燦，斌斌然斯可謂弘博君子矣

校注：一本「燦」作「愫」。孫人和曰：「『燦』讀『索』，空也。華本改作『愫』，不可從。」（P616）

按：《西漢年紀》卷 18 引作「燦」。徼，讀爲絞，《論語・陽貨》：「惡徼以爲智者。」《釋文》：「徼，鄭本作絞。」《中論・覈辨篇》引作「絞急以爲智」，本書《訟賢》作「狡而以爲知」，「狡」同「絞」。《論語・陽貨》：「好直不好學，其蔽也絞。」皇侃疏：「絞，刺也。」邢昺疏：「絞者，切也。」又《泰伯》：「直而無禮則絞。」《釋文》引馬云：「絞，刺也。」又引鄭云：「絞，急也。」「直而不絞」是說好直而不絞急也。「燦」字字書所無，疑讀爲促、躄，《說文》：「促，迫也。」《廣雅》：「躄，急也。」「切而不促」與「直而不絞」義近。《類聚》卷 26 晉陸機《遂志賦》：「班生彬彬，切而不絞，哀而不怨矣。」文義與此文相近，「切而不絞」即「直而不絞、切而不促」之縮寫，意謂正直但不急迫，故云「斌斌然」。王佩諍曰：「《論語・陽貨》：『惡徼以爲智者。』《中論・覈辨篇》用此作『絞急以爲智』，則此文『直而不絞』，有不急切意。索亦訓盡……則迻作『切而不索』亦通。改爲『愫』是也，愫，誠也。切而不誠，於理亦合。」王氏讀徼爲絞，是也；「燦」字二說均非。陳直從一本作「愫」。馬非百曰：「徼，抄也。抄人之意以爲己有。切，切實。燦，讀爲索，空。」皆未得。

（3）然攝卿相之位

校注：《漢書》「位」作「柄」。（P617）

按：《西漢年紀》卷 18 引亦作「柄」。

（4）車丞相即周、呂之列

校注：盧文弨曰：「即，《漢書》『履』。」（P618）

按：即，《西漢年紀》卷 18 引亦作「履」。

桓譚《新論》校補

桓譚《新論》17 卷，原書久佚，清人孫馮翼、嚴可均各有輯本[註1]，而有疏漏。近人朱謙之作《新輯本桓譚〈新論〉》[註2]，最為完備。

卷一《本造篇》

（1）余為《新論》，術辨古今，亦欲興治也

朱校：「術」與「述」通。

按：朱氏讀術為述，未釋義。如解為「記述」義，則非也。術，讀為聿，字或作述，猶以也。《詩・文王》：「無念爾祖，聿修厥德。」毛傳：「聿，述。」《漢書・東平思王傳》、《後漢書・宦者列傳》引作「述」。

（2）故世人多云：「短書不可用。」

按：《論衡・書虛》：「短書不可信用。」又《謝短》：「未載於經，名為尺籍、短書，比於小道。」

（3）若其小說家，合叢殘小語，近取譬論，以作短書

按：叢殘，《說郛》卷 33 引姚寬《西溪叢語》作「藂淺」。「藂」同「叢」，「淺」則形之誤也。《御覽》卷 602 引桓譚《新論》：「惟太史公為廣

[註1] 孫馮翼輯《桓子新論》，指海本，收入《叢書集成新編》第 21 冊，新文豐出版公司 1985 年版，第 5～14 頁。嚴可均輯《桓子新論》，收入《全上古三代秦漢三國六朝文》《全後漢文》卷 13～15，中華書局 1958 年版，第 537～553 頁。
[註2] 朱謙之《新輯本桓譚〈新論〉》，中華書局 2009 年版。

大，餘皆叢殘小論，不能比之。」《弘明集》卷 1 引漢牟融《理惑論》：「眾道叢殘，凡有九十六種。」《穀梁傳·文公六年》何休注：「閏是叢殘之數，非月之正也。」唐·張彥遠《法書要錄》卷 2 引梁·庾元威《論書》：「致令眾議叢殘，音辭驕互。」《類聚》卷 55 引陳·江總《皇太子太學講碑》：「帷帳叢殘，家壁遺逸。」

（4）董仲舒專精于述古，年至六十餘，不窺園中菜

按：《漢書·董仲舒傳》：「（董仲舒）下帷講誦，弟子傳，以久次相授業，或莫見其面，蓋三年不窺園，其精如此。」《論衡·儒增》：「儒書言董仲舒讀《春秋》，專精一思，志不在他，三年不窺園菜。」《類聚》卷 93 引《鄒子》：「董仲舒勤學，三年不窺園，乘馬不知牝牡。」

卷二 《王霸篇》

（1）夫上古稱三皇五帝，而次有三王五伯，此天下君之冠首也

按：朱輯據《史記·秦本紀》《正義》，《御覽》卷 77、《天中記》卷 11 引「此」下有「皆」字。朱氏失校。

（2）儒者或曰：「圖王不成，其弊可以霸。」

朱校：《意林》卷 3 引「圖王不成，亦可以伯」二句。

按：《史記·主父偃傳》：「臣聞圖王不成，其敝足以安。」《漢書》同。《後漢書·隗囂傳》：「圖王不成，其弊猶足以霸。」《後漢紀》卷 5「弊」作「敝」，李賢注：「《前書》徐樂曰：『圖王不成，其弊足以霸也。』」李注引《漢書》「安」作「霸」。《論衡·氣壽》：「語曰：『圖王不成，其弊可以霸。』」《長短經·君德》：「古語云：『圖王不成，弊猶足霸；圖霸不成，弊將如何？』」「敝」同「弊」。

（3）《傳》曰：「孔氏門人，五尺童子，不言五霸事者，惡其違仁義而尚權詐也。」

按：《荀子·仲尼》：「仲尼之門人，五尺之豎子，言羞稱乎五伯。」此桓子所本。《董子·對膠西王越大夫不得爲仁》：「是以仲尼之門，五尺之童子，言羞稱五伯，爲其詐以成功，苟爲〔詐〕而已也。」《漢書·董仲

舒傳》：「是以仲尼之門，五尺之童，羞稱五伯，爲其先詐力而後仁誼也，苟爲詐而已。」

（4）子貢問蘧伯玉曰：「子何以治國？」答曰：「弗治治之。」

按：《淮南子·主術篇》：「蘧伯玉爲相，子貢往觀之，曰：『何以治國？』曰：『以弗治治之。』」此桓子所本。《論衡·自然》：「蘧伯玉治衛，子貢使人問之：『何以治衛？』對曰：『以不治治之。』」

（5）文王修德，百姓親附，是時崇侯虎與文王列爲諸侯，德不及文王，常嫉妬之，乃譖文王於紂曰：「西伯昌聖人也，長子發、中子旦皆聖人也，三聖合謀，君其慮之。」乃囚文王於羑里

按：《類聚》卷12、《樂府詩集》卷57引《琴操》略同，《御覽》卷571引《古今樂錄》亦略同。其，《琴操》同，希望之辭，猶當也、宜也〔註3〕，《古今樂錄》正作「宜」。《國語·吳語》：「主其許之先，無以待危。」《吳越春秋·夫差內傳》「其」作「宜」，亦其例。

（6）升舟而得魚，則地應也；燎祭降烏，天應也

按：燎，《御覽》卷329作「焔」，朱氏失檢。《史記·周本紀》：「武王渡河，中流白魚躍入王舟中，武王俯取以祭。既渡，有火自上復於下，至於王屋流爲烏，其色赤，其聲魄云。」《御覽》卷146引《尚書大傳》：「太子發升于舟，中流白魚入于舟，王跪取出，俟以燎。」《漢書·終軍傳》：「昔武王中流未濟，白魚入于王舟，俯取以燎。」《文選·四子講德論》李善注引《尚書璿璣鈐》：「武王得兵鈐謀，東觀，白魚入舟，俯取以燎。」「焔」爲「燎」形誤，祭天爲燎。

（7）二年聞殺比干

按：《御覽》卷329「聞」下有「紂」字，朱氏失引。

（8）日月若合壁，五星若連珠

按：合，四庫本《御覽》卷329同，景宋本《御覽》作「連」。朱氏自稱採用宋本《御覽》，則當作「連」字。

〔註3〕　參見蕭旭《古書虛詞旁釋》，廣陵書社2007年版，第179頁。

（9）邯鄲立王，是抱空質也

按：《戰國策・齊三》：「我留太子，郢中立王，然則是我抱空質而行不義於天下也。」《史記・楚世家》：「郢中立王，是吾抱空質而行不義於天下也。」此條朱氏據董說《七國考》卷5輯。疑董氏誤也。《七國考》上條「郢」先引桓子《新論》，接引《史記》「抱空質」之文，尚不誤。此條「趙國名」則誤以《史記》爲《新論》，蓋董氏筆誤耳。

（10）魏文侯師李悝，著《法經》，以爲王者之政，莫急於盜賊，故其律始于《盜賊》。盜賊劾捕，故著《囚》、《捕》二篇。其輕狡、越城、博戲、假借、不廉、淫侈、踰制爲《雜律》一篇。又以《具律》具其加減，所著六篇而已。衛鞅受之，入相于秦。

按：此條朱氏據董說《七國考》卷12輯。疑董氏誤也。此文大同《通典》卷163，《晉書・刑法志》亦同。《晉書》「囚」誤作「網」。

卷三 《求輔篇》

（1）以賢代賢謂之順，以不肖代不肖謂之亂

朱校：《意林》卷3「代」作「伐」，「順」作「煩」，無「代不肖」三字。

按：此條朱氏據《御覽》卷402輯，《天中記》卷24同。《意林》「代」作「伐」誤也。此文「順」當作「煩」，「以不肖代不肖」當作「以不肖代賢」。《家語・辨政》：「孔子曰：『夫以賢代賢是謂之奪，以不肖代賢是謂之伐，緩令急誅是謂之暴，取善自與是謂之盜。盜非竊財之謂也。』」《長短經・定名》：「古語曰：『以可濟否謂之和，好惡不殊謂之同，以賢代賢謂之奪，以不肖代賢謂之伐，緩令急誅謂之暴，取善自與謂之盜……』」皆其證也。《說苑・政理》：「孔子曰：『夫以不肖伐賢是謂奪也，以賢伐不肖是謂伐也，緩其令急其誅是謂暴也，取人善以自爲己是謂盜也。』」其文有誤，當據《家語》訂正。盧文弨曰：「伐，依《家語》當是『代』。」〔註4〕

（2）龍無尺木，無以升天；聖人無尺土，無以王天下

按：《論衡・龍虛》：「短書言『龍無尺木，無以升天。』又曰升天，又言尺木，

〔註4〕 盧文弨《說苑校正並補遺》，收入《群書拾補》，《續修四庫全書》第1149冊，上海古籍出版社2002年版，第416頁。

謂龍從木中升天也。」是漢人以木爲樹也。《酉陽雜俎》卷17：「龍頭上有一物如博山形，名尺木。龍無尺木，不能升天。」《爾雅翼》卷 28、宋・董逌《廣川畫跋》卷 3 並有此語。是唐、宋人有此說，錄以備考。

（3）夫聖人乃千載一出，賢人君子所想思而不可得見也

朱校：《文選・勸進表》注、《三國名臣序贊》注、《吊魏武〔帝〕文》注，又《博奕論》〔注〕引首一句。

按：《三國名臣序贊》注亦但引首句，朱氏失檢。

（4）信誠篤行，廉平公，理下務上者，州郡之士也

朱校：嚴云：「『公』下當有脫。」

按：「公」下脫「直」字。《史記・田叔傳》：「切直廉平。」《通鑑》卷 193：「盧祖尙才兼文武，廉平公直。」

（5）昔堯試舜於大麓者，領錄天下事，如今之尚書官矣

按：此條朱氏據《後漢書・百官志》劉昭注、《書鈔》卷 59 輯。脫一「麓」字。《御覽》卷 212 引「麓」字正重。《路史》卷 36：「桓譚《新論》以爲麓者，領錄天下之事，若今之尙書然。」以「領錄」釋「麓」，所謂聲訓也。《類聚》卷 48 脫「麓」、「領」二字。

（6）大王誠能重國，若此二尺縱，則國治且安

朱校：《書鈔》卷 127「縱」作「縰」。

按：縱，《天中記》卷 47 引同，《事類賦注》卷 12、《山堂肆考》卷 188、《駢志》卷 20 引作「縰」。「縱」字無義，當作「縰」。「縰」同「纚」，束髮的布帛。

（7）此非輕國於二尺縱之制耶

按：「縱」亦當作「縰」。「制」字無義，誤；《事類賦注》卷 12 引作「効」，《山堂肆考》卷 188、《駢志》卷 20 引作「效」。「効」爲「效」俗字。

（8）見萬民磤磤，猶群羊聚豬，皆可以竿而驅之

按：豬，四庫本《御覽》卷 86、《說郛》卷 59、《喻林》卷 108 引作「諸」，

音之誤也。《通典》卷 1 引崔實《政論》：「故人（民）之為言瞑也，謂瞑瞑無所知，猶群羊聚畜，須主者牧養處置。」

（9）《傳》曰：「得十良馬，不如得一伯樂；得十利劍，不如得一歐冶。」

按：《呂氏春秋·贊能》：「得十良馬，不若得一伯樂；得十良劍，不若得一歐冶。」

（10）夫建踔殊，為非常，乃世俗所不能見也

按：踔，讀為卓。《漢書·孔光傳》：「非有踔絕之能，不相逾越。」《說苑·君道》：「踔然獨立。」《史記·陳丞相世家》《集解》引桓譚《新論》：「陳平為高帝解平城之圍，則言其事秘，世莫得而聞也。此以工妙踔善，故藏隱不傳焉。」皆其例。《論衡·超奇》：「何言之卓殊、文之美麗也？」正作「卓殊」。字亦作「晫」，《御覽》卷 860 引桓譚《新論》：「晫然名著。」

卷四《言體篇》

（1）智略有深淺，聽明有闇照

按：「聽」當作「聰」。照，讀為昭。

（2）苟直意而發

按：苟，《治要》卷 44 引作「茍」，朱氏失檢。

（3）舉網以綱，千目皆張；振裘持領，萬毛自整。治大國者，亦當如此

朱校：《御覽》卷 694 引「振裘持領，萬毛皆整」八字。

按：敦煌寫卷 S.1380《應機抄》引「以」作「持」，「千」作「萬」，「持」作「提」。《呂氏春秋·用民》：「用民有紀有綱，壹引其紀，萬目皆起；壹引其綱，萬目皆張。」《淮南子·繆稱篇》：「譬若設網者，引其綱而萬目開矣。」此皆桓子所本。《後漢書·楊倫傳》：「臣聞《春秋》，誅惡及本，本誅則惡消；振裘持領，領正則毛理。」《書鈔》卷 27 引應璩曰：

「振裘持領，舉綱收網。」亦可互證。

卷五《見徵（微）篇》

（1）乃馳之南郊告禱，搏心言冤，號興流涕，叩頭請命

朱校：嚴云：「搏，《莽傳》作『搏』。」

按：《漢書・王莽傳》：「莽因搏心大哭，氣盡，伏而叩頭。」「搏」字是，搏之言拍也、擊也。《御覽》卷 487 引《漢書》「搏」作「撫」。撫之言拊，亦拍擊也。號興，日本汲古書院影印鐮倉時代手寫本《群書治要》卷 44 作「號哭」，是〔註5〕。

（2）淳于髡至鄰家，見其竈突之直而積薪在旁，曰：「此且有火災。」

按：《漢書・霍光傳》作「不者且有火患」，《漢紀》卷 18 作「不者恐有火患」。恐，猶將也、且也〔註6〕。

（3）即教使更為曲突而徙遠其薪

朱校：徙遠，《初學記》作「遠徙」。

按：《漢書・霍光傳》、《漢紀》卷 18、《通鑑》卷 25 亦作「遠徙」，是也。

（4）教人曲突遠薪，固無恩澤；燋頭爛額，反為上客

按：《漢紀》卷 18 作「曲突徙薪，反無恩澤；燋頭爛額，復為上客」。復亦反也〔註7〕。

（5）後世多損於杜塞未萌，而勤於攻擊已成，謀臣稀賞，而鬥士常榮，猶彼人殆，失事之重輕

朱校：嚴云：「未能斷句，或本《詩・節南山》『無小人殆』。」

按：與《詩》「無小人殆」無涉。「殆」字屬下句。「彼人」即指教鄰人曲突徙薪之淳于髡也。

〔註5〕 參見蟲魚《利用寫本《群書治要》校正刻本之失—以桓譚〈新論〉為例》，http://www.gwz.fudan.edu.cn/SrcShow.asp?Src_ID=2172。

〔註6〕 參見蕭旭《古書虛詞旁釋》，廣陵書社 2007 年版，第 135 頁。

〔註7〕 參見劉淇《助字辨略》，中華書局 1954 年版，第 238 頁。

（6）後余與典樂謝侯爭鬪，俱坐免去

朱校：惠棟《後漢書補注》引作「謝俟」。

按：四庫本《御覽》卷 496、《說郛》卷 59 引作「謝俟」，《御覽》卷 927 引作「謝侯」。「侯」字是。

（7）蒙絮被絳罽襜褕

朱校：《類聚》明刻本「絳」作「終」，「襜」作「裾」。

按：朱氏蓋據《書鈔》卷 129 輯。宋本《類聚》卷 75 引作「蒙絮被絳罽裾」，《御覽》卷 816 引作「蒙絮被絳罽襜」，《說郛》卷 59 引作「蒙絮被絳罽襜」。「終」、「絳」並爲「絳」字形誤。

（8）乘驛馬，宿東亭

朱校：《說郛》及嚴本「宿」下有「下邑」二字。

按：驛，《類聚》卷 75、《御覽》卷 816、《說郛》卷 59 引作「驆」，朱氏失檢。《御覽》卷 816 引有「下邑」二字。

（9）譚曰：「鄙人有以狐爲狸，以瑟爲箜篌，此非徒不知狐與瑟，又不知狸與箜篌。」

按：《淮南子・繆稱篇》：「今謂狐狸，則必不知狐，又不知狸。非〔徒〕未嘗見狐者，必未嘗見狸也。狐狸非（異）同類也，而謂狐狸，則不知狐狸。」此桓子所本。敦煌寫卷 S.1380《應機抄》引子思曰：「以狐爲狸者，非直不知狐，亦不知狸也。」

卷六《譴非篇》

（1）然漢之基本得以定成，而異姓強臣，不能復傾

按：復，讀爲覆。

（2）《傳》曰：「與死人同病者，不可爲醫；與亡國同政者，不可爲謀。」

按：《韓子・孤憤》：「與死人同病者，不可生也；與亡國同事者，不可存也。」《黃石公素書・遵義章》：「與覆車同軌者傾，與亡國同事者滅。」《淮南子・說林篇》：「與死者同病，難爲良醫；與亡國同道，難與爲

謀。」《御覽》卷 738 引《尹子》：「與死者同病，難爲良醫；與亡國同道，不可爲謀。」此皆桓子所本。《文子·上德》：「與死同病者，難爲良醫；與亡國同道者，不可爲忠謀。」又《微明》：「疾之將死者，不可爲良醫；國之將亡者，不可爲忠謀。」《說苑·權謀》：「病之將死也，不可爲良醫；國之將亡也，不可爲計謀。」《潛夫論·思賢》：「夫與死人同病者，不可生也；與亡國同行者，不可存也。」《晉書·段灼傳》：「臣聞與覆車同軌者，未嘗安也；與死人同病者，未嘗生也；與亡國同法者，未嘗存也。」亦可參證。難，猶言不可〔註8〕。

（3）失獵射禽獸者，始欲中之，恐其創不大也；既已得之，又惡其傷肉多也

朱校：嚴云：「失，當作『夫』。」

按：《淮南子·道應篇》：「夫未得獸者，唯恐其創之小也；已得之，唯恐傷肉之多也。」此桓子所本。嚴校甚是，《淮南子》正作「夫」。

（4）鄙人有得䱴醬而美之，及飯，惡與人共食，即小唾其中，共者怒，因涕其醬，遂棄而俱不得食焉

朱校：《御覽》「䱴」作「脡」，「飯」作「飲」，無「怒」字。注：「音羶，生肉醬也。」俱，《治要》作「但」。舊校：「『但』疑『俱』。」《御覽》正作「俱」。

按：《治要》卷 44 引，「俱」作「但」，朱氏失檢。「但」即「俱」脫誤。朱氏所引《御覽》異文，見卷 492；《御覽》卷 865 引仍作「䱴」，注：「音羶。」又「但」亦作「俱」字。《天中記》卷 46、《廣博物志》卷 41 引作「脡」、「俱」，《淵鑑類函》卷 391 引作「䱴」、「俱」。《說文》：「脡，生肉醬也。」《玉篇》：「䱴，魚醬。」《廣韻》：「䱴，魚醬。」又「脡，魚醢也。《說文》云：『肉醬。』」「䱴」即「脡」之後出分別字。肉醬爲脡，故字從肉；魚醬爲䱴，故字從魚。《廣韻》脡訓魚醢者，則義有擴大也。「䱴」、「脡」之語源當是「挺」。《釋名》：「生脡以一分膾，二分細切，合和挺攪之也。」《慧琳音義》卷 57：「《淮南子》云：『陶人之

剋挻埴。』許叔重曰：『挻，揉也。埴，土也。』挻，擊也，亦和也。」取揉合、攪拌而爲醬之義。據下文「惜肉嗜䤅」，則此文是肉醬，字當作「脡」爲正。

（5）是惜肉嗜䤅之類也

朱校：惜，《御覽》誤作「昔」。

按：惜，四庫本《御覽》卷 492 作「是昔唾脡之類」，景宋本作「昔」作「皆」，並誤。

（6）昔齊桓公入谷，問父老曰：「此何谷？」答曰：「謂臣愚，名為愚公谷。」

按：此條朱氏據《御覽》卷 54 引《桓子》而輯。「桓子」爲「韓子」之誤，四庫本《御覽》「桓子」正作「韓子」。《類聚》9 引《韓子》佚文：「昔齊桓公入山，問父老：『此爲何谷？』答曰：『臣舊畜牛生犢，以子買駒，少年謂牛不生駒，遂持而去。傍隣謂臣愚，遂名爲愚公谷。』」《御覽》鈔自《類聚》，而誤作「桓子」者，涉下「齊桓公」而誤〔註9〕。朱氏誤輯。《說苑·政理》：「齊桓公出獵，逐鹿而走入山谷之中，見一老公，而問之曰：『是爲何谷？』對曰：『爲愚公之谷。』桓公曰：『何故？』對曰：『以臣名之。』桓公曰：『今視公之儀狀，非愚人也，何爲以公名？』對曰：『臣請陳之，臣故畜牸牛，生子而大，賣之而買駒，少年曰：「牛不能生馬。」遂持駒去。傍隣聞之，以臣爲愚，故名此谷爲愚公之谷。』」

（7）出見一故墟，道路皆蒿草，寥廓狼籍，而問之，或對曰：「郭氏之墟也。」

按：《治要》卷 44 引「出見」上有「昔齊桓公」四字，《文選·蜀都賦》李善注引「籍」作「藉」，朱氏失檢。《新序·雜事四》：「昔者齊桓公出遊於野，見亡國故城——郭氏之墟，問於野人曰：『是爲何墟？』野人曰：『是爲郭氏之墟。』」《御覽》卷 56 引作「是虢之墟」。《急就篇》卷 2 顏師古註：「郭者，虢聲之轉也。」王利器曰：「《御覽》引

〔註9〕 參見王叔岷《劉子集證》，中華書局 2007 年版，第 76 頁。左松超《說苑集證》取其說，（臺灣）國立編譯館 2001 年版，第 387～388 頁。

－1010－

作「號」，誤。」〔註10〕王說非也。

（8）善善而不能用，惡惡而不能去，彼善人知其貴己而不用，則怨
之；惡人見其賤己而不好，則仇之。夫與善人為怨，惡人為仇，
欲母亡，得乎

按：《新序・雜事四》：「善善而不能行，惡惡而不能去，是以爲墟也。」《風
俗通義・山澤》：「善善不能用，惡惡不能去，故善人怨焉，惡人存焉。」
《黃石公三略》卷上：「善善不進，惡惡不退。」「存」爲「仇」之誤。

（9）二王皆有善善惡惡之費，故不免於禍難大災

按：費，讀爲芾，蒙蔽。句言二王皆不明於善善惡惡也。《淮南子・天文
篇》：「日出于暘谷，浴于咸池，拂于扶桑，是謂晨明。」《淮南子・
地形篇》：「扶木在陽州，日之所曊。」《御覽》卷 955、《事類賦注》
卷 25 引「曊」作「拂」。拂、曊，亦讀爲芾，言日蔽於扶桑也〔註11〕。

（10）北蠻之先，與中國並，歷年茲多，不可記也。仁者不能以德來，
強者不能以力並也

按：《治要》卷 44 引下「並」字原作「并」。《史記・司馬相如傳》《難蜀
父老》：「且夫邛、笮、西僰之〔人〕，與中國並也，歷年茲多，不可
記已。仁者不以德來，彊者不以力并，意者其殆不可乎！」〔註11〕此
桓子所本。《宋書・索虜傳》：「久矣，匈奴之與中國竝也，自漢氏以
前，綿跨年世。」

（11）其性忿鷙，獸聚而鳥散

按：《史記・主父偃傳》：「夫匈奴之性，獸聚而鳥散，從之如搏影。」《漢
書・匈奴傳》揚雄上書諫曰：「外國天性忿鷙。」顏師古曰：「鷙，狠
也。」《後漢書・杜詩傳》：「昔湯武善御眾，故無忿鷙之師。」李賢
注：「鷙，擊也。」

〔註10〕 王利器《風俗通義校注》，中華書局 2010 年版，第 471 頁。
〔註11〕 參見蕭旭《〈淮南子〉古楚語舉證》，《東亞文獻研究》總第 6 輯，2010 年 8
月出版，第 80 頁。
〔註11〕 《漢紀》卷 11 作「夫邛、莋、西僰之人與中國不並也，其已久矣」。衍「不」
字。張烈點校《兩漢紀》失校，中華書局 2002 年版，第 185 頁。

（12）其強難屈而和難得，是以聖王羈縻而不專制也

按：「而和難得」四字當句。「而」亦「其」也〔註12〕，對舉同義。《漢書・匈奴傳》揚雄上書諫曰：「然尚羈縻之計不顓制……其彊難詘，其和難得。」《通鑑》卷34同，顏師古曰：「顓，與專同。專制，謂以爲臣妾也。」胡三省注：「詘，與屈同。」此桓子所本。

（13）昔周室衰微，夷狄交侵，中國不絕如綫，於是宣王中興，僅得復其侵地

按：《公羊傳・僖公四年》：「南夷與北狄交〔侵〕，中國不絕若綫，桓公救中國，而攘夷狄，卒帖荊。」此桓子所本。《漢書・韋賢傳》：「劉歆議曰：『臣聞周室既衰，四夷竝侵，獫狁最彊，於今匈奴是也，至宣王而伐之……自是之後，南夷與北夷交侵，中國不絕如綫。」《越絕書・吳內傳》：「南夷與北狄交爭，中國不絕如綫矣。」

（14）夫以秦始皇之強，帶甲四十萬，不敢窺河西，乃築長城以分之

按：《漢書・匈奴傳》揚雄上書諫曰：「以秦始皇之彊，蒙恬之威，帶甲四十餘萬，然不敢窺西河，迺築長城以界之。」此桓子所本。《後漢書・西羌傳》：「秦既兼天下，使蒙恬將兵略地，西逐諸戎，北郤眾狄，築長城以界之。」「分」當作「介」，字之誤也；「河西」當作「西河」。《通鑑》卷34胡三省注：「若西河，則漢武威、張掖、燉煌、酒泉地是也。」

（15）然後邊甬得安

朱校：舊校云：「『甬』恐『民』。」嚴云：「疑作『竟』。」

按：「竞」當爲「竟」手民之誤。「竟」同「境」。《漢書・匈奴傳》：「然後邊境得用少安。」亦通。日本汲古書院影印鐮倉時代手寫本《群書治要》卷44「甬」作「萌」，當即「萌」字，旁注作「甬」，即「甬」。「萌」字是，同「甿」，即「民」義〔註13〕。

〔註12〕 參見裴學海《古書虛字集釋》，中華書局1954年版，第531～532頁。
〔註13〕 參見蟲魚《利用寫本《群書治要》校正刻本之失——以桓譚〈新論〉爲例》，http://www.gwz.fudan.edu.cn/SrcShow.asp?Src_ID=2172。

（16）甘延壽得承其弊

按：承，讀爲乘。

（17）以彈索天下

　　朱校：舊校云：「『彈』當作『殫』。」嚴本同。

按：舊校是。「殫」、「索」同義連文。《廣雅》：「殫、索，盡也。」

（18）《書》曰：「天〔作〕孽，可避；自作孽，不可活。」

按：《書・太甲中》：「天作孽，猶可違；自作孽，不可逭。」孔傳：「逭，逃
　　也。」《孟子・公孫丑下》《離婁上》二引，「逭」並作「活」。當以「逭」
　　爲正字。

（19）豈所謂肉自生蟲，而人自生禍者耶

按：《說苑・辨物》：「憂夫肉自生蟲而還自失也，木自生蠹而還自刻也，人
　　自興妖而還自賊也。」《淮南子・人間篇》：「夫禍之來也，人自生之；
　　福之來也，人自成之。」又《說林篇》：「木生蠹，反自食；人生事，反
　　自賊。」《史記・龜策傳》：「福之至也，人自生之；禍之至也，人自成
　　之。」此皆桓子所本。

（20）故《周書》曰：「天子見怪則修德，諸侯見怪則修政，大夫見怪
　　　則修職，士庶見怪則修身。神不能傷道，妖不能害德。」

按：此《周書》佚文，《長短經・正論》引《周書》同。《後漢書・楊賜傳》
　　引《周書》：「天子見怪則修德，諸侯見怪則修政，卿大夫見怪則修職，
　　士庶人見怪則修身。」《後漢紀》卷24引《周書》：「天子見怪則修德。」

（21）畏天戒遏絕其端

　　朱校：戒，嚴本作「威」。

按：嚴本妄改。《漢書・匡衡傳》：「陛下祗畏天戒，哀閔元元。」「天戒」即
　　指上文之「災異變怪」。

（22）彼群下雖好意措，亦焉能貞斯以可居大臣輔相者乎

　　朱校：舊校云：「『貞』疑『眞』。」嚴本作「責」。

按：舊校是。日本汲古書院影印鎌倉時代手寫本《群書治要》卷44「以」

下有「爲」字，當據補〔註14〕。「意措」不辭，疑「意相」之誤，讀爲「意想」，猶言猜度。《墨子·經說下》：「若易五之一，以楹之搏也，見之，其於意也不易，先智意相也，若楹輕於秋，其於意也洋然。」于省吾曰：「《墨子·經說下》『意相也』，即意想也。」〔註15〕《韓非子·解老》：「人希見生象也，而得死象之骨，案其圖以想其生也，故諸人之所以意想者皆謂之象也。」《呂氏春秋·知度》：「去想去意。」《增壹阿含經》卷20：「所以然者，意想著水故。」

（23）故令天下相放俱成惑，譏有司之行深刻，云下尚執重，而令上得施恩澤，此言甚非也

朱校：「惑」下，嚴云：「疑有脫。」

按：「惑」字屬下句。惑，讀爲或。「或譏」連文。

（24）後漢朱祐初學長安，帝往候之。祐不時相勞苦，而先昇講舍，後車駕幸其第，帝因笑曰：「主人得無舍我講舍乎？」以有舊恩，數蒙賞愛

朱校：「漢朱祐」以下一段與桓譚《新論》無關，本《後漢書·朱祐傳》語，《說郛》誤引。

按：此條朱氏據《說郛》卷59輯。《御覽》卷181引接在上條桓譚《新論》下，「不時」作「不得」，無末「舍」字，「愛」作「賴」。朱氏謂此非《桓子》佚文，陶宗儀誤輯，是也；而未知致誤之由。《御覽》句首「後漢」二字，當作「後漢書」，脫一「書」字。此文出《後漢書·朱祐傳》：「祐初學長安，帝往候之，祐不時相勞苦，而先升講舍，後車駕幸其第，帝因笑曰：『主人得無捨我講乎？』以有舊恩，數蒙賞賚。」「賴」即「賚」音誤，陶氏又誤作「愛」字。

（25）諸府縣社臘祠祭竈，不但進熟食，皆復多肉米酒脯臟

按：臟，《御覽》卷863引作「腊」。腊指乾肉。或是排版致誤。

〔註14〕 參見蟲魚《利用寫本《群書治要》校正刻本之失——以桓譚〈新論〉爲例》，http://www.gwz.fudan.edu.cn/SrcShow.asp?Src_ID=2172。
〔註15〕 于省吾《雙劍誃諸子新證》，上海書店1999年版，第392頁。

（26）有詔燔燒其子屍

按：《御覽》卷 491、《古今事文類聚》後集卷 47、《古今合璧事類備要》別
集卷 75、《說郛》卷 59 引「燔燒」作「焚燒」，無「子」字。《集韻》：
「焚，火灼物也，或作燓、炎、燌，古作燔。」

（27）聞梟生子，子長食其母

按：《御覽》卷 491 引同，又卷 927 引作「聞梟生子，長且食其母」。「且」
爲「且」之誤。《古今事文類聚》後集卷 47、《古今合璧事類備要》別
集卷 75、《說郛》卷 59 引正作「且」字。《呂氏春秋・分職》高誘注：
「梟愛養其子，子長而食其母也。」「且」亦「而」也。

（28）丞相大慙

　　朱校：大慙，《御覽》卷 491 作「大尉」。

按：大慙，《御覽》卷 927、《古今事文類聚》後集卷 47、《古今合璧事類備
要》別集卷 75、《說郛》卷 59 引同，《御覽》卷 491 引誤作「太尉」，
朱氏失檢。曹植《令禽惡鳥論》：「昔會朝議者，有人問曰：『寧有聞梟
食其母乎？』有答之者曰：『嘗聞烏反哺，未聞梟食母也。』問者慙，
唱不善也。」即用此典，是字當作「慙（慚）」也。

（29）鳥獸尚與之諱，況於人乎

按：與，猶爲也，讀去聲〔註 16〕。《御覽》卷 491、927、《古今事文類聚》
後集卷 47、《古今合璧事類備要》別集卷 75、《說郛》卷 59 引正作「爲」
字。

卷七《啓寤篇》

（1）夫不翦之屋，不如阿房之宮；不琢之椽，不如磨礱之桷；玄酒
不如蒼梧之醇；控揭不如流鄭之樂

按：《御覽》卷 569 引「屋」作「室」，「礱」作「龍石」，「桷」作「桶」，
「揭」作「楬」。「龍石」、「桶」並誤。「控揭」或作「控楬」，《說苑・
脩文》：「聖人作爲鞉、鼓、控、揭、塤、箎。」《禮記・樂記》：「聖

〔註 16〕參見王引之《經傳釋詞》，嶽麓書社 1984 年版，第 2 頁。

人作爲靴、鼓、椌、楬、壎、箎。」《御覽》卷 582 引《禮記》作「控揭」。《荀子・樂論》：「韶枳、拊鞷、椌楬似萬物。」流鄭，樂曲名。《編珠》卷 2 引魏武帝《樂府詩》：「流鄭激楚，度中宮商。」〔註 17〕

（2）下及酒脯寒具

按：寒具，今謂之柵（饊）子。

（3）孔子以四科教士，隨其所喜，譬如市肆，多列雜物，欲置之者並至

朱校：孫云：「『置』字疑有訛誤。」

按：「置」字不誤，猶言購買。

（4）關東鄙語云：「人聞長安樂，則出門西向而笑；知肉味美，則對屠門而大嚼。」

朱校：關，一作「聞」。鄙，一作「里」。嚼，《說郛》作「哨」，《御覽》卷 863 作「屑」。

按：知，《說郛》誤作「和」。嚼，《文選・與吳季重書》李善注、《意林》卷 3、《類聚》卷 72、《書鈔》卷 145、《初學記》卷 26、《白帖》卷 16、《御覽》卷 391、496、828、《緯略》卷 4、《海錄碎事》卷 9、《記纂淵海》卷 44、74、《古今合璧事類備要》外集卷 48 引並同。敦煌寫卷 S.1380《應機抄》引桓譚《新論》：「人聞長安樂，則出門西向而笑；人知味甘，則向屠者而哨，何所益乎？」唐卷多「何所益乎」四字。《說郛》引同唐卷作「哨」，當爲「嚼」借音字，《集韻》「嚼」、「哨」同音于笑切。諸書所引並作「嚼」字，《御覽》卷 863 引作「屑」，又涉「哨」而誤。王三慶逕錄「哨」作「誚」，郝春文校「哨」爲「誚」〔註 18〕，皆失之〔註 19〕。魏・曹植《與吳質書》：「過屠門而大嚼，雖不得肉，實且快意。」陳・徐陵《謝賚屬啓》：「賜細君以爲歡，非屠門而大嚼。」

〔註 17〕《類聚》卷 41 引魏文帝《善哉行》：「流鄭激楚，度宮中商。」
〔註 18〕 王三慶《敦煌類書》，麗文文化事業股份有限公司 1993 年版，第 300 頁。郝春文主編《英藏敦煌社會歷史文獻釋錄》第 5 卷，社會科學文獻出版社 2006 年版，第 459 頁。
〔註 19〕 參見蕭旭《敦煌寫卷 S.1380〈應機抄〉補箋》，《敦煌學研究》2009 年第 2 期，總第 8 輯，第 284 頁。

皆用此典，可證「嚼」爲正字。

（5）如庸馬與良駿相追，銜尾至暮，良馬宿所鳴食如故，庸馬垂頭不食，何異顏、孔優劣

按：此條朱氏據《意林》卷 3 輯。《御覽》卷 897 引作「若庸馬良馬相追，至暮，共列良馬宿所鳴食如故，庸馬垂頭不復食，何異顏淵與孔丘優劣」。當作「共列宿所，良馬鳴食如故」，《意林》引脫「共列」二字，「良馬」又倒於上，遂不可通。

（6）夫畜生賤也，然有尤善者，皆見記識，故馬稱驊騮、驥騄，牛譽郭椒、丁櫟

按：「郭椒、丁櫟」，《類聚》卷 94、《爾雅翼》卷 28 引並同。《廣雅》：「郭牸、丁犖，牛屬。」王念孫曰：「牸（牸）當爲牻。《集韻》：『牻，苦禾切。』引《博雅》：『郭牻，牛屬。』《玉篇》、《廣韻》並云：『牻，牛無角也。』《新論》作『郭椒』，〔椒〕乃『科』之誤。段氏《說文》『犖』字注引此二書，謂科、椒同韻，非也。」〔註20〕「丁櫟」即「丁犖」之轉語。

（7）吳之翫水若魚鼈，蜀之便山若禽獸

朱校：《御覽》卷 932 原題顧譚《新語》，嚴本引爲桓譚，誤。

按：朱說是。《文選・魏都賦》：「一自以爲禽鳥，一自以爲魚鼈。」李善註引鍾會《芻蕘論》：「吳之玩水若魚鼈，蜀之便山若禽獸。」則又爲鍾會語。

（8）畫水鏤冰，與時消釋

按：《書鈔》卷 99 引《公孫尼子》：「良匠不能斲冰，良冶不能鑄木。」此桓子所本。《文子・上德》：「巧冶不能消木，良匠不能斲冰。」《鹽鐵論・殊路》：「若畫脂鏤冰，費日損功。」《類聚》卷 50 引梁・陸倕《授潯陽太守章》：「鏤冰雕脂，不見大龍之象；課虛叩寂，寧聞駕辯之音？」可互參證。

〔註20〕王念孫《廣雅疏證補正》，收入徐復主編《廣雅詁林》，江蘇古籍出版社 1992 年版，第 1019 頁。王氏《疏證》說誤，已自訂其說，故未引。

（9）於始出時，又從太陰中來，故復涼於其西；在桑榆間，大小雖
　　　同，氣猶不如清晨也

　按：斷句誤。《隋書・天文志》引作「於始出時，又新從太陰中來，故復涼
　　　於其西在桑榆間也」。當據補「新」、「也」二字。晨，《法苑珠林》卷7
　　　作「朝」，朱氏失檢。

（10）如蓋轉，則北道近，南道遠，彼晝夜數，何從等平

　　　朱校：平，一作「乎」。

　按：景宋本、四庫本《御覽》卷2並作「乎」，不作「平」。《晉書・天文志》
　　　作「不應等也」，雖改反問句爲陳述句，亦可知不作「平」字。

（11）雒陽季幼賓有小玉，檢謁衛者

　按：季，《事類賦注》卷9引作「李」。檢謁衛者，四庫本《御覽》卷805引
　　　同，景宋本作「撿衛謁者」，《事類賦注》引作「檢衛謁者」。朱氏自稱
　　　用宋本《御覽》，於此知其未盡然也。

（12）使予報以三萬錢請貿焉

　按：貿，四庫本《御覽》卷805引同，景宋本作「買」，《事類賦注》卷9引
　　　亦作「買」。

（13）我與好事長者博之，已雇十萬，非三萬錢玉也

　　　朱校：博，一本作「傳」。雇，一本作「顧」。

　按：玉，四庫本《御覽》卷805引同，景宋本作「主」，《事類賦注》卷9引
　　　亦作「主」。景宋本引作「博」、「雇」，四庫本《御覽》及《事類賦注》
　　　引「傳」、「顧」。「傳」字是，謂傳看。

卷八《祛蔽篇》

（1）舉火夜坐，燃炭乾墻

　按：坐，《御覽》卷871、《淵鑑類函》卷360引作「作」，朱氏失檢。《漢
　　　書・陳湯傳》：「至難脂火夜作。」顏師古曰：「難，古然字也。」

（2）有強弱堅脆之姿焉

　按：姿，讀爲資。

（3）余見其傍有麻燭，而炧垂一尺所

　　朱校：炧，藏本作「炧」。

　按：此輯自《弘明集》卷5。炧，宋、宮本作「炬」，元、明本作「炧」。《龍
　　龕手鑑》：「炧、爧：二俗；熒、爐，二正。燭餘也。」又「炪，正。炧，
　　今。燭餘也。」《康熙字典》引《海篇》：「炧，音爐，焰餘也。」《廣雅》：
　　「𡗜，炧也。」《玉篇》：「炧，燭𡗜也。」又「𡗜，火餘木也，炧也，
　　薪也。爐，同上。」《集韻》：「炪、炧，燭餘，或從也。」《字彙》：「炧，
　　同『炧』。」「炧」、「爧」、「熒」、「𡗜」、「爐」同字，「炧」、「炪」、「炧」
　　同字，二者同義。

（4）死則肌肉筋骨常若火之傾刺風，而不獲救護

　按：刺，當從宋本作「賴」。

（5）余後與劉伯師夜爇脂火坐語，鐙中脂索，而炷燋禿，將滅息

　按：鐙，宋、元、明本作「燈」，《御覽》作870引亦作「燈」。

（6）人老衰亦如彼自蘗續

　　朱校：續，藏本作「纘」，此從嚴本。

　按：《御覽》卷870引作「人衰老，應自續」。《說文》：「纘，繼也。」「蘗」
　　字無義，應為衍文。

（7）鉤吻不與人相宜，故食則死

　　朱校：鉤，《說郛》作「昫」。吻，孫本作「藤」。

　按：四庫本《說郛》卷59引亦作「鉤吻」。《廣雅》：「𦶖，鉤吻也。」鉤吻
　　是植物名，有毒。

（8）余前為王翁典樂大夫，得樂家書記言

　按：得，《御覽》卷740引同，又卷383引作「見」。「得」古字作「𢔁」，古
　　書與「見」字每多混。此作「見」為長。「言」字當下屬為句。

（9）臣不導引，無所服餌也，不知壽得若何

　　朱校：《藝文志》注引作「臣導引」，《辯道論》引作「臣又能導引」，今從
　　《御覽》卷740作「不導引」。

按：臣不導引，《御覽》卷 383 引作「臣不能道引」。壽得若何，《御覽》
卷 740 引作「壽得力何」。此文《廣弘明集》卷 5 曹植《辯道論》引
作「臣又能導引，不知壽得何力」，藏本「又」作「不」。《辯正論》
卷 2、《集古今佛道論衡》卷 1 引《辯道論》作「臣不能導引」。「又」
爲「不」譌誤，「若」當作「力」。句言不能導引，無所服餌，不知長
壽得於何力。

（10）乃以隆冬盛寒日，令袒衣載以駟馬，於上林昆明池上，環冰而馳

按：袒衣，《御覽》卷 34 引同，《水經注》卷 19 引作「袒」，《三輔黃圖》卷
5 亦作「袒」，《御覽》卷 869 引作「單衣」，《神仙傳》卷 7、《御覽》卷
663 引劉向《列仙傳》記此事亦云「單衣」。《博物志》卷 5：「王仲都當
盛夏之月，十爐火炙之不熱；當嚴冬之時，裸之而不寒。」「裸」與「袒」
義相會。

（11）曛然自若

按：曛然，《紺珠集》卷 13 引作「醺然」。《神仙傳》卷 7 記此事云「身上
氣蒸如炊」，《御覽》卷 26 引《神仙傳》作「背上蒸氣休休然」，有注：
「休休，氣盛貌。」《御覽》卷 663 引劉向《列仙傳》作「體和氣溢
如焰」。

（12）口不言熱而又身不汗出

按：身不汗出，《初學記》卷 3、《御覽》卷 22、34 引同，《水經注》卷 19
引作「身不汗」，《類聚》卷 5、《歲時廣記》卷 2 引作「身汗不出」，《御
覽》卷 869 引作「不汗出」。《抱朴子內篇・雜應》記此事云「身不流
汗」。

（13）數日目陷生蟲

按：目陷生蟲，《廣弘明集》卷 5 曹植《辯道論》引作「目陷蟲出」，《博物
志》卷 5 引作「臭自戶出」，《法苑珠林》卷 76、《御覽》卷 737 引作「目
陷蟲爛」，又卷 944 引作「毀蟲」；《神仙傳》卷 7 作「須臾蟲出」，《雲
笈七籤》卷 85 作「爛生蟲」。「須臾」即「目陷」之譌。

（14）荊州有鼻飲之蠻，南城有頭飛之夷

　按：城，《御覽》卷 737 引同，當從《法苑珠林》卷 76 引作「域」。《漢書・賈捐之傳》：「駱越之人，父子同川而浴，相習以鼻飲，與禽獸無異。」晉・王嘉《拾遺記》卷 9：「東方有解形之民，使頭飛於南海，左手飛於東山，右手飛於西澤，自臍已下，兩足孤立。」《搜神記》卷 12：「秦時南方有落頭民，其頭能飛，其種人部有祭祀，號曰蟲落，故因取名焉。」《酉陽雜俎》卷 4：「嶺南溪洞中，往往有飛頭者，故有飛頭獠子之號。」

（15）余應曰：「誰當久與龜鶴同居，而知其年歲耳？」

　按：當，讀爲嘗，曾也。

（16）余見其庭下大榆樹，久老剝折

　按：「折」當作「析」，字之誤也。

卷九《正經篇》

（1）太史《三代世表》，旁行邪上，並效《周譜》

　按：邪上，《史通・表歷》引作「斜上」。斜、邪，古音通。此條朱氏據《梁書・劉杳傳》所引輯。《史記・十二諸侯年表》《索隱》引劉杳曰：「《三代系表》，旁行邪上，並效周譜。」《索隱》誤作劉杳語。

（2）才智開通，能入聖道，卓絕於眾

　按：《御覽》卷 432 引作「才智開通，能入聖道」，又卷 602 引作「才智聞達，卓絕於眾」。朱輯合二引文爲一。「聞達」當作「開通」。

卷十《識通篇》

（1）漢武帝材質高妙，有崇先廣統之規

　　朱校：高，《御覽》作「英」。崇先廣統，《御覽》作「崇文廣業」。

　按：《御覽》卷 88 引作「漢武帝材質尙妙，有崇先廣統之規」。「尙」即「高」字之誤。朱氏失檢。

（2）自開闢以來，惟漢家為最盛焉

按：爲最，《類聚》卷 12、《御覽》卷 88 引作「最爲」，朱氏失檢。

（3）然而慕戀死子，不能以義割恩，自令多費

按：《御覽》卷 556 引「多費」下尚有「而致困貧」四字，朱氏失引。

（4）桓譚曰：「為通人之蔽也。」

按：《漢書・游俠傳》顏師古注引李奇語，「曰」作「以」。朱氏失檢。當點作「桓譚以爲『通人之蔽』也」。

卷十一《離（雜）事篇》

（1）欲其為四時五行之樂，亦當各以聲為地而用四聲文飾之

　　朱校：孫本無「其」字。

按：《御覽》卷 701 引作「其欲」，《書鈔》卷 132 引無「其」字。朱氏失檢。

（2）使主君甚壽，金玉是賤，以人為寶

按：三語見《新序・雜事四》，《韓詩外傳》卷 10：「使吾君固壽，金玉之賤，人民是寶。」〔註21〕皆桓子所本。

（3）二儀之大，可以章程測也；三綱之動，可以圭表測也

按：此條朱氏據《文心雕龍輯注》卷 5《章表》輯。此為清人黃叔琳誤引，非桓子佚文〔註22〕。《劉子・心隱》：「二儀之大，可以章程測也；三綱之動，可以圭表度也。」

（4）王者造明堂辟雍，所以承天行化也

按：此條朱氏據《初學記》卷 9、《御覽》卷 533 輯。《初學記》見卷 13，朱氏失檢。

（5）天稱明故命曰明堂，上圓法天，下方法地，八窻法八風，四達法四時，九室法九州，十二坐法十二月，三十六戶法三十六雨，七

〔註21〕《初學記》卷 29、《御覽》卷 906 引《外傳》「之」作「是」，無「固」字。

〔註22〕尹玉珊《漢魏子書研究》亦已指出朱氏誤輯，中國社會科學院研究生院 2010 年博士學位論文，第 170 頁。

十二牖法七十二風

按：《白虎通義・辟雍》：「明堂上圓下方，八窗四闥，布政之宮，在國之陽。上圓法天，下方法地，八窗象八風，四闥法四時，九室法九州，十二坐法十二月，三十六戶法三十六雨，七十二牖法七十二風。」《隋書・宇文愷傳》：「明堂上圓下方，上圓法天，下方法地，十二堂法日辰，九室法九州，室八牖，八九七十二，法一時之王；室有二戶，二九十八，戶法土王十八日。」達，讀爲闥，指門。

（6）大司馬張仲議曰：「河水濁，一石水，六斗泥，而民競決河溉田，令河道不通利。」

按：《水經注》卷1引漢大司馬張仲議曰：「河水濁，清澄，一石水，六斗泥，而民競引河溉田，令河不通利。」考《漢書・溝洫志》：「大司馬史長安張戎。」顏師古引《新論》：「字仲功，習溉灌事也。」是張戎字仲功，《水經注》及此脫「史」、「功」二字。此文當據補「清澄」二字，文意始明。楊守敬曰：「朱《箋》曰：『按張仲事出桓譚《新論》，而《漢書・溝洫志》議河濁不宜溉田者，乃大司馬史長安張戎，字仲功。今稱大司馬張仲，疑誤。』戴云：『脫「史」字、「功」字。』趙據《溝洫志》顏《注》增『功』，失增『史』。」〔註23〕萬斯同曰：「今稱張仲，疑誤。」〔註24〕

（7）數見輿輦、玉瑤、華芝及鳳皇、三蓋之屬

按：瑤，《後漢書・輿服志》劉昭注引作「蚤」，《文選・西都賦》李善註引作「爪」。蚤、爪，並讀爲瑤，字或作珧，《集韻》：「瑤、珧：《說文》：『瑤，車蓋玉瑤也。』或從爪。」蔡邕《獨斷》卷下：「凡乘輿車，皆羽蓋金華爪。」《文選・東京賦》李善註引之，曰：「爪與瑤同。」

（8）楚之郢都，車轂擊，民肩摩，市路相排突，號為朝衣鮮而暮衣弊

朱校：《御覽》卷776誤「車掛轂」，「排突」作「交號」。

按：《御覽》卷776引作「車掛轂，民摩肩」，未誤。《廣弘明集》卷19梁・

〔註23〕楊守敬、熊會貞《水經注疏》，江蘇古籍出版社1989年版，第10頁。
〔註24〕萬斯同《崑崙河源考》，收入景印文淵閣《四庫全書》第579冊，臺灣商務印書館1986年初版，第324頁。

陸雲〔公〕《御講般若經序》：「重肩絓轂，填溢四門。」〔註25〕《穀梁傳·昭公八年》：「御轚者不得入。」晉·范甯注：「轚挂則不得入門。」《釋文》：「轚，挂也，劉兆云：『絓也本』挂，礙也。」「掛轂」即「絓轂」。絓，絆住。又《御覽》「排突」作「交」，朱氏失檢。

（9）宋康王為無頭之冠以示勇

按：此條朱氏據《御覽》卷 684 輯，《事類賦注》卷 12 引同。《戰國策·宋策》：「爲無顏之冠以示勇。」《初學記》卷 26、《御覽》卷 466、492、《記纂淵海》卷 43 引《策》並作「無頭之冠」，《賈子·春秋》、《新序·雜事四》並作「無頭之棺」，《治要》卷 40 引《賈子》作「無頭之冠」。鮑彪注：「冠不覆額。」石光瑛曰：「竊疑『顏』字當作『頭』，『棺』字乃『冠』之叚借。無頭之冠，謂冠去其頂。」〔註26〕《廣雅》：「顏，額也。」王念孫引《策》以證之〔註27〕。盧文弨曰：「『無頭之棺』似訛，《國策》作『無顏之冠』。」王耕心曰：「無頭之棺示人人皆願喪其元。」章太炎曰：「按『無頭之棺』是，《國策》乃誤。」〔註28〕范祥雍曰：「『頭』乃『顏』之形譌，『棺』乃『冠』之音譌。」〔註29〕諸說不同，竊謂章說是。頭，今吳語謂之和頭，即棺題，指棺材兩頭的突出部分。

（10）宓羲之制杵臼，萬民以濟，及後人加功，因延力借身重以踐碓，而利十倍

按：功，當從《御覽》卷 762、《事物紀原》卷 9、《王氏農書》卷 16 所引作「巧」。

（11）孔子問屠牛坦曰：「屠牛有道乎？」曰：「刺必中解，割必中理，盤筋所引，終葵而椎。」

按：《賈子·制不定》：「屠牛坦一朝解十二牛，而芒刃不頓者，所排擊，

〔註25〕《梁書·文學傳》：「陸雲公，字子龍，吳郡人也。」據補「公」字。
〔註26〕石光瑛《新序校釋》，中華書局 2001 年版，第 636 頁。
〔註27〕王念孫《廣雅疏證》，收入徐復主編《廣雅詁林》，江蘇古籍出版社 1992 年版，第 509 頁。
〔註28〕盧文弨、王耕心、章太炎三說並轉引自方向東《賈誼集匯校集解》，河海大學出版社 2000 年版，第 280 頁。
〔註29〕范祥雍《戰國策箋證》，上海古籍出版社 2006 年版，第 1832 頁。

所剝割，皆象（眾）理也。」《鹽鐵論・繇役》：「屠者解分中理，可横以手而離也。」《賈子》「象」當作「眾」，字之誤也。眾，讀爲中，去聲，合也，應也。《御覽》卷 763 引作「盤筯則引」，朱氏失檢。當點作「盤筯則引終葵而椎」。《御覽》有注：「終葵，方椎。」「筯」爲「筋」形誤。

（12）排斥曰「批抵」

按：此條朱氏據《書敘指南》卷 6 輯。檢《書敘指南》卷 6：「排斥曰『批抵』，後〔漢〕桓譚。」謂出《後漢書・桓譚傳》，非桓子佚文也。尹玉珊已指出朱氏誤輯，引《桓譚傳》：「而憙非毀俗儒，由是多見排抵。」云：『批抵』爲『排抵』誤。」〔註30〕考《後漢書・寇恂傳》：「而臣兄弟獨以無辜爲專權之臣所見批抵。」或任廣誤記《寇恂傳》爲《桓譚傳》，朱氏又據以誤輯，一誤再誤。

（13）斥無益客曰「罷遣常客」

按：此條朱氏據《書敘指南》卷 6 輯。檢《書敘指南》卷 7：「斥無益客曰『罷遣常客』，桓譚。」謂出《後漢書・桓譚傳》，非桓子佚文也。《桓譚傳》：「晏曰：『善！』遂罷遣常客。」朱氏既失檢誤作卷 6，又誤輯〔註31〕。

（14）負暄曰「偃曝」

按：此條朱氏據《書敘指南》卷 9 輯。檢《書敘指南》卷 9：「負暄曰『偃曝』，桓譚。」

《文選・答顏延年》：「寒榮共偃曝，春醖時獻斟。」李善注引桓子《新論》：「余與揚子雲奏事，坐白虎殿廊廡下，以寒，故背日曝焉。」「偃曝」乃用典，非桓子佚文有「偃曝」也。

（15）扶風邠亭，本太王所居，有夜市，古詞鐵馬牙旗穿夜市

按：此條朱氏據《山堂肆考》卷 27 輯。宋・蘇軾《上元夜》：「牙旗穿夜

〔註30〕 尹玉珊《漢魏子書研究》，中國社會科學院研究生院 2010 年博士學位論文，第 171 頁。

〔註31〕 尹玉珊《漢魏子書研究》已指出朱氏誤輯，中國社會科學院研究生院 2010 年博士學位論文，第 171 頁。

市，鐵馬響春冰。」所引古詞，即东坡句，非桓子佚文也。《後漢書·郡國志》：「扶風⋯⋯鄠有郜亭。」劉昭注引《新論》：「郜在漆縣，其民有會日，以相與夜中市，如不爲，則有災咎。」《初學記》卷 24 引桓譚《新論》：「扶風邵亭部言，本太王所處，其人有會日，以相與夜市，如不爲期，則有重災害。」《御覽》卷 191 引《新论》：「添（漆）縣邵亭，本大王所部，其人相與夜市，不爲，則有重害焉。」又卷 827 引桓譚《新論》：「扶風漆縣之邵亭部言，本大王所據（處），其民會日，相與爲夜市，如不爲，則有差。」《說郛》卷 59 引「所據」作「區處」，餘同《御覽》卷 827。《古今合璧事類備要》別集卷 10 引桓譚《新論》：「邵亭，大王所居，有夜市。」朱氏輯在《辨惑篇》。「邵亭」當作「郜亭」，字之譌也。「部言」即「郜亭」之誤而衍者。《水經注》卷 18：「《後漢·郡國志》曰『鄠縣有邵亭』是也。」酈氏又誤作「邵亭」。

卷十二《道賦篇》

（1）嘗曰：「伏習象神，巧者不過習者之門。」

按：象，《古樂苑》卷 43、《喻林》卷 17、《廣博物志》卷 29 引誤作「眾」。象神，猶言如神。《四部叢刊》本《意林》卷 3 有校語：「案道藏本亦作『伏習象神』。伏即服字，蓋言所服既習，則象自神也。今相承多用作『習伏眾神』。」

（2）不自量年少新進，猥欲逮及

朱校：逮，一作「迨」，孫本作「欲繼之」。

按：《意林》卷 3 引作「欲繼之」，此孫本所據。逮，《類聚》卷 56、75、《御覽》卷 739 引同，《御覽》卷 587 引作「迨」。「逮」同「迨」。

（3）用精思太劇，而立感動致疾病

按：立感動致疾病，《類聚》卷 56、《御覽》卷 587 引作「立感動發病」，《意林》卷 3 引作「立致疾病」，《文選·文賦》李善注引作「立感發病，彌日瘳」，《御覽》卷 739 引作「立感病」。朱氏蓋據諸書糅合成文。《類聚》卷 75 引作「立發疹」，「疹」即「瘳」之譌，而有脫文，當據《選》注引訂正。

（4）卒暴倦臥

按：《類聚》卷 56、《御覽》卷 399、587 引同，《類聚》卷 75、《御覽》卷 739 引作「卒暴，及倦臥」，《意林》卷 3 引作「卒暴，遂倦臥」，《御覽》卷 393 引作「倦臥」，《文選·文賦》李善注引作「思精苦，困倦，小臥」。「及」當作「乃」，與「遂」同義。

（5）夢五藏出地

按：藏，《類聚》卷 56 引作「臟」，古今字耳。

（6）及覺，大少氣，病一年

按：《文選·文賦》李善注引作「及覺，病喘悸，少氣」，不同。《御覽》卷 393、399、739 引句末有一「卒」字，《類聚》卷 75 引有「而忘」二字。

（7）諺云：「侏儒見一節，而長短可知。」

朱校：《御覽》卷 496、368 引。

按：《御覽》見卷 378，而非卷 368，朱氏失檢。《緯略》卷 4 引同。《淮南子·說林篇》：「見象牙乃知其大於牛，見虎尾而知其大於狸，一節見而百節知也。」《說苑·尊賢》：「故見虎之尾而知其大於貍也，見象之牙而知其大於牛也，一節見則百節知矣。」此桓子所本。彼言見其一節大，則餘節亦不得小也。此文言見其一節小，則餘節亦不得大也。《三國志·潘濬傳》裴松之注引《江表傳》：「此亦侏儒觀一節之驗也。」則本自桓子。《淮南子》高誘注：「吳伐越，至會稽，獨獲骨節專車。見一節大，餘節不得小，故曰百節知。」高氏以骨節專車之大說之，恐未是。

卷十三 《辨惑篇》

（1）躬執羽紱，起舞壇前

按：《渚宮舊事》卷 2 作「躬執羽帔，舞壇下」。紱、帔，舞羽，本字作翇。《集韻》：「翇、帗，《說文》：『樂舞執全羽以祀社稷也。』或從巾，亦書作𢂷。」

（2）薛翁者，長安善相馬者也

按：此條朱氏據《類聚》卷 93、《御覽》卷 897 輯。《事類賦注》卷 21 亦引，
「翁」作「公」，餘同。

（3）昔二人評玉，一人曰好，一人曰醜，久不能辨。客曰：「爾朱入吾
目中，則好醜分矣。」夫玉有定形，而察之不同，非好相反，瞳
睛殊也

按：此條朱氏據《廣博物志》卷 37 引《新論》而輯。此非桓子佚文，朱氏
誤輯。此文出《劉子·正賞》，「辨」作「辯」，「客」作「各」，「朱」作
「來」，「好」作「苟」。《劉子》亦稱《新論》，故致誤耳。「客」為「各」
字形誤，「朱」為「來」字形誤。《御覽》卷 366 引蔣子語：「兩目不相
為視，昔吳有二人共評王（玉）者，一人曰好，一人曰醜，久之不決，
二人各曰：『爾可來入吾目中，則好醜分矣。』王（玉）有定形，二人
察之有得失，非苟相反，眼睛異耳。」尹玉珊已指出朱氏誤輯，而又云：
「目前可以肯定的是，蔣濟《萬機論》有此條佚文……至於劉書《新論》
原本是否有此條則不得而知，姑且存疑。」〔註32〕劉書《新論》原文具
在，何故存疑？

（4）扶風漆縣之邠亭部，言本大王所處

按：見卷 11 所校。

（5）楊仲亦言，所知家嫗死，忽起飲食，醉後而坐祭牀上

按：醉後，《御覽》卷 885 引作「後醉」，朱氏失檢。

（6）其後醉行壞垣，得老狗，便打殺之，推問乃里頭沽家狗

按：《御覽》卷 885 引「行」作「形」，「垣」作「但」，朱氏失檢。《風俗通
義·怪神》：「其後飲醉形壞，但得老狗，便扑殺之，推問里頭沽酒家狗。」
《搜神記》卷 18：「其後飲酒過多，醉而形露，但得老狗，便共打殺，
因推問之，則里中沽酒家狗也。」「但」字屬下句。

〔註32〕尹玉珊《漢魏子書研究》，中國社會科學院研究生院 2010 年博士學位論文，
第 169～170 頁。

（7）武帝出璽印石，財有兆朕，

按：財，《風俗通義・正失》作「裁」。裁、財，並讀爲才。

（8）劉歆致雨具，作土龍、吹律及諸方術無不備設

按：《通典》卷43、《通志》卷42并引《雜（新）論》：「劉歆致雨具，作土龍。」《路史》卷39：「劉歆致雨，其作土龍、吹律諸方備具。」「其」當作「具」，屬上爲句。

（9）故緣其象類而為之

按：《通典》卷43引《雜（新）論》：「故緣緣象其類爲之。」「象」字當乙在「其」字上。

（10）淮南王之子娛迎道人作金銀

朱校：娛，嚴云：「當誤。安二子，太子遷，孽子不害，未知孰是？」

按：娛，景宋本《御覽》卷812引作「娉」，四庫本《御覽》引作「聘」。嚴氏誤認作「娛」字。《御覽》引「作」下有「爲」字。

（11）漢黃門郎程偉，好黃白術，娶妻得知方家女

朱校：黃門，《御覽》作「期門」。

按：黃門，《神仙傳》卷7同，《御覽》卷664、812引桓譚《新語》並作「期門」，《類聚》卷78引《神仙傳》、《御覽》卷818引《後漢書》、《太平廣記》卷59引《集仙錄》亦作「期門」，《說郛》卷58引《神仙傳》作「旗門」。漢平帝改虎賁中郎將爲期門郎。知，《神仙傳》同，當作「之」。下句《御覽》卷812引作「娶婦得怪女」。

（12）偉常從駕出，而無時衣，甚憂

按：常，《神仙傳》卷7同，《類聚》卷78引《神仙傳》作「嘗」，《御覽》卷818引《後漢書》、《太平廣記》卷59引《集仙錄》、《雲笈七籤》卷85作「當」。常、當，並讀爲嘗。

（13）妻曰：「請致兩端縑。」縑即無故而至前

按：端，《御覽》卷812引桓譚《新語》、《太平廣記》卷59引《集仙錄》作「疋」，《神仙傳》卷7作「段」。縑，《御覽》卷812引作「繪」。

無故，《太平廣記》卷 59 引《集仙錄》作「忽然」。

（14）食頃發之，已成銀

按：《神仙傳》卷 7 同，《類聚》卷 78 引《神仙傳》、《太平廣記》卷 59 引《集仙錄》、《雲笈七籤》卷 85 並作「須臾成銀」，《御覽》卷 812 引桓譚《新語》作「立成銀」。「食頃」當作「須臾」。「須臾」誤爲「頃食」，又倒作「食頃」。

（15）偉逼之不止，妻乃發狂，裸而走，以泥自塗，遂卒

按：《神仙傳》卷 7 同，《御覽》卷 664 引作「逼之不已，妻靡然而死，尸解而去」，《太平廣記》卷 59 引《集仙錄》「靡」上有「遂」字，餘同。

卷十四《述策篇》

（1）察薛公之言，黥布反也

按：《史記·黥布傳》《集解》、《長短經·三國權》引作「察」，《意林》卷 3、《文選·博奕論》李善注、《御覽》卷 753 引作「猶」，《古文苑》卷 5《圍碁賦》章樵註引陸賈《新語》亦作「猶」。章樵誤桓譚《新語》爲陸賈《新語》也。「猶」字是，「言」下不當點斷，九字作一句讀。

（2）闕氏婦女，有妒姤之性，必憎惡而事去之

朱校：事，孫本作「剚」，乃誤字。案《漢書·蒯通傳》：「慈父孝子所以不敢事及於公之腹者，畏秦法也。」李奇注：「以物臿地中爲事。」「事去」與「事及」義相近。

按：四庫本《史記·陳丞相世家》《集解》引桓譚《新論》作「剚」，確爲誤字。然朱說亦非也。《漢書》作「事刃」，不作「事及」，朱氏失檢。彼文「事」訓臿（插），當讀爲剚〔註33〕。此文「事」，猶務也，猶言勉力〔註34〕。元·方回《古今攷》卷 26 引「事」作「爭」，不得厥誼而妄改也。《集韻》：「姤，妒也。」

〔註33〕《文選·思玄賦》：「梁叟患夫黎丘兮，丁厥子而剚刃。」《後漢書·張衡傳》作「事刃」。
〔註34〕參見蕭旭《淮南子校補》，花木蘭文化出版社 2014 年版，第 85～86 頁。

（3）是為下樹奢祿而置貧本也

　按：祿，《後漢書・桓譚傳》李賢注引《東觀記》載譚言作「媒」，《東觀漢
　　記》卷 16 亦作「媒」。朱氏失檢。

卷十五《閔友篇》

（1）夫以人言善我，亦必以人言惡我

　按：《韓子・說林上》：「夫以人言善我，必以人言罪我。」此桓子所本。

（2）有通人如子禮

　　朱校：《元和姓纂》卷二百九引桓譚《新論》並云：「《漢書》長安富人如氏
　　也。」

　按：《元和姓纂》見卷二之九，故「二百九」當作「二之九」。原書「子禮」
　　標人名線，「如」是姓，亦當標姓氏符合。《元和姓纂》卷 2 又舉例云：
　　「魏陳郡如淳注《漢書》。」《類聚》卷 40 引揚雄《家牒》：「子雲以天
　　鳳五年卒，葬安陵阪上，所厚沛郡桓君山、平陵如子禮、弟子鉅鹿侯〔子〕
　　芭共爲治喪。」〔註35〕是如子禮爲平陵人也。

（3）時農

　　朱校：《元和姓纂》卷二七之。

　按：《元和姓纂》見卷二之七，故「二七之」當作「二之七」。

卷十六《琴道篇》

（1）琴，神農造也。琴之言禁也，君子守以自禁也

　按：《說文》：「琴，禁也，神農所作。」《風俗通義・聲音》：「謹按《世本》：
　　『神農作琴。』……故琴之爲言禁也，雅之爲言正也，言君子守正以自
　　禁也。」《白虎通義・禮樂》：「琴者，禁也，所以禁止淫邪、正人心也。」
　　《文選・長門賦》李善注引《七略》：「雅琴：琴之言禁也，雅之言正也。
　　君子守正以自禁也。」此文「守」下脫「正」字。

〔註35〕「子」字據《御覽》卷 558 引補。

（2）大聲不震譁而流漫，細聲不湮滅而不聞

按：《風俗通義·聲音》：「大聲不譁人而流漫，小聲不湮滅而不聞。」《初學記》卷16、《御覽》卷579引「譁人」作「諠譁」，《御覽》卷579引《大周正樂》亦作「諠譁」。

（3）八音廣博，琴德最優

按：此條朱氏據《文選》卷18潘安仁《笙賦》注引《新論》而輯。《文選》嵇康《琴賦》：「眾器之中，琴德最優。」李善注引《新論》。《笙賦》爲下一篇，朱氏失檢。

（4）擯壓窮巷，不交四隣

按：交，《說苑·善說》、《長短經·七雄略》作「及」。左松超曰：「『及』疑爲『交』字形誤。」〔註36〕擯壓窮巷，《長短經》同，《說苑》作「詘折儐厭，襲於窮巷」，《類聚》卷44、《古今事文類聚》續集卷22引作「擯厭」，《御覽》卷579引作「擯壓」，《事類賦注》卷11引作「擯壓」。「儐」同「擯」。「厭」爲正字，「壓」、「壓」爲俗字。

（5）逢讒罹謗，怨結而不得信，不若交歡而結愛，無怨而生離

朱校：謗，孫本作「譖」，案宋刊本《三國志》及荆山子《琴諷》均作「謗」。

按：罹謗，《長短經·七雄略》作「離謗」。罹、離，正、借字。信，《長短經》作「伸」。信讀爲伸。

（6）出以野澤為隣，入用窟穴為家

朱校：窟，孫本作「掘」，案宋刊本《三國志》作「掘」，此據荆山子《琴諷》改。

按：《長短經·七雄略》作「窟」。掘，挖也，穿也，所挖之穴亦爲掘，專字作「窟」，名、動固相因也，不煩改作。《淮南子·主術篇》：「然民無掘穴狹廬所以託身者，明主弗樂。」亦作本字「掘」。

（7）若此人者，但聞飛鳥之號，秋風鳴條，則傷心矣

按：飛，《文選·答蘇武書》李善註引同，《長短經·七雄略》作「鸐」。《說

苑・善說》：「固不可以聞飛鳥疾風之聲。」亦作「飛」字。鳴，《長短經》同，《文選》註引作「蕭」。

（8）倡優在前，諂諛侍側

按：侍，《長短經・七雄略》作「在」。

（9）揚激楚舞，鄭妾流聲以娛耳，練色以淫目

按：當點作「揚激楚，舞鄭妾，流聲以娛耳，練色以淫目」。激楚，歌曲名。練，《長短經・七雄略》作「綵」。《說苑・善說》：「燕則鬪象棋而舞鄭女，〔揚〕激楚之切風，練色以淫目，流聲以虞耳。」〔註37〕一本「練」作「綵」，「虞」作「娛」。《記纂淵海》卷 71 引「練」作「綵」，《類聚》卷 44、《御覽》卷 579、《冊府元龜》卷 856 引作「麗色淫目，流聲娛耳」。虞、娛，正、借字。《史記・司馬相如傳》：「所以娛耳目而樂心意者，麗靡爛漫於前，靡曼美色於後。」「綵色」即「麗色」、「美色」也。盧文弨、左松超謂「綵」爲「練」之誤，向宗魯、左松超讀練爲揀，訓爲擇〔註38〕，皆非是。

（10）水戲則舫龍舟，建羽旗鼓，釣乎不測之淵也

按：「鼓」字下屬爲句。釣，一本作「鈎」。戲，《文選・西京賦》、《前緩聲歌》、《七命》李善注三引並作「嬉」，《長短經・七雄略》同。嬉，讀爲娛。《說文》：「娛，戲也。」舫，讀爲方，併舟也。《文選・西京賦》、《七命》李善注二引並作「艕」，又「舫」俗字。《說苑・善說》：「水遊則連方舟，載羽旗，鼓吹乎不測之淵。」

（11）置酒娛樂，沈醉亡歸

按：娛，《長短經・七雄略》作「設」，於義爲長。亡，《三國志・郤正傳》裴松之注引作「忘」，《長短經・七雄略》同。朱氏失檢。

〔註37〕《淮南子・原道篇》：「揚鄭衛之浩樂，結激楚之遺風。」《新序・雜事二》：「揚激楚之遺風。」據補「揚」字。本篇亦云「揚激楚」。

〔註38〕盧文弨《說苑校正並補遺》，收入《群書拾補》，《續修四庫全書》第 1149 冊，上海古籍出版社 2002 年版，第 421 頁。向宗魯《說苑校證》，中華書局 1987 年版，第 280 頁。左松超《說苑集證》，「國立」編譯館 2001 年版，第 720 頁。

（12）夫角帝而困秦者，君也；連五國而伐楚者，又君也

　　　　朱校：代，本作「伐」，依荊山子《琴諷》改。

　　按：朱改非也。《冊府元龜》卷 770 引作「伐」，《說苑・善說》、《長短經・
　　　　七雄略》亦並作「伐」字。角，《冊府元龜》卷 770 引同，《長短經》亦
　　　　同，《說苑》作「聲敵」，無義。

（13）千秋萬歲之後，宗廟必不血食

　　按：必不，《說苑・善說》同，《長短經・七雄略》作「不必」。

（14）高臺既已傾，曲池又已平，墳墓生荊棘，狐狸穴其中

　　按：《說苑・善說》：「高臺既以壞，曲池既以漸（塹），墳墓既以下（平）而
　　　　青廷矣。」漸，《類聚》卷 44 引同，《類聚》卷 35、《事類賦注》卷 11
　　　　引作「塹」，《御覽》卷 579、《冊府元龜》卷 856 引作「墊」，又卷 488
　　　　引作「毀」。塹，墊，正、俗字。

（15）游兒牧豎，躑躅其足而歌其上

　　按：躑躅，《說苑・善說》、《長短經・七雄略》作「蹢躅」，古通。

（15）於是孟嘗君喟然太息，涕淚承睫而未下

　　　　朱校：承，《琴諷》作「交」。

　　按：下句《文選・豪士賦序》李善註、《冊府元龜》卷 770 引同，《文選・弔
　　　　魏武帝文》李善註引作「淚承睫涕出」，又《七哀詩》李善註引作「淚
　　　　下承睫」，《記纂淵海》卷 60 引作「淚下承睫」，《長短經・七雄略》作
　　　　「涕垂睫而交下」。《說苑・善說》：「孟嘗君泫然泣涕，承睫而未殞。」
　　　　《類聚》卷 44 引作「泫焉承臉」，《御覽》卷 579 引作「泣焉垂臉」，《事
　　　　類賦注》卷 11 引作「泣下垂臉」。

（16）雍門周引琴而鼓之，徐動宮徵，叩角羽

　　按：鼓，《長短經・七雄略》作「彈」。叩，《文選・豪士賦序》李善註引
　　　　作「揮」，《說苑・善說》作「微揮」。《說苑》之文，《書鈔》卷 109
　　　　引作「揮拂」，《類聚》卷 44、《御覽》卷 579、《事類賦注》卷 11、《古
　　　　今事文類聚》續集卷 22 引作「拂」。「微」疑涉上「徵」形近而誤衍，
　　　　《說苑》一本作「揮」字，一本作「拂」字，《書鈔》誤合二本為一。

朱氏舉《文選・褚淵碑文》李善註引桓譚《新論》:「雍門周說孟嘗君曰:『有識之士,莫不爲足下寒心酸鼻。』」以爲引此文。李善註引作「桓譚《新論》」,六臣本作「《說文》」,實爲「《說苑》」之誤。朱氏失考也。

(17) 漢之三王,內置黃門工倡

按:王,《文選・長笛賦》、《與魏文帝牋》李善註引作「主」,《事類賦注》卷 11 引同,《玉海》卷 104 引《選》注亦同,朱氏失檢。六臣本《長笛賦》註引誤作「王」。

(18) 成少伯工吹竽,見安昌侯張子夏鼓琴,謂曰:「音不通千曲以上,不足以為知音。」

按:此條朱氏據《御覽》卷 581 輯。陳禹謨本《書鈔》卷 110、《記纂淵海》卷 78 引亦同。孔廣陶本《書鈔》引作「音家成少伯工吹竽,和音樂也」。